Arbeits- und organisationspsychologische Techniken

Christoph Berg

Selbstgesteuertes Lernen im Team

Mit 33 Abbildungen und 8 Checklisten

Springer

Dr. Christoph Berg
Berg Personal- und
Organisationsentwicklung
Friedensallee 9
22765 Hamburg
buero@trainingspartner.net

ISBN 3-540-23715-1
ISBN 978-3-540-23715-0
Springer Medizin Verlag Heidelberg

Bibliografische Informationen der Deutschen Bibliothek
Die Deutsche Bibliothek verzeichnet diese Publikation in der Deutschen Nationalbibliografie;
detaillierte bibliografische Daten sind im Internet über (http://dnb.ddb.de) abrufbar.

Springer Medizin Verlag.
Ein Unternehmen von Springer Science+Business Media
springer.de

Printed in Germany

Planung: Dr. Svenja Wahl
Projektmanagement: Michael Barton
Umschlaggestaltung: deblik, Berlin

SPIN 11015369
Satz und Druck: Stürtz GmbH, Würzburg

Gedruckt auf säurefreiem Papier 2126 – 5 4 3 2 1 0

Inhalt

Vorwort

„Wir sind mit dem Lernverhalten unserer Seminarteilnehmer nicht mehr zufrieden. Wir finden, dass sie sich oft zu passiv und konsumentenhaft verhalten. Entwickeln sie für uns eine Lernform, in der Mitarbeiter eigenverantwortlich Präsentationsverhalten lernen können."
So in etwa lautete der Auftrag, den ich im Sommer 1994 von der Personalentwicklung eines Handelskonzerns bekam. Es war der Beginn einer abenteuerlichen Zeit. Ich besaß zwar eine zehnjährige Erfahrung als Trainer und Organisationsentwickler, hatte Firmen bei der Entwicklung von Seminarkonzepten beraten. Wie aber Verhaltenstraining selbstverantwortlich von Lernenden gestaltet werden könnte, wusste ich nicht. Die ersten Konzeptideen reichten vom Selbststudium erweiterter Seminarunterlagen über Videotraining bis hin zu computerunterstütztem Lernen. Auch der Blick in die einschlägige Literatur war nicht sehr ergiebig, weil es zu dieser Zeit noch kaum Veröffentlichungen zu diesem Thema gab. Die wichtigsten Impulse für das Konzept des selbstgesteuerten Lernens im Team (SLT) ergaben sich aus meinen Erfahrungen als Trainer und einer Reihe von Gesprächen mit Ausbildern und Personalentwicklern aus verschiedenen Organisationen. Auch Diskussionen mit Betreuern von Computer-Selbstlernstudios in verschiedenen Firmen, die ich in den vorangegangenen Jahren geführt hatte, gaben wichtige Hinweise. Schnell kristallisierte sich heraus, dass die zentrale Frage war, wie ein Selbstlerntraining gestaltet sein muss, um für dauerhafte Motivation der Lernenden zu sorgen. Schließlich sollte es nicht um Kurztrainings von 1-2 Stunden Dauer sondern um komplexere Lernprozesse im Umfang von 15-30 Stunden Lernzeit gehen. Drei Konstruktionsprinzipen bildeten letztendlich den Rahmen für die Trainings:

1. Das Lernen sollte in Gruppen stattfinden, weil die Lernenden sich dann gegenseitig motivieren und beim Verhaltenslernen unterstützen konnten.
2. Die Lernenden sollten Lerninhalte möglichst schnell ausprobieren können. Sie sollten lernen durch Erfahrungen-Machen im Tun.
3. Der Lernablauf sollte in großem Maße vorstrukturiert sein, um den Koordinationsaufwand im Training möglichst gering zu halten.

In den folgenden Monaten entwickelte ich die einzelnen Lernmodule zum ersten Selbstlernthema „Erfolgreich Präsentieren" und diskutierte sie intensiv mit der auftraggebenden Personalentwicklung. Ende 1994 stand das Trainingsprogramm und klopfenden Herzens übergaben wir es einer Pilotgruppe aus interessierten Auszubildenden des Handelskonzerns. Das Lernen dieser Gruppe wurde intensiv beobachtet und begleitet. In einstündigen Interviews nach jeder Lerneinheit befragte ein Psychologiestudent die Teilnehmer, wie sie die Lerneinheit erlebt hatten, wie sie mit den Inhalten zurechtgekommen waren, und welche Inhalte aus ihrer Sicht gut umsetzbar waren. Die Lerngruppe fand das Konzept motivierend, aber es gab eine Fülle von Änderungsideen. In einer Reihe von Tagessitzungen trafen wir uns mit den Personalentwicklern und diskutierten für jede Lerneinheit, was wie geändert werden sollte und was trotz Kritik Bestand haben sollte, weil es wichtige Lernprozesse anregte. Ab 1995 lief das SLT-Programm „Erfolgreich Präsentieren" im allgemeinen Bildungsprogramm des Handelskonzerns. Inzwischen setzen es auch weitere Firmen für andere Zielgruppen ein. Auch ein weiteres SLT-Programm zum Thema „Besprechungen leiten" wurde in den folgenden Jahren entwickelt. Auch in Schulen und Fachhochschulen werden inzwischen SLT-Trainings genutzt.

Mit dem vorliegenden Buch geht es mir darum, das Konzept des selbstgesteuerten Lernens im Team einer breiteren Fachöffentlichkeit zur Diskussion zu stellen und dazu anzuregen, mit den Konzepten zu experimentieren und sie weiterzuentwickeln.
Das Buch ist aus der Perspektive eines in der Praxis tätigen Trainers geschrieben, dem neben der Anwendbarkeit auch die Relation des Konzeptes zu der mittlerweile reichlich vorhandenen Forschungsliteratur am Herzen liegt. Ich hoffe, dass mir die Balance zwischen fachlichem Anspruch, leichter Lesbarkeit und hohem Nutzwert gelungen ist.

Dr. Christoph Berg — Hamburg; 24.04.2005

1 Einleitung

Im Jahr 2003 habe ich eine Machbarkeitsstudie über den Einsatz von E-Learning in der Fachweiterbildung einer großen Versicherung durchgeführt. Unter anderem wurden Personalentwickler in großen Firmen über ihre Erfahrungen mit der Einführung von E-Learning in ihrer Organisation befragt. Ihre Bilanz fiel ernüchternd aus. Alle Firmen hatten in der einen oder anderen Form E-Learning eingeführt. Meist war die Zielsetzung, neue Lernformen zu etablieren, die dezentrales, individuelles, flexibles und kostengünstiges Lernen ermöglichten. Bei den meisten E-Learning Programmen gab es nach etwa einem halben Tag individueller Lernzeit einen starken Einbruch der Lernmotivation. Die Firmen versuchten, den Motivationsschwund zu bremsen, indem sie an das Ende der Selbstlernphase formale Zertifizierungsprozesse mit Anreizen oder Zwang setzten. Beispielsweise konnten Mitarbeiter eines Automobilherstellers monatlich mehrere Stunden zuhause kostenlos im Internet surfen, wenn sie einen E-Learning Kurs „Internet-Führenschein" absolviert und einen Test erfolgreich bestanden hatten. Bei einem Elektrokonzern wurden Personalsachbearbeiter erst in eine neue Funktion übernommen, wenn sie mehrere Stunden SAP E-Learning gemacht und ebenfalls einen Test erfolgreich bestanden hatten.

Auch versuchten die Personalentwickler, durch die Kombination von E-Learning- und Präsenzlernkomponenten die Lernmotivation zu stärken. Diese Lernform wird üblicherweise als Blended Learning bezeichnet, und gilt momentan als die wichtigste Innovation im Weiterbildungsbereich.

Interessant waren die Ergebnisse der Befragung in zweierlei Hinsicht: Zum einen gibt es anscheinend in den meisten größeren Organisationen einen steigenden Bedarf an neuen Lernformen, die Elemente selbstgesteuerten Lernens enthalten. zum anderen rückt nach Jahren der Individualisierung des Lernens durch Einzellernen am Computer die Gruppe als Lernform und Lernort wieder stärker in den Fokus. Wenn Lernen lediglich als Interaktion zwischen dem Lernenden und den Lerninhalten gestaltet wird, sinkt schnell und nachhaltig die Lernmotivation. Lernen ist eben in vielerlei Hinsicht ein sozialer Prozess:

- Synchronizität des Handelns, d.h. das Gleiche zu denken, fühlen und zu tun wie die Menschen um einen herum, schafft auf Gemeinschaft und ist gleichzeitig Motivationquelle. Es den anderen gleichtun zu wollen, heißt in diesem Fall, mit ihnen gemeinsam zu lernen.
- Das Gelernte anderen darzustellen, hilft das Wissen zu überprüfen und zu festigen. Erst wenn man anderen erklären kann, was man weiß, hat man es auch wirklich verstanden.
- Das Gelernte mit anderen zu diskutieren, gibt die Möglichkeit, die eigenen Gedanken an den Argumenten der anderen zu erproben, neue Ideen kennenzulernen und Leerstellen im eigenen Wissen zu erkennen. Erklären und Diskutieren ist gedankliches Probehandeln.
- Um die Anwendung des Gelerntes in alltagsnahem Kontext erproben zu können, braucht es meist auch andere Handelnde. Berufliches Handeln beinhaltet in der Regel Interaktion mit anderen.

- Von anderen Rückmeldung über den eigenen Kompetenzgewinn zu erhalten, verstärkt die Selbstaufmerksamkeit, einer wichtigen Triebfeder für Lernen, und ermöglicht Differenzerfahrungen, d.h., die Auseinandersetzung mit anderen Betrachtungsweisen und Handlungskonzepten.

Lässt man den Computer als Lernmedium oder Lerninstrument einmal beiseite, kann man Blended Learning als eine Kombination von Phasen selbstgesteuerten Lernens mit Phasen angeleiteten Lernens betrachten. Dabei sind die Selbstlernphasen meist individuell gestaltet und die Phasen angeleiteten Lernens finden in Gruppen statt. Das vorliegende Buch möchte einen alternativen Weg für Blended Learning vorstellen, das selbstgesteuerte Lernen im Team (SLT): Eine kleine Gruppe eignet sich Wissen zu einem Themengebiet in einer Reihe von dreistündigen Lerneinheiten selbstgesteuert an. Ein Lernberater führt die Gruppe lediglich in der ersten Lerneinheit in die Lernform ein und ist während der übrigen Einheiten nur punktuell als Berater und Unterstützer in der Lerngruppe dabei. Der Ablauf der Lerneinheiten ist vorgeplant und das Lernen findet in Form von Lernschleifen statt, in denen die Lernenden sich das Wissen aneignen, es direkt anwenden und den Lernerfolg gemeinsam überprüfen. Die Rolle der Gruppe, die Art der Selbststeuerung des Lernens und die Form der Anleitung durch einen Trainer sind beim SLT anders als bei vielen anderen Lernformen gestaltet.

In diesem Buch werden die Grundlagen selbstgesteuerten Lernens dargestellt. Es geht um Methoden zur Förderung selbstgesteuerten Lernens und ihre Umsetzung im SLT. Beispielhaft werden zwei Selbstlernprogramme vorgestellt und die Ergebnisse von zwei Evaluationsstudien diskutiert. Ziele und Anwendungsbereiche des SLT werden beschrieben und Kombinationsmöglichkeiten mit dem situierten Lernen, mit E-Learning sowie anderen Formen des Blended Learnings ausgelotet. Es wird diskutiert, ob SLT in der Schule nutzbar ist und ob es sich zur Vermittlung von Schlüsselqualifikationen eignet. Am Schluss geht es noch einmal um mögliche Probleme und Chancen, die mit dem Einsatz von selbstgesteuerten Lernen im Team (SLT) in der Aus- und Weiterbildung verbunden sind.

2 Grundlagen selbstgesteuerten Lernens

2.1 Episoden selbstgesteuerten Lernens

Torsten P. sitzt mit seinen neun Elektrikerkollegen leicht skeptisch an diesem Freitagmorgen in einem Schulungsraum eines Flugzeugherstellers. Die Werksleitung will teilautonome Gruppenarbeit einführen. Die Mitarbeiter sollen sich in einem zweitägigen Workshop unter Anleitung eines externen Moderators auf ihre zukünftigen Aufgaben vorbereiten. Die Hallenleitung hat die 19 teilautonomen Arbeitsgruppen (TAG) aus der Ausrüstungsmontage über das Konzept und die auf sie zukommenden Anforderungen informiert. Torsten P. hat mit seinen Kollegen diskutiert und ist skeptisch gegenüber der neuen Methode der Zusammenarbeit. Ist dies nicht nur ein Versuch der Vorgesetzten, die Arbeit weiter zu verdichten?

Selbstgesteuertes Lernen bei der Einführung von teilautonomer Gruppenarbeit

Der Moderator motiviert die Gruppe, sich die „Kullerliste" genau anzusehen. Hier sind die Rechte und Pflichten einer TAG niedergeschrieben. Die zehn Elektriker gehen nacheinander die Punkte durch, prüfen, welche Aspekte ihrer Arbeit sich ändern, legen fest, was sie mit den Vorgesetzten besprechen müssen und planen, welche Weiterbildungen sie benötigen, um die neue Art der Zusammenarbeit zu bewältigen. Einige brauchen eine EDV-Schulung im BDE- (Betriebsdatenerfassungs-) System. Auch die Anzahl an eigenen Qualitätsprüfern reicht nicht aus. Außerdem muss ihnen der Meister einiges über Abläufe und die Koordination mit anderen Bereichen erklären.

Im Laufe der Veranstaltung wird Torsten P. immer aktiver. Er gibt die Themen und Meinungen vor. Die Gruppe akzeptiert seine Rolle. Es wird sichtbar, dass sie sich schon vor dem Workshop auf Torsten P. als zukünftigen Gruppensprecher festgelegt hat. Als es um die Spielregeln der Zusammenarbeit geht, stellt er seine Ideen vor und stimmt sie mit der Gruppe ab. Schließlich simuliert die TAG noch eine gemeinsame Besprechung und plant, welche Dinge bis zum Start der TAG in acht Wochen noch erledigt werden müssen: Schulungen organisieren, Produktionsziele mit dem Hallenvorgesetzten abstimmen, den Arbeitsplatz der Gruppe zum Teil umgestalten. Am Ende der zwei Tage hat sich die Skepsis von Torsten P. in vorsichtigen Optimismus gewandelt.

Selbstqualifizierung als neu ernannter Personalbetreuer

Wie etabliere ich ein Beurteilungssystem in einer Media-Agentur? Wie verhindere ich, dass es von den Mitarbeitern als zu formalistisch angesehen wird? Wie sichere ich den Geist der Firma, der von Freiheit und intensiver Kommunikation aller untereinander geprägt ist? Die Agentur ist so groß geworden, dass man sich nicht mehr koordinieren kann, indem man sich auf dem Flur begegnet, sondern Führungsebenen, formale Regelungen und Besprechungen einführen muss.

Holger F. hat viele Fragen und ein großes Aufgabenspektrum. Seit drei Monaten hat er den Personalbereich in der Firma übernommen. Eigentlich ist er ein Media-Fachmann, aber seine Führungsfähigkeiten, seine integrierende Art und sein Interesse für das Thema Personal haben ihn für die neue Aufgabe empfohlen. Weil ihm wenig Zeit zur Einarbeitung in das neue Thema bleibt, hat er beschlossen, sich für ein halbes Jahr coachen zu lassen. Jetzt trifft er alle zwei Wochen für zwei Stunden mit einem Coach zusammen. Er lässt sich über Themen informieren, analysiert gemeinsam mit dem Coach kritische Situationen in seinem Job oder plant gemeinsam mit dem Coach sein Vorgehen.

In der heutigen Sitzung geht es darum, den Personalbereich als eigenständigen Bereich gegenüber den Fachkollegen zu etablieren. Gemeinsam haben Holger F. und der Coach mögliche Aufgaben und die Personalausstattung des Bereiches aufgelistet. Der Coach hat berichtet, wie andere Firmen organisiert sind. Nun stellt der Coach verschiedene Argumentationsstrategien vor. Holger F. wird sich für eine entscheiden, und gemeinsam werden sie dann die entscheidende Sitzung in der Geschäftsführung vorbereiten.

Sekretärinnen bilden sich selbstgesteuert weiter

Die Sekretärin Sylvia T. hat im Schulungsraum Tee, Kaffee und Kekse bereitgestellt. Overheadprojektor, Flipchart und Stifte sind an ihrem Platz. Die Besprechung kann beginnen. Aber heute verlässt sie nicht wie üblich den Raum, damit ihr Chef in Ruhe tagen kann, sondern erwartet dort vier Kolleginnen, mit denen sie sich in einer Lerngruppe Wissen und Fertigkeiten zum Thema Präsentation aneignen möchte. Die neun Lerneinheiten in einer Selbstlerngruppe sind Teil eines Weiterbildungsprogramms zur Managementassistentin bei einem Pharmakonzern. Seit einigen Jahren arbeitet Sylvia T. als Sekretärin. Nun möchte sie sich für erweiterte Aufgaben qualifizieren. Das ist ihr so wichtig, dass sie im nächsten Jahr eine Menge ihrer Freizeit opfern wird, da die Kurse außerhalb der Arbeitszeit stattfinden. Sie investiert ihre Freizeit, und die Firma organisiert die Weiterbildung.

Heute geht es in der Lerneinheit um den Einsatz von Körpersprache. Das Thema interessiert sie sehr. Sie hat schon ein wenig in den Unterlagen gestöbert, die sie zu Beginn des Kurses vom Lernberater bekommen haben. Sylvia T. weiß aus den Unterlagen, wie in etwa die Lerneinheit heute ablaufen wird: Zuerst lesen sie in der Gruppe einen Leittext oder sehen ein Video zur Information über Körpersprache. Dann werden sie allein oder zu zweit eine Übung vorbereiten und den anderen vorstellen. Diese melden ihnen dann zurück, inwieweit sie die Lernziele der Übung erreicht haben. Sylvia T. kann sich noch gut erinnern, wie aufgeregt sie in der ersten Lerneinheit war, als sie zum ersten Mal vor ihren Kolleginnen stand und ihre Arbeitsergebnisse präsentierte. Durch die Übung ist sie schon viel ruhiger geworden.

Alle drei Episoden schildern Lernsituationen in Organisationen, die nicht in Seminarform oder als Ausbildungscurriculum gestaltet sind. Die drei Lernenden übernehmen die Ausgestaltung ihres Lernens in unterschiedlichem Ausmaß selbst. Sie sind Regisseure eines Lernens, das sehr stark im Arbeitsalltag eingebettet ist und trotzdem nicht Alltagslernen ist.

Alltagslernen ist meist Problemlösen mit Lernen als Nebeneffekt

Alltagslernen ist im Wesentlichen Problemlösen mit dem Nebeneffekt der Wissens- oder Fertigkeitsakkumulation. Beispielsweise möchte ein Verlagskaufmann eine Tabelle aufstellen, mit der er für verschiedene Auflagenhöhen einer Zeitschrift die Aufteilung auf die größten Städte in Deutschland errechnen kann. Da ihm selber aber das Wissen fehlt, erkundigt er sich bei einer erfahrenen Kollegin. Sie hilft ihm, eine variable Tabelle in Excel aufzubauen. Am Ende weiß er, wie viele Zeitschriften er in welche Stadt versenden muss, und hat außerdem etwas über Tabellenkalkulation gelernt. Beim geplanten Lernen – insbesondere beim curricularen Lernen wie in der Schule – steht der Wissenserwerb im Vordergrund. Breite Information, Systematisierung, Reflexion und Verdichtung sind wichtige Parameter für die Güte des Lernprozesses. Die Einbindung des Alltags, wenn sie denn passiert, hat eher motivationalen Charakter.

Das selbstgesteuerte Lernen versucht, Alltagslernen und geplantes Lernen miteinander zu verbinden. Im Idealfall schließen sich Lernende zusammen, weil sie in ihrem Arbeitsalltag feststellen, dass ihnen bestimmte Kenntnisse oder Fertigkeiten fehlen. Sie definieren selbst, was sie wie lernen wollen, und machen sich dann gemeinsam schlau. Greif & Kurtz (1998) nennen sechs Bereiche, in denen Lernende Selbststeuerung ausüben können sollten:

Mögliche Bereiche von Selbststeuerung des eigenen Lernens

1. Lernaufgaben und Lernschritte,
2. Regeln der Aufgabenbearbeitung (Individuum und Gruppe),
3. Lernmittel, Lernmethoden oder Lernwerkzeuge,
4. zeitliche Investitionen und Wiederholungen bei der Bearbeitung von Aufgaben,
5. Form des Feedbacks und der Expertenhilfe,
6. soziale Unterstützung durch Kollegen und LernpartnerInnen (S.27).

Autonomie erhöht den Lernaufwand

Diese Definition postuliert ein sehr großes Maß an Autonomie des Lernenden, dem als Preis ein hoher Lernaufwand gegenübersteht. Muss ich als Lernender mir meinen Lernpfad mit Lernzielen, Materialien und Übungen selber zusammenstellen, benötige ich sehr viel mehr Zeit und Motivation, als wenn ich auf einen vordefinierten Lernpfad zurückgreife. In der Praxis besonders des beruflichen Lernens in Organisationen herrschen deshalb Mischformen aus Lernvorgaben und Selbstbestimmung vor, wie ich sie auch oben in den drei Beispielen beschrieben habe.

Es gibt eine Fülle von unterschiedlichen Ausprägungen dieser Mischformen selbst und fremd gesteuerten Lernens. Heidack (1989) zum Beispiel listet in seinem Sammelband an Lernformen auf: die berufliche Ausbildung unter Berücksichtigung der neuen Schlüsselqualifikationen, die kooperative Qualifikation in bestehenden Arbeitsgruppen, Fallstudien, PC-gestütztes Lernen, Planspiele, Projektgruppen, fachliche Supervision von Arbeitsgruppen, Gruppenvorschläge im Rahmen des betrieblichen Vorschlagswesens, Lernstatt, Qualitätszirkel, Organisationsveränderungen wie geänderte Qualitätssicherung und Computer Integrated Manufactoring (CIM), Zusammenarbeit mit einer Unternehmensberatung, Workshops, Erfahrungsaustausch-Gruppen, Tagungen, Expertenmärkte sowie Messen.

Die Breite der oben aufgelisteten Anwendungsfelder legt nahe, dass hier der Begriff des selbstgesteuerten Lernens mit dem des Lernens allgemein verschmilzt. Eine genauere Definition des Begriffes des selbstgesteuerten Lernens ist also notwendig.

2.2 Kennzeichen selbstgesteuerten Lernens

Von 20 bis 200 verschiedenen Begriffen aus der Fachliteratur, die selbstgesteuertes Lernen beschreiben, berichtet Straka (1997, S. 1) in seiner Einleitung eines Kongressberichtes über selbstgesteuertes Lernen. Schreiber (1998) kann etwas Ordnung in die Begriffsvielfalt bringen, indem sie anhand einer Faktorenanalyse zeigt, dass ein Ganzteil der Begriffsvielfalt dadurch entstanden ist, dass Forschergruppen sich zwar regional in ihrer Begrifflichkeit aufeinander beziehen, weiter entfernte Forscherkollegen aber ignorieren. Im folgenden werde ich vier Kennzeichen selbstgesteuerten lernens darstellen und Gemeinsamkeiten und Unterschiede herausarbeiten

2.2.1 Gestaltungsfreiheit als Kennzeichen selbstgesteuerten Lernens

Lernende können selber entscheiden, was und wie sie lernen

Greif (1998, S. 27) stellt die Frage der Entscheidungs- und Gestaltungsfreiheit in den Mittelpunkt seiner Definition von selbstgesteuertem Lernen: „Selbst organisiertes Lernen, wie wir es verstehen, lässt sich zunächst einmal konkret durch das Ausmaß beschreiben, in dem die Lernenden in der Gruppe (oder in individuellen Lernphasen allein) selbstbestimmt entscheiden können, was und wie sie lernen. ... Beim radikal selbstbestimmten Lernen wäre zu fordern, dass das Individuum in allen genannten Bereichen maximale Entscheidungsfreiheiten hat. Faktisch wird das Individuum aber immer mit konkreten Begrenzungen seiner Selbstbestimmung konfrontiert, sei es, dass die von ihm gewünschten Lernprogramme nicht existieren oder nicht greifbar sind, dass die bevorzugten LehrerInnen oder LernberaterInnen ... nicht zur Verfügung stehen oder dass auch nur die Zeiten oder Orte nicht wunschgemäß sind.

Der berufliche Kontext schränkt die Selbstbestimmungsmöglichkeiten oft ein

Sehr oft ist die grundlegende Selbstbestimmung über die Lernaufgaben schon dadurch entscheidend eingeschränkt, dass der Lernende durch berufliche oder andere Anforderungen und Erwartungen seiner Umgebung ‚lernen soll', bestimmte Aufgaben zu bewältigen oder anschließend seine Kompetenzen in Prüfungen nachweisen muss. Beim Lernen in Gruppen gibt es bei unterschiedlichen Interessen und Vorkenntnissen zwangsläufige Einschränkungen durch die Notwendigkeit, mit den anderen Gruppenmitgliedern Kompromisse zu schließen." Auch Deitering (1995) betont die Autonomie als zentralem Kennzeichen selbstgesteuerten Lernens.

Metzger (1997, S. 7f) stellt zwei Möglichkeiten der Selbststeuerung dar: „Without a doubt, self-regulation or self-direction is associated with a large amount of the learner's autonomy. But with regard to the emphasis on self-directed learning as outlined, an important distinction between two interrelating aspects of autonomy has to be made. On the one hand it concerns the learners ability to make autonomous decisions about goals and processes of learning ..., and on the other hand learners must be able to adapt to given teaching-learning environments and to find ways of learning which best suit them ... One could argue that even in a situation which is extremely teachercentered and accompanied by the transmission of objectively defined knowledge and by corresponding product-oriented exams, the learners should be able to regulate their learning. Therefore, self-direction not only means self-determination, but also flexibility and adaptability."

Auch die Möglichkeit, eine vorgegebene Lernumgebung an die individuellen Bedürfnisse anpassen zu können, ist nach Metzger eine Form der Selbststeuerung. Damit stellt er im Gegensatz zu Greif die Freiheit, den Lernprozess in einem gegebenen Rahmen gestalten zu können, gleichberechtigt neben die Freiheit, den Lernrahmen selber modifizieren zu können. Dieses Postulat spielt in meinem Konzept selbstgesteuerten Lernens im Team eine wichtige Rolle, weil ich ein stark vorstrukturiertes Lernsetting gewählt habe und trotzdem darauf Wert lege, dass die Lerner sich als selbstgesteuert erleben.

Lernautonomie kann sich auf Lernziele und -wege oder auf die individuelle Anpassung eines vorgegebenen Lernweges beziehen

2.2.2 Selbstinitiative und Selbstorganisation als Kennzeichen selbstgesteuerten Lernens

Knowles betont die Selbstinitiative als Schlüsselvariable selbstgesteuerten Lernens. Selbstgesteuertes Lernen ist aus seiner Sicht ein Prozess, bei dem „... der Lerner — mit oder ohne Hilfe anderer — initiativ wird, um seine Lernbedürfnisse festzustellen, seine Lernziele zu formulieren, menschliche und dingliche Ressourcen für das Lernen zu identifizieren, angemessene Lernstrategien zu wählen und zu realisieren und um die Lernergebnisse zu evaluieren" (Knowles, 1980, S. 18; zitiert nach Friedrich & Mandl (1997)). Faulstich (2002, S. 79f) spricht in diesem Zusammenhang von „expansivem Lernen" im Vergleich zum „defensiven Lernen", welches durch eine hohe Außensteuerung und Kontrolle geprägt ist.

Expansives Lernen folgt den eigenen Bedürfnissen, defensives Lernen reagiert auf äußere Anforderungen

Simons (1992, S. 255) beschreibt im Detail die Anforderungen an die Selbstorganisationsfähigkeiten der Lernenden:

Selbstgesteuertes Lernen erfordert komplexe Selbstorganisationsfähigkeiten

1. „Lernen vorbereiten können
- Sich über Ziele und Handlungen orientieren können
- Lernziele auswählen können
- Sich die Bedeutung von Lernzielen klar machen können
- Sich selber motivieren können
- Lernhandlungen in Gang setzen können
- Aufmerksamkeit aktivieren können
- Sich rückbesinnen können auf frühere Lernprozesse und auf Vorwissen

2. Lernhandlungen ausführen können, mit dem Ziel:
- Verstehen und Behalten des Gelernten
- Integration des Gelernten
- Anwendung des Gelernten

3. Lernhandlungen regulieren können
- Lernen überwachen können
- Lernen überprüfen können

- Bei Problemen alternative Lernstrategien auswählen können
- Lernhandlungen auswerten können
- Sich auf den Verlauf des Lernens rückbesinnen können

4. Leistungen bewerten können
- Sich selbst Rückmeldung über Lernprozess und -ergebnisse geben können
- Lernprozess und -ergebnisse realistisch bewerten können

5. Motivation und Konzentration erhalten können
- Seine Motivation erhalten können
- Seine Konzentration erhalten können."

Selbstgesteuertes Lernen erfordert also komplexe Inhalts- und Selbstorganisationsfähigkeiten. Erst ein kompetenter Lerner, der über ein ausgefeiltes Lernmethoden- und Strategierepertoire verfügt, kann selbstgesteuert lernen.

2.2.3 Kognitive und motivationale Prozesse beim selbstgesteuerten Lernen

Überdauernde und situative Komponenten im Bereich Motivation und Kognition beeinflussen das Selbstlernverhalten

Friedrich & Mandl (1997, S. 242f) listen motivationale und kognitive Komponenten und Prozesse auf, die lernerseitig beim selbstgesteuerten Lernen von Bedeutung sind. Unter strukturellen Komponenten verstehen sie überdauernde, habituelle Merkmale der Lernenden und unter prozessualen Komponenten das aktuelle offene oder verdeckte Verhalten in konkreten Situationen.

Strukturelle motivationale Komponenten sind ihrer Meinung nach Bedürfnisse wie beispielsweise Selbstbestimmung, Interessen z.B. an einem Lernthema, Ziele wie z.B. eine Prüfung zu bestehen und Selbstwirksamkeit, d.h. Überzeugungen über die eigene Kompetenzen zur Bewältigung einer Lernanforderung.

Während des Lernprozesses auftretende motivationale Prozesse lassen sich ihrer Meinung nach in drei Gruppen teilen: Selbstwerterhaltende Strategien dienen dazu, das Verhalten und die Einstellungen so zu steuern, dass ein negatives Selbstbild vermieden wird – z.B. durch Abwerten einer Lernaufgabe mit möglichem Misserfolg und Ent-identifizierung. Volitionale Strategien halten die Handlungsenergie während des Lernprozesses aufrecht. Emotionale Prozesse wie Prüfungsangst oder Langeweile haben stark handlungsleitende Wirkung und damit Einfluss auf den Lernprozess. Art und Organisiertheit des Vorwissens spielt eine Rolle bei der kognitiven Auseinandersetzung mit dem Lerngegenstand. Dieses Inhaltswissen gehört zu den strukturellen kognitiven Komponenten. Dazu zählen außerdem noch Aufgabenwissen, d.h. das Wissen über Beschaffenheit und Anforderungen einer Aufgabe, und Strategiewissen über Themen wie Aufmerksamkeitssteuerung oder Zeitplanung. Prozessuale kognitive Komponenten sind Informationsverarbeitungsstrategien wie Mnemotechniken,

Kontrollstrategien zur Überwachung des eigenen Lernens und Ressourcenstrategien zur Erschließung externer Lernhilfen.

Tabelle 2.1. Komponenten selbstgesteuerten Lernens nach Friedrich & Mandl (1997, S.242)

	motivationale Komponenten	kognitive Komponenten
strukturell	Bedürfnisse	Inhaltswissen
	Interessen	Aufgabenwissen
	Ziele	Strategiewissen
	Selbstwirksamkeit	
prozessual	selbstwerterhaltende Strategien	Informationsverarbeitungsstrategien
	volitionale Strategien	Kontrollstrategien
	emotionale Prozesse	Ressourcenstrategien

Diese Auflistung der motivationalen und kognitiven Komponenten selbstgesteuerten Lernens von Friedrich & Mandl bieten einen guten Orientierungsrahmen, wenn es zu beschreiben gilt, wie selbstgesteuertes Lernen zu Stande kommt und wie es gefördert werden kann. Gleichzeitig dokumentiert die Darstellung die Breite psychologischer Theorien, die bei der Erklärung selbstgesteuerten Verhaltens zu Rate gezogen wird.

Lernbedarfsbestimmung als Bindeglied zwischen motivationalen und kognitiven Komponenten

Straka (1996, S. 68-70) versucht, in einem Zwei-Schalen-Modell selbstgesteuerten Lernens die kognitiven und motivationalen Komponenten zu integrieren. Auf der äußeren Schale finden motivationale Prozesse statt: Äußere und inneren Bedingungen des Lernenden regen dabei nach Straka eine Lernbedarfsbestimmung an. Dabei spielt eine Rolle, ob der Lernende die Inhalte für persönlich relevant erachtet (inhaltliches Interesse) und ob er über geeignete Vorgehensweisen zur Aneignung des Wissens verfügt (Vorgehensinteresse). Der Lernbedarf regt auf der inneren Schale drei Klassen von Prozessen an, um den Lernprozess zu steuern:

- Ressourcenmanagement meint die Beschaffung und Gestaltung von Lernumgebung, -mitteln und -inhalten.
- Unter Sequenzierung versteht Straka Handlungen zur Planung und Steuerung des Lernprozesses.
- Implementation beinhaltet Strategien zur Festigung, Vertiefung und Anwendung des Gelernten.

Kontrollstrategien als wichtiger Erfolgsfaktor für selbstgesteuertes Lernen

„Diese Strategien können einer kognitiven, metakognitiven und motivationalen Kontrolle unterworfen sein. Die ‚kognitive Kontrolle' bezieht sich darauf, ob die für das Lernen bzw. Arbeiten notwendigen informationsverarbeitenden Ereignisse zielgerichtet und störungsfrei, d.h. konzentriert eingesetzt werden. Bei der ‚metakognitiven Kontrolle' handelt es sich zum einen um die Selbstüberwachung während des Lernens und Arbeitens, zum anderen um das Regulieren, um sich den Anforderungen einer Aufgabe flexibel anzupassen ... Die ‚motivationale Kontrolle' bezieht sich einerseits auf die individuelle Beurteilung, die einer angestrebten Zielerreichung aktuell beigemessen wird, und zum anderen auf die Zielorientierung, die entweder auf Zielerreichung hin (appetitiv) oder auf deren Vermeidung (aversiv) gerichtet sein kann" (Straka 1996, S. 70).

Die äußere und innere Schale wirken beim Prozess der Evaluation zusammen. Dort schätzt der Lerner am Ende seines Lernprozesses sein Lernergebnis in Relation zu seinen Zielen ein und bewertet die Ursachen für das Zustandekommen des Lernergebnisses.

Während Friedrich & Mandl lediglich verschiedene Prozesse, die während des selbstgesteuerten Lernen beim Lerner auftreten, auflisten, versucht Straka, das Zusammenwirken von kognitiven und motivationalen Prozessen zu beschreiben. Es bleiben allerdings viele Fragen bezüglich der Relationen und gegenseitigen Einflüsse der Komponenten des Modells offen. Worin besteht zum Beispiel der Unterschied zwischen metakognitiver und kognitiver Kontrolle, oder wie wirken Vorgehensinteresse und inhaltliches Interesse auf die Bedarfsbestimmung, und wie grenzen sie sich von den inneren Bedingungen ab, die in dem Modell ja auf einer anderen logischen Ebene angeordnet sind?

2.2.4 Selbstgesteuertes Lernen in curricular strukturierten Lernkontexten

Studentisches Lernen als Beispiel selbstgesteuerten Lernens

Zimmerman (1989, S. 4) definiert Studenten als prototypische selbstgesteuerte Lerner: „In contemporary terms, students can be described as self-regulated to the degree that they are metacognitively, motivationally, and behaviorally active participants in their own learning process." Damit hat er ein nahezu unerschöpfliches Potential an Versuchspersonen erschlossen. Vermutlich aus diesem Grund dominieren in den amerikanischen Veröffentlichungen zum Thema selbstgesteuertes Lernen auch Untersuchungen über studentisches Lernen.

Weiter grenzt er selbstgesteuertes Lernen gegen die in den 60er- und 70er-Jahren vorherrschenden lehrer- und lernstofforientierten pädagogischen Konzepte ab, in denen es darum ging, Lehrerverhalten und Lernstoff so zu optimieren, dass sie an gegebenes Lernerverhalten angepasst waren:

„In contrast, self-regulated learning theories assume that students (1) can personally improve their ability to learn through selective use of metacognitive and motivational strategies; (2) can proactively select, structure, and even create advantageous learning environments; and (3) can play a significant role in choosing the form and amount of instruction they need. Theories of self-regulated learning seek to explain and describe how a particular learner will learn and achieve despite apparent limitations in mental ability (as traditionally assessed), social environmental background, or in quality of schooling. These theories should also be useful in explaining and describing why a learner might fail to learn despite apparent advantages in mental ability, social environmental background, or quality of education."

Zu fragen bleibt, warum studentisches Lernen selbstgesteuertes Lernen sein soll. Es ist genauso wie schulisches Lernen curricular aufgebaut und hat als wichtigen Steuerungsfaktor Prüfungen und Abschlüsse. Der wesentlichste Unterschied zwischen schulischem und studentischem Lernen ist der zeitliche Abstand der lernerbezogenen Interventionen der Lehrenden im Lernprozess. Nur in den seltensten Fällen ist studentisches Lernen erkundendes, problemlösendes Lernen.

An diesem Punkt setzen Arnold & Schüßler (1998, S. 68ff) mit ihrer Kritik an der herkömmlichen curricularen Didaktik an. Aus ihrer Sicht gibt es drei Kräfte, die die Lernkultur momentan verändern:

Currikulare Didaktik in Schule und Studium erzeugt zu viel träges Wissen, das bald veraltet

1. Die Krise der Fachbildung, weil sich immer mehr Lernstoff nicht curricularisieren lässt bzw. zum Zeitpunkt der Festschreibung schon wieder veraltet ist.
2. Eine unbefriedigende Nachhaltigkeit des Wissens, das nur bis zur nächsten Prüfung behalten oder nicht genutzt wird, also als träges Wissen verharrt (siehe auch Renkl 1996).
3. Die ungewollten qualifikatorischen Nebenwirkungen einer Erzeugungsstruktur, die den Lernenden zum passiven Rezipienten von wissensverkündenden Lehrenden macht und damit gerade nicht die aktive Auseinandersetzung mit dem Lernstoff und ein Aneignen durch das Tun fördert.

Arnold & Schüßler fordern stattdessen eine Ermöglichungsstruktur der Didaktik, die dem Lernenden Lernsituationen bietet, in denen er selbstgesteuert Erfahrungen sammeln und damit Methoden-, Reflexions- und Persönlichkeitswissen – im Gegensatz zu Speicherwissen bei der Erzeugungsstruktur – aufbauen kann. Aus ihrer Sicht findet besonders in der beruflichen Weiterbildung derzeit eine Umorientierung vom Qualifikations- zum Kompetenzlernen statt. Dies sei „ein neues Konzept des lebenslangen oder lebensbegleitenden Lernens, das

Vom Qualifikations- zum Kompetenzlernen

a) auf einem erweiterten Lerninhaltsverständnis beruht und nicht nur Wissen, sondern auch die Erfahrung, das Können und das Werten mit in die Realisierung von Erwachsenenlernprozessen einbezieht,
b) die traditionelle Begrenzung der Lernorte sprengt und auch das entinstitutionalisierte Lernen (am Arbeitsplatz, autodidaktisch) professionell ermöglicht, fördert und unterstützt und schließlich,
c) nicht nur das Lernen von Individuen, sondern die Ermöglichung und Förderung der Lernprozesse von Gruppen, Organisationen oder gar gesellschaftlicher Einheiten ermöglicht." (Arnold & Schüßler 1998, S. 106/7).

Diese dreifache Entgrenzung der Erwachsenenbildung führt ihrer Meinung nach zu einem neuen Verständnis von Erwachsenenbildung. Kompetenzlernen bedeutet danach, die Selbstorganisationsfähigkeit einer Person in komplexen beruflichen Situationen zu fördern.

2.2.5 Was kennzeichnet selbstgesteuertes Lernen – Integration der vier Perspektiven

Alle genannten Definitionen selbstgesteuerten Lernens beleuchten unterschiedliche Facetten des komplexen Geschehens: Lernerautonomie, Selbstorganisation, Steuerungsprozesse sowie Lerninhalte und -methoden. Zusammengefasst könnte eine Beschreibung für selbstgesteuertes Lernen lauten:

Selbstinitiative, Gestaltungsmöglichkeiten und Handlungslernen

Ein selbstbestimmter, initiativer und sein Lernen gestaltender, kompetenter Lerner erarbeitet sich in einer didaktischen Ermöglichungsstruktur durch Erfahrung-Machen im Tun Handlungskompetenz und Selbstorganisationsfähigkeit. Lernerseitig sind beim selbstgesteuerten Lernen besonders die Frage der Lernmotivation und der kognitiven Lernstrategien von Bedeutung. Lehrerseitig gilt es zu klären, wie intensiv die Lerninhalte didaktisch vorstrukturiert werden sollen, wie stark die Lerninhalte an die individuelle Situation des Lerners angepasst werden und wie intensiv die Lehrer-Lerner Interaktion gestaltet werden sollen.

2.3. Warum und wie lernen Menschen selbstgesteuert?

Nach der Frage, was selbstgesteuertes Lernen kennzeichnet, soll es nun um die dem selbstgesteuerten Lernen zugrundeliegenden Prozesse gehen. Der Struktur von Friedrichs & Mandl (1997, S. 242) folgend, müssen wir zwei Fragenkomplexe beantworten: Was motiviert Lernende, selbstgesteuert zu lernen und wie strukturieren sie Selbstlernprozesse?

2.3.1 Was motiviert Lernende, selbstgesteuert zu lernen?

Zimmerman & Schunk (1989) lassen in ihrem Sammelband zum Thema „Self-regulated learning and academic achievement" Vertreter von sechs unterschiedlichen Forschungsrichtungen darstellen, was ihrer Meinung nach selbstgesteuertes Lernen auslöst und wie man es fördern kann. Sie unterscheiden die Perspektive der operanten Konditionierung, die phänomenologische, die sozial-kognitive und die volitionale Sichtweise, den handlungsorientierten Ansatz von Wygotski sowie die konstruktivistische Perspektive. Zimmerman (1989, S. 1-25) fasst die sechs Konzepte zusammen und vergleicht sie.

Selbstbeobachtung und -steuerung als Reaktion auf äußere Stimuli

Vertreter des Modells des operanten Konditionierens halten Selbstbeobachtung und Selbstregulation für die Schlüsselfaktoren von selbstgesteuertem Lernen. Selbstregulationsprozesse sind aus ihrer Sicht Reaktionen auf äußere Verstärkungsstimuli. Selbstinstruktionen im inneren Dialog und Selbstverstärkung in Verbindung mit äußeren Verstärkern sind weitere Schlüsselprozesse.

Selbstlernen als Versuch, das Selbstkonzept zu aktualisieren oder zu erweitern

Aus phänomenologischer Sicht ist das Selbstkonzept des Lerners der Schlüsselfaktor der Motivation. Alle Wahrnehmungen werden nach dieser Theorie von einer Person in einem individuellen Selbstkonzept zusammengefasst, das das zukünftige Verhalten beeinflusst. Informationen aus der aktuellen Situation werden als selbstkonzeptkonform oder -widersprechend klassifiziert. Selbstlern-Motivation entsteht, um das Selbstkonzept zu aktualisieren oder zu erweitern.

Affektive Reaktionen spielen eine Schlüsselrolle. Negative Selbstwahrnehmungen lösen Angst aus und führen zu verringerter Motivation, im Extremfall zu Hilflosigkeit und Vermeidung. Positive Wahrnehmungen führen zu Zufriedenheit und intrinsischer Motivation.

Selbstaufmerksamkeit kann helfen, ein positives Selbstkonzept zu entwickeln und die Selbstlernmotivation zu fördern

Selbstaufmerksamkeit muss aus phänomenologischer Sicht Personen nicht vermittelt werden, sondern ist Teil der menschlichen Natur. Das daraus entstehende Selbstkonzept prägt das Verhalten unter anderem in Lernsituationen. Lernende, die an ihren Fähigkeiten zu lernen zweifeln, werden sich defensiv verhalten und Selbstlernsituationen meiden. Da das Selbstkonzept ja eine subjektive Selbsteinschätzung ist, kann es zu unrealistischen Annahmen über die eigenen Kompetenzen kommen. Lehrende können Lernende dann zu größerer Selbstaufmerksamkeit ermuntern, um so ein realistischeres Selbstkonzept – vulgo: Selbstbewusstsein – zu erreichen, das zu höherer Motivation für selbstgesteuertes Lernen führt.

2

Die sozial-kognitive Theorie, die auf Konzepten von Bandura (1986) basiert, geht davon aus, dass menschliches Verhalten von personalen, Verhaltens- und Umgebungseinflüssen gesteuert wird. Dabei beeinflussen Verhalten und Umgebung auf der einen und kognitive Prozesse auf der anderen Seite sich reziprok. Motivation entsteht zum einen durch erwartete Handlungsfolgen und zum anderen durch die wahrgenommene Selbstwirksamkeit. Bandura definiert sie als „perceived ability to implement actions necessary to attain designated performance levels" (zitiert nach Zimmerman, 1989, S. 12). In Studien konnte nachgewiesen werden, dass die wahrgenommene Selbstwirksamkeit Einfluss hat auf Aufgabenwahl, Durchhaltevermögen, Anstrengungssteigerung und Fertigkeitserwerb von Lernern. Selbstaufmerksamkeit, Selbstbeurteilung und selbstbezogene Reaktionen sind in der sozial-kognitiven Theorie die Kernelemente der Selbststeuerung. Vertreter der sozial-kognitiven Theorie haben besonders den Zusammenhang zwischen sozialen und Selbststeuerungsprozessen untersucht. Zwei Faktoren erwiesen sich als besonders einflussreich auf die wahrgenommene Selbstwirksamkeit von Lernern: soziale Modelle, die schwierige Lernprozesse erfolgreich absolvieren, und aktivierende Kompetenzerlebnisse.

Die wahrgenommene Selbstwirksamkeit beeinflusst das Lernverhalten

Volitionale Ansätze konzentrieren sich auf den Aspekt der Handlungssteuerung. Corno (1989, S. 112) betrachtet Volition als notwendige Bedingung, um selbstgesteuertes Lernen auch bei schwierigen Rahmenbedingungen aufrechtzuerhalten: „To learn in a classroom setting, in short, is to be able to concentrate and move through academic tasks in the face of many potential distractions: There are environmental factors such as inappropriate tasks and peer intrusions, and personal factors such as confusion and changing interests or goals. We view the ability to maintain concentration in the face of obstacles as volitional. The volitional aspects of SRL [Anmerkung: self-regulated learning] are therefore those mechanisms that kick in to control concentration and aid progress in the face of environmental and personal obstacles to academic learning. They are metacognitive, metamotivational, and meta-affective processes, for they protect and control all of these psychological states. In our framework, volition is seen as a necessary but insufficient condition for SRL, and is given special status as the key to learning efficiency."

Volition erhält Selbstlernaktivitäten auch in schwierigen Situationen aufrecht

Corno folgt Kuhl (1985) in seiner Abgrenzung von Volition zur Motivation. Danach sorgt Motivation für die Entscheidung, mit einem Lernprozess zu beginnen, während Volition das Aufrechterhalten des Lernprozesses und die Abschirmung gegen ablenkende Einflüsse bewirkt. Selbstaufmerksamkeit spielt bei der volitionalen Steuerung von Lernprozessen eine Schlüsselrolle. Kuhl identifizierte zwei Arten von Kognitionen im Zustand der Selbstaufmerksamkeit: handlungsorientierte und zustandsorientierte Kognitionen. Handlungsorientierte Kognitionen sichern die Fokussierung auf die angestrebte Lernhandlung; zustandsorientierte Kognitionen führen zu Zweifel und anderen selbstbezogenen Gefühlen. Kuhl geht davon aus, dass Personen eine dominante kognitive Orientierung im Zustand der Selbstaufmerksamkeit haben. Nach Ansicht von Kuhl und Corno lässt sich die Selbstlernmotivation durch eine Erhöhung handlungsorientierter Kognitionen und durch Training der Kontrollstrategien verbessern.

Handlungsorientierte Kognitionen fördern die Konzentration auf das Lernen, zustandsorientierte Kognition schwächen sie

Die Sprache und der innere Dialog als Mittel der Selbststeuerung ist Gegenstand der Theorie von Wygotsky (1974) und Leontev (1977). Wygotksi unterschied aufgaben- und selbstbezogene innere Dialoge. Erstere dienen zur Entwicklung von Problemlösestrategien und zur Verbesserung der Aufgabenkontrolle, Letztere sind affektive und motivationale Instruktionen zur Erhöhung der Selbstkontrolle. Beide Arten von innerem Dialog können nach Wygotsky die Motivation beeinflussen. Leontev erweiterte das Modell um Tätigkeiten und Handlungen. Tätigkeiten werden danach unbewusst durch Umgebungsreize und Handlungsanforderungen ausgelöst, während Handlungen auf die Ziele eines Individuums ausgerichtet sind und bewusst ausgeführt werden. Wenn Handlungen vollständig internalisiert sind, werden sie zu Tätigkeiten, bis Probleme bei der Ausführung auftreten. Dann geht das Individuum wieder auf das Handlungsniveau zurück. Wygotski nimmt eine ähnliche Entwicklung für den Schritt vom lauten Denken zum inneren Dialog an. Meichenbaum (1979) entwickelte auf Basis der Theorie des selbstbezogenen Dialogs als Methode der Selbststeuerung ein erfolgreiches Programm mit Selbstinstruktionen, um Lernstörungen bei Kindern zu therapieren, indem diese erst mit Hilfe des lauten Denkens das Lernverhalten eines Erwachsenen nachmachten. Im zweiten Schritt wechselten sie dann zur Verhaltenssteuerung in den inneren Dialog und konnten das Lernverhalten ohne Unterstützung eines Erwachsenen aufrechterhalten.

Der innere Dialog als Selbststeuerungsmethode

Aus Piagets (1975) konstruktivistischer Sicht ist Lernen die Rekonstruktion von Situationen und Handlungen in kognitiven Schemata. Er beschrieb zwei Prozesse, mit denen Kinder Schemata entwickeln und erweitern: Assimilation und Akkomodation. Bei der Assimilation integrieren sie neue Informationen in bestehende Schemata und differenzieren sie so aus. Bei der Akkomodation verändern sie bestehende Schemata. Im Laufe der kognitiven Entwicklung differenzieren nach Piaget Kinder ihre Schemata immer weiter aus. Wichtig ist dabei, dass die Schemata konsistent und logisch sind. Aus konstruktivistischer Perspektive gibt es zwei wichtige Motivationsquellen des Lernens:

Lernen als Anpassung innerer Schemata an veränderte äußere Situationen

1. Menschen haben das angeborene Bedürfnis, Informationen zu suchen und aufzunehmen.
2. Wenn sich neue Informationen nicht in bestehende Schemata assimilieren lassen, entsteht ein kognitiver Konflikt und damit das Bedürfnis, durch Akkomodation der Informationen zu einem neuen Schema den Konflikt zu lösen.

Kognitivistisch orientierte Forschung zum Thema selbstgesteuertes Lernen beschäftigt sich im Wesentlichen mit zwei Fragen:

1. Wie kann man dysfunktionale Schemata über Lernen wie zum Beispiel Annahmen über den eigenen Lerntyp oder das geeignete Lernverhalten erkennen und verändern?
2. Wie schaffe ich Lernsituationen, die kognitive Konflikte auslösen?

So erwiesen sich zum Beispiel explorierende Lernaufgaben mit unerwarteten Ergebnissen, Zweierdiskussionen mit dem Zwang zu einer gemeinsamen Entscheidung bei unterschiedlicher Meinung, Lernpartnerschaften und Lernstrategietraining als Erfolg versprechend.

Selbstlernen durch Situationen, die eine Schemata-Anpassung anregen

Zimmerman & Schunk (1989) wollen in ihrem Sammelband aus verschiedenen Forschungsperspektiven die Frage beantworten lassen, wie sich selbstgesteuertes Lernen erklären lässt. Dabei ist die Lernmotivation nur ein – wenn auch zentraler - Aspekt der Darstellung. Krapp (1993, S. 187-205) stellt die Frage, wie Lernmotivation entsteht und aufrechterhalten werden kann, in den Mittelpunkt seines Überblicksartikels. Er fasst die Forschung zur Lernmotivation in fünf Forschungsrichtungen zusammen, die in ihren Konzepten jeweils unterschiedliche Schwerpunkte beleuchten. Die Richtungen sind zum Teil in Abgrenzung zu den anderen Richtungen und zum Teil als Ergänzung entwickelt worden.

1. Die eigenschaftstheoretische Perspektive

Die Persönlichkeit beeinflusst Selbstlernverhalten

Dass bei gleichem Lernangebot und äußerlich gleichen Lernvoraussetzungen erhebliche Leistungsunterschiede zwischen den Mitgliedern einer Lerngruppe auftreten, führt schnell zur Annahme von zeit- und situationsstabilen Persönlichkeitsfaktoren. Neben kognitiven Faktoren wie Begabung sind dies motivationale Faktoren wie Motive, Interessen, Wertorientierungen und Einstellungen. Diese Lernmotive zu klassifizieren versuchten z.B. Murray (1938) und Heckhausen (1968).

Der eigenschaftstheoretische Ansatz löste eine Fülle von Untersuchungen über den Zusammenhang von Lernmotivationsdisposition und Lernleistung aus. Man erhoffte sich davon z.B. eine verbesserte Prognose bei Schullaufbahnentscheidungen. Die einseitige Fixierung auf stabile Persönlichkeitsmerkmale der Motivation und das Ausklammern situativer Variablen wie dem Lehrerverhalten, schränkt die Nutzbarkeit dieses Ansatzes für Konzepte der Steuerung von Lernmotivation ein.

2. Die lerntheoretische Perspektive

Lernerfahrungen beeinflussen Lernverhalten

Die klassische Lerntheorie geht davon aus, dass Art und Intensität des Handelns ein Resultat vorangegangener Lernprozesse sind, bei dem Stimulus-Response-Verbindungen erworben werden. Die positiven oder negativen Konsequenzen erhöhen die Auftretenswahrscheinlichkeit eines Verhaltens in vergleichbaren Situationen. Das Ausbleiben dieser Konsequenzen führt zum Unterlassen der Handlung (Extinktion). Die Lerntheoretiker berücksichtigen keine inneren Prozesse bzw. lehnen sie als unwissenschaftlich, weil nicht beobachtbar, ab. In manchen lerntheoretischen Konzepten wird die Wirkung verstärkender Reize mit dem Modell der Triebreduktion zu erklären versucht.

Die Konzentration auf die äußeren und damit leicht gestaltbaren Faktoren von Lernprozessen führte zu einer Fülle von oft sehr technologischen Programmen der Lernsteuerung. Im Rahmen von CBT z.B. gibt es viele Programme, die diesem „Drill & Practice"-Schema folgen. Den meisten gelingt es nicht, die dauerhafte Motivation der Lernenden zu sichern.

Nach Krapp unterminierten zwei Kritikpunkte den großen Einfluss der behavioristischen Motivationskonzepte immer mehr: Zum einen ließ sich auch im Tierverhalten nachweisen, dass es Verhaltensweisen wie z.B. Exploration gibt, die ohne Verstärkung und erkennbaren Trieb ausgeführt und aufrechterhalten werden. Zum zweiten wurde die Blickverengung behavioristischer Theorien auf die äußeren Faktoren kritisiert, die die kognitiven Elemente systematischen Lernens wie planvolles und zielorientiertes Handeln, Reflexion und Bewertung außer Acht lässt.

3. Die kognitive Perspektive
Auf Atkinson und McClelland und im deutschsprachigen Raum Heckhausen (1989) gehen Erwartungs-x-Wert-Modelle der Motivation zurück.
Eine Handlungssequenz lässt sich danach mit vier Elementen beschreiben: Situation, Handlung, Handlungsergebnis und Handlungsfolgen. Drei Arten von Erwartungen ergeben sich für den Lerner aus dieser Situation, die er subjektiv vor Handlungsbeginn kognitiv und affektiv einschätzt:

- Situations-Ergebnis-Erwartungen im Sinne der Frage: Was ergibt sich in der Situation von selbst, wenn ich nicht tätig werde?
- Handlungs-Ergebnis-Erwartungen: Was kann ich bewirken, wenn ich tätig werde?
- Ergebnis-Folge-Erwartungen: Wird das Handlungsergebnis dazu führen, dass ich meine Ziele bzw. die erwünschten Folgen auch erlange?

Die Stärke der Lernmotivation ergibt sich aus den erwarteten Handlungsfolgen

Die Stärke der Lernmotivation ergibt sich aus einer Kalkulation der einzelnen gewichteten Ergebnis-Folge-Erwartungen, verbunden mit der subjektiven Einschätzung der Eintretenswahrscheinlichkeit der Handlungsfolgen und den begleitenden Motiven der Person. Das Modell beschreibt die Motivation, eine Handlung zu beginnen, aber nicht, sie aufrechtzuerhalten, wie die volitionalen Konzepte von Kuhl (1985) und Corno (1989).
Aktuelle Forschungstrends im Rahmen der kognitiven Perspektive finden sich nach Krapp im „Konzept tätigkeitsspezifischer Vollzugsreize" nach Rheinberg (1989). Danach kann Motivation nicht nur durch die erwarteten Handlungsfolgen, sondern auch durch die Freude an der Tätigkeit selber entstehen. Auch Selbstwirksamkeitskonzepte, wie sie oben dargestellt wurden, erweitern das kognitive Motivationskonzept. Speziell für den Bereich des schulischen Lernens gibt es Konzepte (vgl. Nicholls 1988), die antizipierte Handlungsfolgen als aufgabenorientiert oder leistungsorientiert klassifizieren. Aufgabenorientierte Schüler lernen danach, weil sie den Lerngegenstand wirklich begreifen wollen, während leistungsorientierte Schüler lernen, um Leistungsstandards zu erreichen. Krapp (1993, S. 199f) kritisiert an den kognitiven Konzepten der Lernmotivation, dass sie sich auf die Intentionsbildung beschränken und die Handlungsregulation außer Acht lassen, dass sie gegenstandsbezogene Komponenten wie Interessen nicht berücksichtigen und wenig zur Entstehung selbstbestimmter Motivation aussagen.

4. Die Selbstbestimmungsperspektive

Selbstlernmotivation entsteht durch das Ausmaß subjektiv erlebter Autonomie

Auf Deci & Ryan (1993) geht eine neuere Theorie zurück, die sich explizit mit der Entstehung und Aufrechterhaltung von Motivation zum selbstbestimmten Lernen beschäftigt. Der entscheidende Motivationsfaktor ist das Ausmaß der subjektiv erlebten Autonomie. Deci & Ryan nehmen eine allen Lebewesen innewohnende Tendenz zur Erweiterung und Integration des Selbst an, die auf die drei Bedürfnisse nach sozialer Eingebundenheit, Kompetenz und Autonomie zurückgeht. In Untersuchungen zeigte sich, dass Lernprozesse auf Grund von selbstbestimmter Lernmotivation zu besseren Lernleistungen und dauerhafterem Behalten führte. Nach Krapp ist die Theorie von Deci & Ryan besonders überzeugend, weil sie wesentliche Komponenten des Motivationsprozesses berücksichtigt. „Keine andere empirisch-psychologische Theorie hat sich bislang so überzeugend mit der Funktionsweise und Entstehung einer auf Selbstbestimmung beruhenden Lernmotivation auseinander gesetzt wie diese. Das konnte nur gelingen, weil sie auf der Basis einer reflektierten Konzeption vom Menschen und metatheoretischer Vorentscheidungen über die Aufgaben psychologischer Forschung entstanden ist" (Krapp 1993, S. 201). Im folgenden Abschnitt wird noch einmal ausführlicher auf sie eingegangen.

Interessengeleitetes Handeln wird als selbstbestimmt erlebt

5. Die interessenorientierte Perspektive
   Lange Zeit hat die Motivationsforschung den Begriff „Interesse" gemieden, weil er zu diffus erschien. Die Frage, weshalb Personen bestimmte Lerninhalte mehr wertschätzen als andere und deshalb bei gleichen Rahmenbedingungen eine unterschiedlich starke Lernmotivation zeigen, führte jedoch zu einer erneuten Beschäftigung mit dem Interessenbegriff. Nach neueren Ansätzen (vgl. Krapp 1992) „wird Interesse als ein Konzept interpretiert, das die besondere Beziehung einer Person zu einem Erfahrungs- oder Wissensbereich (Lerngegenstand) zum Ausdruck bringt. Interesse bezeichnet solche Person-Gegenstands-Relationen, die für das Individuum von herausgehobener Bedeutung sind und mit (positiven) emotionalen und wertbezogenen Valenzen verbunden sind. Zumindest die höher entwickelten Interessen sind Bestandteile des individuellen Selbstkonzepts und bestimmen langfristig die Identität einer Person mit" (Krapp 1993, S. 202).
   Interessengeleitetes Handeln wird vom Individuum als selbstbestimmt erlebt. Es dient dazu, dauerhaftes Wissen zu erwerben und einzusetzen.

Die Theorien der Lernmotivation widersprechen sich nicht, sondern beziehen sich auf unterschiedliche Phasen des Lernprozesses

Nach Krapp (1993, S. 203) widersprechen sich die Theorien der Lernmotivation nicht. Sie beziehen sich auf verschiedene Phasen des Lern- und des zu Grunde liegenden Motivationsprozesses und versuchen, diese zu erklären. Diese These erscheint plausibel, wenn man einmal den Lernprozess in drei Phasen teilt und die von Zimmerman bzw. Krapp dargestellten Theorien den Phasen zuordnet, die jeweils am intensivsten erklärt werden:

Frühere Entwicklungsbedingungen wie Dispositionen und durch Sozialisation erworbene Verhaltenstendenzen	→	**Die aktuelle Lernsituation** mit den Einflüssen vom Lerner, dem sozialen Umfeld, dem Lerngegenstand und dem Lernprozess selber	→	**Handlungsfolgen** wie Wissens- oder Fähigkeitserweiterung, das Erreichen von Zielen oder Veränderungen des Selbstkonzeptes

Die eigenschafts- und die interessenorientierte Perspektive beziehen sich vorwiegend auf die Phase der früheren Entwicklungsbedingungen. Die konstruktivistische Perspektive richtet sich auf die früheren Entwicklungsbedingungen und die aktuelle Lernsituation. Die an Wygotsky orientierte Theorie des inneren Dialogs und die sozial-kognitive Theorie von Bandura beziehen sich auf die aktuelle Lernsituation. Volitionale und phänomenologische Konzepte beziehen sich auf die aktuelle Lernsituation und die Handlungsfolgen. Das operante Konditionieren, die lerntheoretische Perspektive und die kognitiven Lerntheorien richten ihr Augenmerk im Wesentlichen auf die Handlungsfolgen und deren Wirkung auf zukünftiges Verhalten.

Die Selbstbestimmungstheorie der Motivation von Deci & Ryan. Von besonderer Bedeutung ist die Selbstbestimmungstheorie der Motivation von Deci & Ryan (1993), weil sie einerseits alle drei Phasen des Lernprozesses zu erklären versucht und andererseits explizit auf selbstgesteuertes Lernen ausgerichtet ist. Deshalb sei sie hier noch einmal im Detail dargestellt. Die Selbstbestimmungstheorie der Motivation postuliert im Gegensatz zu den meisten kognitiven Motivationstheorien unterschiedliche qualitative Ausprägungen der Dterminanten motivierten Handelns. Deci & Ryan (1993, S. 225) gehen davon aus, „dass sich motivierte Handlungen nach dem Grad ihrer Selbstbestimmung bzw. nach dem Ausmaß an Kontrolliertheit unterscheiden lassen. Manche Handlungen erlebt man als frei gewählt, sie entsprechen den Zielen und Wünschen des individuellen Selbst. Andere werden dagegen als aufgezwungen erlebt, sei es durch andere Personen oder durch intrapsychische Zwänge. In dem Ausmaß, in dem eine motivierte Handlung als frei gewählt erlebt wird, gilt sie als selbstbestimmt und autonom. In dem Ausmaß, in dem sie als aufgezwungen erlebt wird, gilt sie als kontrolliert. Selbstbestimmtes und kontrolliertes Verhalten definieren somit die Endpunkte eines Kontinuums, das die ‚Qualität' oder ‚Orientierung' einer motivierten Handlung festlegt."

Selbstbestimmung versus Kontrollierheit als Motivationsfaktor

Bei ihren Forschungen zu intrinsischer Motivation als Prototyp selbstbestimmten Verhaltens und extrinsischer Motivation stellten Deci & Ryan fest, dass extrinsisch motivierte Verhaltensweisen durch die Prozesse der Internalisierung und Integration in selbstbestimmte Handlungen überführt werden können. Sie gehen davon aus, „dass der Mensch die natürliche Tendenz hat, Regulationsmechanismen der sozialen Umwelt zu internalisieren, um sich mit anderen Personen verbunden zu fühlen und Mitglied der sozialen Umwelt zu werden. Durch die Integration dieser sozial vermittelten Verhaltensweisen in das individuelle Selbst schafft die Person zugleich die Möglichkeit, das eigene Handeln als selbstbestimmt zu erfahren. Im Bemühen, sich mit anderen Personen verbunden zu fühlen und gleichzeitig die eigenen Handlungen autonom zu bestimmen, übernimmt die Person also Ziele und Verhaltensnormen in das eigene Selbstkonzept" (S. 227). Deci & Ryan beschreiben ein Kontinuum von externer Kontrolle zu Selbstbestimmung und Integration in das eigene Selbstkonzept:

Extrinsisch motiviertes Verhalten kann durch Internalisierung zu intrinsischem Handeln führen

1. Externale Regulation: Handlungen werden zwar intentional ausgeführt, dienen aber dazu, eine Belohnung zu erhalten oder eine Bestrafung zu vermeiden. Sie sind also weder freiwillig noch autonom.
2. Introjizierte Regulation: Handlungen werden ausgeführt, weil es sich so gehört oder man sonst ein schlechtes Gewissen hat. Die Handlung be-

darf zwar keiner äußeren Anstöße, wird aber als fremdbestimmt erlebt, weil die Regulationsprinzipien übernommen, aber nicht ins individuelle Selbst übernommen worden sind.

3. Identifizierte Regulation: Verhaltensweisen werden vom Selbst als wichtig und wertvoll anerkannt. Man identifiziert sich mit den zu Grunde liegenden Werten und Zielen.
4. Integrierte Regulation: Das Individuum hat sich die Ziele, Normen und Handlungsstrategien zu Eigen gemacht. Sie sind Bestandteil des Selbstkonzeptes geworden. Die Person erlebt sich als selbstbestimmt handelnd (S. 227f).

Die Motivationsforschung kennt drei Konzepte für die Entstehung von motivationaler Handlungsenergie: physiologische Bedürfnisse – oft Triebe genannt – Emotionen und psychologische Bedürfnisse. Nach Deci & Ryan sind alle drei Quellen an der Entstehung von Handlungsenergie beteiligt. Von besonderer Bedeutung sind aber die psychologischen Bedürfnisse, weil sie die Prozesse beeinflussen, mit denen der Mensch seine Triebe und Emotionen autonom steuert. Die Autoren postulieren drei angeborene psychologische Bedürfnisse:

Soziale Eingebundenheit, Kompetenzerleben und Autonomie als Grundbedürfnisse

- das Bedürfnis nach sozialer Eingebundenheit,
- das Bedürfnis nach Kompetenz oder Wirksamkeit,
- das Bedürfnis nach Autonomie oder Selbstbestimmung.

Deci & Ryan gehen davon aus, „dass der Mensch die angeborene motivationale Tendenz hat, sich mit anderen Personen in einem sozialen Milieu verbunden zu fühlen, in diesem Milieu effektiv zu wirken (zu funktionieren) und sich dabei persönlich autonom und initiativ zu erfahren." (S. 229)

Das Konzept der drei angeborenen psychologischen Bedürfnisse erklärt ihrer Meinung nach die Auswahl von Handlungszielen (Intentionalität) und gibt Hinweise auf Faktoren im sozialen Milieu, die die Umwandlung von extrinsischer in intrinsische Motivation, also in selbstbestimmtes Verhalten, fördern oder behindern. Die ihrer Meinung nach wichtigsten Forschungsergebnisse über die Auswirkungen sozialer Umwelten auf Motivation, Lernen und Entwicklung sind:

Die Umwandlung extrinsischer in intrinsische Motivation lässt sich fördern

- Kontrollierende Maßnahmen wie Belohnungen, Strafandrohungen, Bewertungen oder aufgezwungene Ziele untergraben intrinsische Motivation. Maßnahmen, die Eigeninitiative fördern, Wahlmöglichkeiten bieten oder Anerkennung zeigen, halten intrinsische Motivation aufrecht oder fördern sie.
- Positives Feedback stärkt die wahrgenommene Kompetenz, wenn es in autonomiefördernder Art gegeben wird, also informativ ist. Negatives Feedback, mit der Absicht zu kontrollieren und kritisch zu bewerten, bewirkt das Gegenteil. Auf autonomieunterstützende Weise gegeben, kann negatives Feedback als Herausforderung und Hilfe aufgefasst werden und stärkt die intrinsische Motivation.
- Autonomieförderndes Lehrerverhalten führt zu mehr eigenständigem Lernverhalten, einer höheren Selbsteinschätzung und besserer schulischer Leistung bei Schülern.

- Schüler aus Elternhäusern mit hoher Autonomieunterstützung haben mehr internalisierte Lernmotivation und werden von den Lehrern als kompetenter eingestuft.
- Selbstbestimmte Lernmotivation führt zu besseren und dauerhafteren Lernerfolgen bei Schülern.

Deci & Ryan sind überzeugt, „dass optimales Lernen unmittelbar an die Entwicklung des individuellen Selbst geknüpft ist und gleichzeitig von der Beteiligung des Selbst abhängt. Eine Lernmotivation, die nicht den Prinzipien des individuellen Selbst entspricht, z.B. weil sie von außen aufoktroyiert wird, beeinträchtigt die Effektivität des Lernens und behindert zugleich die Entwicklung des individuellen Selbst" (S. 235/6). Mit diesem Ansatz verbinden sie Aspekte des Lernens und der Persönlichkeit.

Extrinsische Lernmotivation behindert zugleich das Lernen und die Entwicklung des Selbst

2.3.2 Wie strukturieren Lernende Selbstlernprozesse?

Je selbstgesteuerter ein Lernprozess verläuft, desto höher sind die Anforderungen an die kognitiven Organisations- und Steuerungsfähigkeiten eines Lerners. Geeignete Lernstrategien sind hier von entscheidender Bedeutung.

Das kognitive Lernstrategiemodell von Friedrich & Mandl. Friedrich & Mandl (1997) unterscheiden auf struktureller Ebene Inhalts-, Aufgaben- und Strategiewissen und auf prozessualer Ebene Informationsverarbeitu ngs-, Kontroll- und Ressourcenstrategien (vgl. Tabelle 1).

Effektive Lernstrategien zur Förderung von selbstgesteuertem Lernen

- Vorwissen erleichtert den Wissenserwerb, weil es Anknüpfungspunkte bietet, die die Identifikation bedeutsamer Informationen und die Wissensstrukturierung verbessern.
- Aufgabenwissen ist nach Friedrich & Mandl (1997, S. 248) die Kenntnis der der Aufgabe zu Grunde liegenden Anforderungen wie z.B. Zusammenfassen und Ordnen, um ein tieferes Verständnis zu fördern.
- Strategiewissen umfasst allgemeine Methoden zum Lernen wie z.B. Lernzeitregulierung und Aufmerksamkeitssteuerung.
- Informationsverarbeitungsstrategien lassen sich nach Weinstein & Mayer (1986) in Wiederholungs-, Elaborations- und Organisationsstrategien unterteilen. Wiederholungsstrategien dienen dazu, Lerninhalte so lange präsent zu halten, bis sie ins Langzeitgedächtnis überführt worden sind.
- Elaborationsstrategien wie Beispiele, Zusammenhänge oder Schlüsselwörter zu finden, fördern die Integration in eine bestehende Wissensstruktur. Organisationsstrategien wie z.B. Oberbegriffe zu finden, dienen dem Verdichten und Ordnen von Wissen, um die Aufnahmekapazität zu erhöhen.
- Kontrollstrategien, auch metakognitive Strategien genannt, dienen der Regulation der Informationsverarbeitungsstrategien. Fragen wie „was steckt dahinter" oder „was will ich aus dem Text erfahren" werden meist unbewusst oder vorbewusst gestellt. Erst bei Problemen werden sie be-

wusst eingesetzt. Sie können allerdings auch aktiv benutzt werden, um das eigene Lernen zu steuern (vgl. Metzger 1996, 1998).

- Ressourcenstrategien helfen dem Lernenden, externe materielle oder personelle Ressourcen zu nutzen. Dazu gehört z.B. Zeitmanagement, um Lernzeit gegen andere Aktivitäten abzuschirmen, sich einer Lerngruppe anzuschließen oder Experten zu befragen.

Lernstrategien als Modell für Selbsteinschätzung und als Trainingskonzept

Das Lernstrategiemodell von Metzger. Metzger (1997, S. 6-25) versucht, individuelle Lernstrategien in einem Fragebogen zu erfassen, der aus dem Learning strategies Inventory for College Students (LASSI, entwickelt von Weinstein, Palmer und Schulte 1987) und nachfolgenden Adaptationen entstanden ist. Momentan entwickelt Metzger eine Fragebogenversion für Betriebe (**W**ie **L**erne **I**ch-Betrieb). Die neun Skalen stellen seine Auffassung von Lernstrategien dar, deshalb seien sie hier wiedergegeben:

1. Einstellungen: grundsätzliche Einstellungen bezüglich des Lernens und der Anwendungsmöglichkeiten des Gelernten.
2. Motivation: die Bereitschaft, an Trainings teilzunehmen, die Lernaufgaben zu bearbeiten und engagiert mitzuarbeiten.
3. Zeitmanagement: die Fähigkeit des Lernenden, Zeitpläne zu erstellen und sie während des Trainings effektiv zu nutzen.
4. Konzentration: die grundlegende Fähigkeit, sich zu konzentrieren, die Aufmerksamkeit auf die Lernaktivitäten zu fokussieren und aufrechtzuerhalten.
5. Ängstlichkeit: das Ausmaß an Vertrauen oder Ängstlichkeit, das jemand in seine Lernfähigkeit hat.
6. Wichtige Informationen identifizieren: die Fähigkeit, wichtige Informationen zu identifizieren, um gut zu lernen und den Transfer auf die Arbeitssituation zu meistern.
7. Wissenserwerb: Methoden zum Wissens- und Fähigkeitserwerb, zur Förderung des Behaltens und des Transfers.
8. Lernkontrolle: das Ausmaß, in dem die Lernenden ihr Lernen überprüfen, um festzustellen, ob sie ihre Leistungsziele erreichen.
9. Lernen in Gruppen: die Bereitschaft, in Gruppen lernen zu wollen und zu können. (S. 16)

In zwei Büchern zum Selbstlernen für Schüler bzw. Studenten hat Metzger Lernstrategien zusammengestellt sowie Leitfäden und Übungen zur Umsetzung aufgeführt. Dort stellt er ein auf psychologischen Konzepten basierendes, aber für Laien verständliches Modell der Lernstrategien vor (Metzger, 1998, S. 8):

Wissen dauerhaft im Gedächtnis zu behalten erfordert eine große Verarbeitungstiefe. An der Verarbeitung beteiligte Denkprozesse sind: Wesentliches zu erkennen, Informationen zu verarbeiten, anzureichern, zu ordnen und zu wiederholen sowie die vorgenannten Denkprozesse und das Arbeitsverhalten zu kontrollieren und zu steuern. Das Lernen unterstützende Strategien sind: sich zu motivieren, mit der Zeit sorgsam umzugehen, sich zu konzentrieren und mit Angst umgehen zu können. Sehr gut gelingt es Metzger in seinen Büchern, kognitive Lernstrategien in beobachtbares und veränderbares Verhalten umzusetzen. Sie sind somit echte „Kochrezepte“ zum selbstgesteuerten Lernen.

Das Konzept der vollständigen Arbeitshandlung von Herz & Bauer. Im Gegensatz zu diesen am schulischen und universitären Lernen orientierten Modellen, die im Wesentlichen dem Aufbau deklarativen Wissens dienen, versucht das Konzept der „Vollständigen Arbeitshandlung“ (VAH) von Herz & Bauer (1996), eine Lehr- und Lernstrategie für berufliches Handlungswissen bereitzustellen. Es basiert auf den Konzepten von Hacker (1998, S. 249), der vollständige und unvollständige Arbeitsformen voneinander abgrenzt:

Planen, ausführen und kontrollieren als Elemente einer vollständige Arbeitshandlung

„Die auf den einzelnen Arbeitenden entfallenden Tätigkeiten können vollständig sein in dem Sinne, dass eine eigene Handlungsvorbereitung erforderlich ist, dass sie auf der Grundlage von Tätigkeitsspielraum selbstständige Vornahmen zu den Abfolgen und Wegen und dabei auch intellektuelle Leistungen einschließen, dass organisatorisch bedingte Kooperationserfordernisse sowie Möglichkeiten der Selbstkontrolle der Ergebnisse bestehen und – als Grundlage aller dieser Merkmale – dass der Mensch überhaupt in einem ausreichenden Teil der Schichtzeit aktiv gefordert ist.“

Unvollständige Tätigkeiten sind nach Hacker weisungsgebundene Tätigkeiten, die andere planen, organisieren und kontrollieren, die wenig Gestaltungsspielräume bieten und die wenig intellektuelle Leistungen verlangen.Hacker (1998, S. 249) führt weiter aus: „Vollständige Tätigkeiten sind Tätigkeiten mit Tätigkeitsspielraum. Unvollständige Tätigkeiten entstehen, wenn dieser eingeschränkt wird oder sogar gänzlich fehlt! Bei fehlendem Tätigkeitsspielraum fehlt es an eigenständiger Beeinflussbarkeit (Kontrollierbarkeit) des Tuns. Diese Beeinflussbarkeit ist die Grundlage dafür, dass in der persönlichen Zuschreibung von Tätigkeitsergebnissen zu Ursachen (der Attribuierung) überhaupt internal, d.h. zur eigenen Befähigung oder Anstrengung attribuiert werden kann.“

Interessant ist die inhaltliche Nähe mit den drei von Deci & Ryan (1993) postulierten Grundbedürfnissen des Menschen nach Selbstbestimmung und Autonomie, Wirksamkeit und Kompetenzerleben sowie sozialer Eingebundenheit. Lernsettings zu schaffen, die diese drei Bedürfnisse befriedigen, fördert nach Deci & Ryan den Aufbau intrinsischer Lernmotivation, die Verantwortungsübernahme für das eigene Lernen.

Vollständige oder partielle Autonomie bei Planung, Organisation und Kontrolle der eigenen Arbeitstätigkeit ist nach Hacker (1998) das Kennzeichen vollständiger Tätigkeiten. Nur vollständige Tätigkeiten ermöglichen internale Attribution und können so das Kompetenzerleben steigern. „Vollständige und fordernde Tätigkeiten sind für die Leistungsmotivierung, für das Wohlbefinden und die psychische Gesundheit sowie für das Verhüten von Dequalifizierungen durch Lernangeote unerläßlich“ (Hacker, 1998, S. 250). Eigenständig Ziele zu setzen, die Vorgehensweise zu bestimmen und die Zielerreichung als selbstständig errungen zu erleben, scheint sowohl Lern- wie auch Arbeitsmotivation zu fördern.

Handlung und zu Grunde liegende Handlungssteuerung als Modell für Lernprozesse

Herz & Bauer (1996, S. 39-57) vereinfachen und erweitern zugleich das Modell von Hacker, um es auf die Steuerung von Lernprozessen anwenden zu können. Die beobachtbare Handlung und die zu Grunde liegende Handlungssteuerung wird in einem achtstufigen Phasenmodell dargestellt. Am Beispiel der Abwicklung eines klassischen Handwerkerauftrages erläutern die Autoren sehr plastisch ihr Modell und zeigen die Relevanz des Modells für Handlungslernen:

„Ein Schreiner soll einen Schrank nach Kundenwunsch herstellen. In einem ersten Arbeitsschritt bespricht er den Auftrag mit dem Kunden (1. Phase: Aufgabenstellung / Problementwicklung). Im Rahmen dieser Besprechung stoßen Kunde und Auftragnehmer noch auf einige vorher nicht bedachte Details, die berücksichtigt werden müssen, und der Schreiner verändert den ursprünglichen Plan (2. Phase: Planung). Er klärt alle Arbeitsvoraussetzungen, stellt eine Kalkulation auf, macht dem Kunden ein Angebot und beginnt mit der Arbeit, nachdem der Kunde zugesagt und er selbst seine vorhandene Kapazität mit dem geplanten Endtermin verglichen hat (3. Phase: Entschluss). Der folgende Herstellungsprozess (4. Phase: Durchführung) wird immer wieder durch Kontrollen verschiedenster Art unterbrochen (5. Phase: Kontrolle). Im Falle unseres Schreiners kommt es immer wieder vor, dass die Endkontrolle und die dann noch nötigen Korrekturen zusammen mit dem Kunden vorgenommen werden müssen, damit unnötige Nacharbeit oder nachträgliche Umplanungen vermieden werden (6. Phase: Korrektur). Nach der Auslieferung an den Kunden bzw. Bestätigung dessen, dass der Auftrag wunschgemäß ausgeführt ist, stellt der Schreiner die Rechnung (7. Phase: Abschluss). Damit ist der Kreis der vollständigen Handlung allerdings noch nicht geschlossen: Im Interesse der ständigen Qualitätsverbesserung geht er den abgeschlossenen Arbeitsvorgang nochmals durch, vergleicht Planung mit Durchführung, kalkulierte Zeit, Materialien, Maschineneinsatz etc. mit den tatsächlich verbrauchten Werten und überprüft die Kalkulation. Darüber hinaus rekapituliert er die dabei aufgetretenen ungewohnten Probleme oder neuen Erfahrungen und prüft die Effektivität der gefundenen neuen Lösungen. Erst wenn er diesen wichtigen Reflexions- und Auswertungsvorgang durchgeführt hat, kann er den Auftrag als abgeschlossen betrachten und sich davon ‚erholen' und die materiellen und erlebnis- bzw. ideenmäßigen ‚Früchte', die dieser Auftrag für ihn und alle daran Beteiligten erbracht hat, ernten" (S. 39-40).

In dem Phasenmodell wechseln sich innere reflexive mit äußeren aktionalen Phasen ab. Die inneren Phasen der Problementwicklung, des Entschlusses, der Kontrolle und des Abschlusses sind in der Regel nicht beobachtbar. Gleichwohl kann es für einen Lernprozess sehr hilfreich sein, wenn die handelnde Person die Phasen elaboriert mündlich oder schriftlich darstellt. So lassen sich Lernhindernisse erkennen und korrigieren.

Der Lernprozess und nicht das -ergebnis als wichtigstes Element des Lernens

Interessant beim Modell der „Vollständigen Arbeitshandlung" (VAH) von Herz & Bauer ist die Akzentverschiebung zwischen Lernprozess und Lernergebnis im Vergleich zum schulischen Lernen. Beim Handlungslernen mit der VAH liegt der pädagogische Fokus auf der Ausformung und Beeinflussung des Handlungsprozesses, während beim deklarativen Wissen dieser lediglich als notwendiges Instrument zur Erlangung von Wissen als

Lernergebnis angesehen wird. Um ausreichend Lernmotivation für Lernen nach der VAH-Methode sicherzustellen, ist es wichtig, die Kriterien der Vollständigkeit nach Hacker zu beachten.

2.3.3 Wie lernen Menschen selbstgesteuert – ein Fazit

Wie strukturieren Lernende Selbstlernprozesse, war die Fragestellung dieses Kapitels. Wir haben motivationale und kognitive Aspekte beleuchtet. Es gibt sehr unterschiedliche Auffassungen darüber, was lernerseitig beim Selbstlernen passiert, und es gibt sehr unterschiedliche Arten von Selbstlernen. Trotzdem lassen sich zumindest einige notwendige Bedingungen für selbstgesteuertes Lernen ableiten:

1. Die Lernsituation muss die Ziele und Interessen des Lernenden treffen, um Lernmotivation aufzubauen. Sie muss seine Bedürfnisse nach Autonomie, Kompetenzerleben und sozialer Eingebundenheit erfüllen, um die Lernmotivation aufrechtzuerhalten.
2. Der Lerner muss über Methoden zum Erschließen, Strukturieren und Integrieren von Informationen in die eigenen Denk- und Handlungsschemata verfügen oder die Lernsituation muss derartige Methoden bereitstellen, ohne die subjektive Selbstbestimmung des Lerners einzuschränken.
3. Die Lernsituation muss Selbstaufmerksamkeit fördern, damit der Lernende seinen Lernbedarf und -fortschritt diagnostizieren kann. Die Selbstaufmerksamkeit muss so gestaltet sein, dass sie das subjektive Selbstwirksamkeitskonzept nicht gefährdet.

Zusammenfassend lässt sich sagen, dass sich die Lernprozesse zum Aufbau deklarativen Wissens deutlich von denen zum Aufbau von Handlungswissen unterscheiden. Gemeinsam ist aber beiden die Anforderung an den Lerner, seine Denk- und Handlungsprozesse zu kontrollieren. Dazu muss er sowohl diagnosefähig sein, indem er z.B. seinen Lernbedarf feststellt, den Aufwand kalkuliert und seinen Zielerreichungsgrad feststellt, als auch handlungsfähig, indem er z.B. sein Lernen plant, geeignete Methoden wählt und seine Aufmerksamkeit aufrechterhält.

3 Die Methode des selbstgesteuerten Lernens im Team

Nachdem im letzten Kapitel dargestellt wurde, was selbstgesteuertes Lernen kennzeichnet sowie warum und wie Menschen selbstgesteuert lernen, soll es nun um die Methode des selbstgesteuerten Lernens im Team (SLT) gehen. Drei Berichte über Kongresse zum selbstgesteuerten Lernen (Straka 1997; Dohmen 1997; Derichs-Kunstmann, Faulstich, Wittpoth & Tippelt, 1998) machen die Geltungsbreite des Konzeptes deutlich. Selbstgesteuert gelernt werden kann in der Schule, während des Studiums, der Berufsausbildung oder als lebenslanges Lernen. Selbstgesteuert lernt aber unter Umständen auch der Angestellte, der auf einen neuen Job versetzt worden ist und sich nun jeden Abend in die neue Materie einarbeitet. Auch die teilautonome Arbeitsgruppe, die ich im vorigen Kapitel vorgestellt habe, lernt teilweise selbstgesteuert, obwohl sie es wahrscheinlich gar nicht so nennen würde. Straka, Stöckl & Kleinmann (1992) stießen bei ihrer Befragung zum selbstgesteuerten Lernen am Arbeitsplatz auf das Phänomen, dass vielen Befragten erst im Laufe der Befragung bewusst wurde, dass und wie stark sie sich selbstgesteuert qualifizierten.

Selbstgesteuert gelernt wird in vielen Kontexten und oftmals unbewusst

Auch der Forschungsblickwinkel prägt natürlich die Empfehlungen. Geht es beim lebenslangen selbstgesteuerten Lernen (vgl. Dohmen 1997, S. 17f) mehr um die Frage, wie ein Wiedereinstieg von Erwachsenen ins Lernen geschafft werden kann, diskutieren Arnold & Schüßler (1998, S. 94-105) die Frage, wie durch geschickte Kombination von Selbstlern- und Präsenzlernphasen das Fernstudium verbessert werden kann. Friedrich & Mandl (1992,1997) schauen angestrengt durch die ‚kognitive Brille', während Schneider & Sabel (1996,1998) und Herz & Bauer (1996) an dieser hartnäckig vorbeisehen, um sich auf Fragen der Handlungssteuerung und den Aufbau von Handlungswissen zu konzentrieren.

Die Forschungsperspektive prägt die Gestaltungsempfehlungen

Geht man also der Frage nach, wie sich selbstgesteuertes Lernen fördern lässt, stößt man allenthalben auf verschiedene ‚Schulen', die nebeneinander existieren und sich wenig aufeinander beziehen. Und doch scheint es einen gemeinsamen Kern der Vorstellungen zu geben, der in den ersten beiden Unterkapiteln herausgearbeitet werden soll.

Die Methode des selbstgesteuerten Lernens im Team integriert und erweitert eine Reihe der geschilderten Konzepte und Werkzeuge. Sie wird im dritten Unterkapitel beschrieben.

3.1 Konzepte zur Förderung selbstgesteuerten Lernens

In diesem Kapitel werden Konzepte zur Förderung der Selbststeuerung beim Lernen dargestellt, während das folgende Kapitel einzelne Förderinstrumente beschreibt.

3.1.1 Verbesserung von Lernverhalten und Lernumgebung

Direkte Förderung des Lernverhaltens oder förderliche Gestaltung der Lernumgebung

Friedrich & Mandl (1997, S. 253- 274) unterscheiden direkte Förderung durch Verbesserung des Lernverhaltens und indirekte Förderung durch geeignete Gestaltung von Lernumgebungen. Unter direkter Förderung listen sie auf:

- Kognitives Modellieren: Durch lautes Denken werden die motivationalen und kognitiven Aspekte selbstgesteuerten Lernens explizit gemacht. So wird das Modell des Lerners von den Lernzielen und der Lernstrategie nachvollziehbar und veränderbar. Neue Modelle werden unter Nutzung des lauten Denkens ausprobiert und so internalisiert.
- Informiertes Training: Die Lernenden erhalten nicht nur Informationen über passende Lernstrategien, sondern auch Hintergrundwissen über Vor- und Nachteile sowie Anwendungsgebiete der jeweiligen Strategien.
- Kontroll- und Selbstreflexionsstrategien vermitteln.
- Strategien in authentischen Anwendungskontexten nutzen, um die Praxisrelevanz sichtbar zu machen und den Transfer zu fördern.
- Üben unter variierten Aufgabenbedingungen, z.B. von einfachen prototypischen hin zu komplexen Aufgaben, um das erlernte Modell zu flexibilisieren und zu festigen.
- Mit zunehmendem Trainingsfortschritt anfänglich externer Unterstützung abbauen, um die Selbststeuerung zu erhöhen.
- Motivationale Lernvoraussetzungen wie z.B. Attributionsmuster oder Selbstwirksamkeitsüberzeugungen verändern.
- Lernen im sozialen Kontext, um Motivation und Lernstrategietransfer zu fördern.

Die Einführung von Lernstrategietrainings in der betrieblichen Weiterbildung beschreiben beispielsweise Beitinger, Mandl & Puchert (1994) sowie Schreiber (1998). Gestaltungsprinzipien für Lernumgebungen können sein:

Lenrstrategietraining kann auch computergestützt durchgeführt werden

- Drill & practice-Programme: Der Lernstoff wird in kleine, operationalisierbare Einheiten zerlegt und dem Lernenden in Text- oder Computerform vorgelegt. Sein Lernfortschritt wird ihm kontinuierlich zurückgemeldet.
- Situiertes Lernen: Der Lernstoff wird in komplexen, realitätsnahen, multiple Perspektiven ermöglichenden Situationen dargeboten. Der Lernende lernt durch Exploration und Aufbau von Schemata.
- Schwach vorstrukturierte Umgebungen wie Hypertextsysteme: Sie ermöglichen eigene Lernpfade und multiple Perspektiven. Derartige Systeme zeigen aber auch, dass der Lernende bei zu geringer Vorstrukturierung des Wissens schnell überfordert ist und das Lernen vorzeitig aufgibt.

Weiter unterscheiden Friedrich & Mandl Lernumgebungen mit festem Lerninhalt und Lernpfad, bei dem die Selbststeuerung im Wesentlichen auf Lerntempo und Lerndauer beschränkt ist sowie exploratorische Selbstlernprogramme mit einem breiten Lernquellenpool herkömmlicher Art, wie z.B. Leittexte oder Medienunterstützung.

3.1.2 Aktivierende Gestaltung des Lernprozesses

Stern & Huber (1997) untersuchten in einer OECD-Studie Schulklassen in 8 Ländern, um Ansätze selbstgesteuerten Lernens zu identifizieren. Sie konnten aufzeigen, dass die aktivierende Gestaltung von Lernprozessen die Motivation von Schülern zu selbstgesteuertem Lernen fördert.

Prozessorientiertes Lernen zur Förderung der Motivation

Simons (1992, S. 262) stellt Prinzipien des prozessorientierten Lernens dar, die sich am schulischen Lernen orientieren:

1. Betonung von Lernaktivitäten und Lernprozessen, anstatt ausschließlicher Betonung von Lernergebnissen (Prozess-Prinzip).
2. Lernen wird zum Diskussions-/Unterrichtsthema gemacht, damit sich die Lernenden ihrer Lernstrategien und Selbstregulierungsfähigkeiten und der Relation zwischen diesen und den Lernzielen bewusst werden (Rückbesinnungsprinzip).
3. Der Einfluss affektiv-emotionaler Prozesse auf das Lernen und deren Interaktionen mit kognitiven und metakognitiven Prozessen wird berücksichtigt (Affektivitätsprinzip).
4. Den Lernenden werden Relevanz und Nützlichkeit der Kenntnisse und Fähigkeiten, die sie lernen sollen, bewusst gemacht (Nützlichkeitsprinzip).

Der Lernstoff muss an Vorwissen anknüpfen, nützlich und anwendbar sein und durch eigenes Tun angeeignet werden

5. Transfer und Generalisierbarkeit des Gelernten werden explizit im Unterricht berücksichtigt, und es wird nicht erwartet, dass sie von selbst auftreten (Transferprinzip).
6. Lernstrategien und Selbstregulierungsfähigkeiten werden längerfristig und im Kontext von Unterrichtsfächern geübt (Kontextprinzip).
7. Die Lernenden werden explizit darin unterwiesen, wie sie ihr eigenes Lernen überwachen, diagnostizieren und korrigieren können (Selbstdiagnostikprinzip).
8. Der Unterricht wird so gestaltet, dass Lernende aktiv lernen und dass sie konstruktive Lernaktivitäten wählen können (Aktivitätsprinzip).
9. Die Verantwortung für das Lernen verlagert sich allmählich vom Lehrer zu den Lernenden (Prinzip des allmählichen Abbaus von Hilfen).
10. Maßnahmen zur Realisierung selbstregulierten Lernens werden mit anderen Betreuern / Bezugspersonen abgesprochen (Betreuungsprinzip).
11. Kooperationen und Diskussionen zwischen den Lernenden werden im Unterricht aufgegriffen (Kooperationsprinzip).
12. Höhere kognitive Lernziele, die aktives und konstruktives Lernen erfordern, werden betont (Lernzielprinzip).
13. Neues Wissen wird auf Vorwissen bezogen (Vorwissensprinzip).
14. Der Unterricht wird an die Lernkonzeptionen der Studierenden angepasst (Lernkonzeptionsprinzip).

3.1.3 Systemisch-konstruktivistisch gestaltete Lernsettings

Arnold & Schüßler (1998, S. 92) listen Anforderungen an eine förderliche Lernumgebung auf: „Eine sehr viel realistischere, wenn auch bescheidenere Ansicht liegt den bereits beschriebenen systemisch-konstruktivistischen Ansätzen zu Grunde. Nach ihrem Verständnis begünstigt eine Lernumgebung das (selbst organisierte) Lernen, wenn

Lernen als Lösen eigener Handlungsprobleme

- Lernende eigene Handlungsprobleme formulieren können und das Lernen ihren Zwecken dient,
- der Problemlösungsprozess vollständig in den Händen des Lernenden liegt und der Lehrende diesen lediglich begleitet und Hilfen bereitstellt,
- Fehler zugelassen werden und daraus neue Lernmöglichkeiten initiiert werden,

Austausch mit anderen ermöglicht Differenzerfahrungen

- die Kooperation zwischen den Lernenden aktiviert wird und durch den Aufbau multipler Perspektiven Differenzerfahrungen geschaffen werden,
- an das Vorwissen der Lernenden angeknüpft wird und Reflexionsmöglichkeiten in den Lernprozess einbezogen werden,
- die Wirklichkeitsinterpretationen des Lernenden ebenso respektiert werden wie die des Lehrenden,

Der Lernende als kompetenter Lernpartner mit eigener Situationsinterpretation

- der Lernende als kompetenter und autonomer Lernpartner behandelt wird,
- eine Verständigung über die gemeinsamen Situationsinterpretationen stattfindet, was über eine transparente Prozessplanung und einen gemeinsamen Lernvertrag unterstützt werden kann."

3.1.4 Umgestaltung von Lernprozessen nach der Theorie von Deci & Ryan

Im Rahmen eines Projektes zur Verbesserung der Lehre im Fach Medizin überprüfte Prenzel (1996) – basierend auf der Theorie von Deci & Ryan (1993) – die Wechselwirkung zwischen verschiedenen Ausprägungen von Lernmotivation und einer umgestalteten akademischen Ausbildung. Er konnte die motivationsförderliche Wirkung der umgestalteten Lehre im Grundsatz nachweisen und fasst die Ergebnisse in sechs Gestaltungsprinzipien für selbstbestimmt motiviertes und interessiertes Lernen zusammen:

Autonomie- und Kompetenzunterstützung fördert selbstgesteuertes Lernen

- „Wahrgenommene Autonomieunterstützung': Wahlmöglichkeiten, Spielräume, das Ermöglichen und Unterstützen von selbstständigem und selbstgesteuertem Erkunden, Planen, Handeln, Lernen unterstützen selbstbestimmt motiviertes und interessiertes Lernen.
- ‚Wahrgenommene Kompetenzunterstützung': Rückmeldungen aus Sachinteresse, informierendes (vs. kontrollierendes) Feedback, Orientierung an individueller Bezugsnorm, verstehens-, anwendungs- und transferorientierte Prüfungsanforderungen unterstützen selbstbestimmt motiviertes und interessiertes Lernen.

- ‚Wahrgenommene soziale Einbindung': Akzeptieren der Lernenden als Personen, kollegialer Umgang, Empathie der Lehrenden, kooperatives Arbeiten zwischen Lehrenden und Lernenden; Unterstützung von kooperativen Lern- und Arbeitsformen zwischen Lernenden, entspannte, freundliche Lernatmosphäre unterstützen selbstbestimmt motiviertes und interessiertes Lernen.
- ‚Wahrgenommenes inhaltliches Interesse beim Lehrenden': Sichtbare gegenstands-/tätigkeitsspezifische Anreize; Artikulation von Empfindungen; emotionale Beteiligung; Engagement; Enthusiasmus bei den Lehrenden unterstützen selbstbestimmt motiviertes und interessiertes Lernen.

Soziale Einbindung, inhaltliche Relevanz und Qualität der Lehre fördern selbstgesteuertes Lernen

- ‚Wahrgenommene inhaltliche Relevanz des Lernstoffes': Problemoriertes, anwendungsbezogenes, authentisches / realitätsnahes, perspektivisches Vorgehen, ganzheitliche Einbettungen, fachübergreifende Verknüpfungen unterstützen selbstbestimmt motiviertes und interessiertes Lernen.
- ‚Wahrgenommene Instruktionsqualität': Situiertes Lernen, Handlungsorientierung, kognitives Artikulieren, Anschaulichkeit, ein abstrahierendes Vorgehen (von konkret zu abstrakt), Schwierigkeitsanpassung und -dosierung, klare Strukturierungen, hohe Verständlichkeit unterstützen selbstbestimmt motiviertes und interessiertes Lernen" (Prenzel 1996, S. 21-22).

3.1.5 Lernförderliche Arbeitsaufgaben auf Basis der Handlungsregulationstheorie

Auf Basis der Handlungsregulationstheorie entwickelt Skell (1996) Gestaltungskriterien für lernförderliche Arbeitsaufgaben, die zu Selbstständigkeit führen.

- Psychologische Handlungsregulation und Ausführung der Arbeit müssen miteinander verschränkt sein. Der pädagogische Ansatz zur Verbesserung der Handlung ist die Verbesserung der Handlungsregulation.

Handlung und Handlungsregulation müssen verschränkt sein

- Das Lernen sollte sich vom Leichten zum Schwierigen hin entwickeln. Dabei müssen auch die leichten Aufgaben schon strukturähnlich zu den komplexen Aufgaben sein, Vollständigkeit im Sinne von Hacker aufweisen und Anreize zum selbstständigen Arbeiten bieten.
- Gut geeignet ist eine so genannte Zweiphasenmethode. Zu Beginn bekommt der Lernende starke Anleitung zum Lösen der Aufgabe. In der zweiten Phase übernimmt er schrittweise die zur Arbeit gehörende Planung und Kontrolle.
- Das Anforderungsniveau muss so gestaltet sein, dass Über- oder Unterforderung vermieden wird. Das lässt sich am besten situativ festlegen. Motivierend sind nach Hacker Ziele, welche an der oberen Grenze der Leistungsmöglichkeiten liegen, ohne sie zu übersteigen.

Sorgfältige Gestaltung und Staffelung der Lernaufgaben

- Lernende sollen befähigt werden, komplexe Aufgaben in der Berufswirklichkeit zu lösen. Lernhilfen sollen nicht nur für die L…

on, sondern auch für die Lösungsgenerierung im Berufsalltag hilfreich sein. „Lernen lernen gelingt nur, wenn bei der jeweiligen Aufgabe etwas erworben wird, das in Zukunft eigenständige Schritte über bereits Beherrschtes hinaus ermöglicht" (Skell, 1996, S. 28).

Förderung selbstständig entwickelter Problemlösungen

- Zum nachhaltigen Aufbau von psychischen Handlungsregulationsprozessen ist ein hohes Maß an Eigenaktivität notwendig. Dazu gehört sowohl Handlungsmotivation auf Grund eigener Überzeugungen und Absichten aufzubauen als auch eigenständiges Überlegen und Entscheiden. In der heutigen Arbeitswelt gibt es immer weniger Situationen, die deterministisches Vorgehen möglich machen, das durch Anweisungen und feste Schritt für Schritt Vorgaben vermittelt werden kann. Sehr oft sind selbständig entwickelte Problemlösungen gefragt.

Lehrkräfte als Berater und Begleiter, die Selbstorganisation fördern

- Lehrkräfte sollen immer mehr als Berater, Moderator oder Organisator auftreten, die in kritischen Situationen Hilfestellung geben, Informationen bereitstellen oder Arbeitsoperationen demonstrieren. Sie müssen eine Fülle von Hilfsmitteln wie Arbeitshefte, Leittexte und Formulare bereitstellen oder selbst entwickeln.
- Lernen mit dem Ziel der Selbstorganisation erfordert die Aktivierung aller am Lernen beteiligten, handlungsregulierenden und -ausführenden Prozesse. Als Lernformen können genutzt werden:

Denken als Probehandeln nutzen

1. Lernen durch Handeln im Sinne eines selbstständigen, durchdachten und zielorientierten Vorgehens, das auch Probehandeln beinhalten kann. Das Denken kann dabei dem Vorwegnehmen von Handlungsverläufen und -ergebnissen dienen; als Probehandeln fungieren, mit den Lösungsvarianten im Kopf durchgespielt werden; das Handeln regulieren sowie Handlungsverlauf und -ergebnis kontrollieren und bewerten.
2. Lernen durch Beobachten als aktiver, einordnender, geplanter Prozess.

Sprechen als Vergegenwärtigung von Handeln

3. Sprachgestütztes Lernen, um Gedanken auszuformen und sich handlungsrelevante Sachverhalte zu verdeutlichen. Dabei können Lernende sich Handlungsimpulse durch Leitsätze, Regeln oder Anweisungen geben, sie können das Aussprechen, was sie gerade tun bzw. tun wollen (Kommentatormethode), oder die Lernenden begründen vorher oder nachher die Handlungsschritte zur Lösung einer Aufgabe.

- Bei komplexen Tätigkeiten sind heuristische Regeln im Sinne von Findehilfen als zusätzliche Unterstützung hilfreich. Regeln als Aufforderungs- oder Fragesätze wie z.B: „machen Sie sich mit der Ausgangssituation vertraut" oder „gibt es noch weitere bisher unbeachtete Lösungsmöglichkeiten?" können das Denken und die Problemlösequalität fördern. Ein kritischer Faktor ist die Akzeptanz derartiger Regeln durch den Lernenden. Am besten werden solche Regeln akzeptiert, wenn sie als modifizierbare Lernhilfe ohne Anweisungscharakter platziert werden. Die Regeln lassen sich auch in Form eines Selbstinstruktionstrainings nach Meichenbaum (s. Kapitel 3) vermitteln. Das Training unterstützt die Internalisierung durch den stufenweisen Übergang vom lauten Denken hin zum automatisierten Handeln.

Kooperatives Handlungslernen ermöglichen

- Handlungslernen kooperativ innerhalb von Gruppen durchzuführen wird effektiv, wenn die Gruppenmitglieder ihre Aktivitäten im Interesse gemeinsam zu lösender Aufgaben koordinieren und sich dabei wechselseitig unterstützen. Gemeinsame Planung, gegenseitige Kontrolle und Gruppendiskussionen sind geeignete kooperative Lernformen.

„Formen kooperativen Lernens lassen sich nicht einfach zu den bisher genannten Methoden hinzuaddieren, denn auch in ihrer Anwendung wird beobachtet, nachgedacht, sprachlich formuliert und gehandelt. Gedanklicher Austausch und praktische Kooperation innerhalb einer Gruppe sind vielmehr integrierender Bestandteil des gesamten Lerngeschehens. Auch hier ist Eigenaktivität beim Denken und Handeln möglich und notwendig. Sie darf dem Einzelnen nicht von anderen Gruppenmitgliedern abgenommen werden. Sie soll und kann durch Kooperation eher angeregt werden; denn jede Handlung oder Teilhandlung und jedes geäußerte Urteil sind der Stellungnahme seitens der anderen Beteiligten ausgesetzt. In allen Fällen muss beim Einüben der Tätigkeiten unter den Teilnehmern ein Wechsel ihrer Funktionen erfolgen. Das gilt zum Beispiel, wenn der eine von ihnen eine Tätigkeit eine Zeit lang ausgeführt, der andere aber diese Ausführung kontrolliert und nötigenfalls dazu Hilfestellung gegeben hat. Jeder soll die gleiche Chance haben, alle Komponenten der erforderlichen Arbeitstätigkeit auf wirksame Weise zu erlernen." (Skell 1996, S. 33).

Kooperatives Lernen erfordert eine sorgfältige Gestaltung der Gruppenprozesse

3.1.6 Fazit: Gestaltungsprinzipien für selbstgesteuertes Lernen

Es gibt einen gemeinsamen Kern der Gestaltungsprinzipien für selbstgesteuertes Lernen. Dieser Kern umfasst folgende Aspekte:

- Selbstgesteuertes Lernen sollte als Handlungslernen mit dem Ergebnis eines austausch- und damit diskussionsfähigen Produktes gestaltet sein.
- Der Lernende steuert seine Handlungen selber. Der Lehrende ist Moderator, Informations- und Hilfegeber im Hintergrund.
- Wichtigstes Lernobjekt ist der Handlungsprozess zur Erstellung des Lernergebnisses und nicht das Lernergebnis selber.
- Der Lernprozess sollte an Alltagssituationen, in denen das Gelernte später genutzt werden kann, orientiert sein und ihnen möglichst ähnlich sein.
- Den Denk- und Reflexionsprozessen während des Handlungsprozesses kommt die entscheidende Bedeutung für die Qualität des Lernprozesses und -ergebnisses zu. Um sie zu verbessern, können Lernstrategietrainings, Leit- und Reflexionsfragen, Regeln, Selbstinstruktionsprogramme oder lautes Denken eingesetzt werden.
- Reflexive Selbstaufmerksamkeit, d.h. seinen Lernfortschritt und sein Lernergebnis in Relation zu den gesetzten Zielen von Zeit zu Zeit zu überprüfen, scheint eine wichtige Fähigkeit beim selbstgesteuerten Lernen zu sein. Bei der Gestaltung einer Selbstlernumgebung sollten derartige Reflexionsprozesse eingeplant werden.
- Kooperativ selbstgesteuert zu lernen, fördert durch Austausch die Re-

flexion, ermöglicht durch die verschiedenen Perspektiven der Gruppenmitglieder auf den Lernprozess Differenzerfahrungen und verbessert die Lernkontrolle. Bei kooperativem Selbstlernen muss die Gestaltung der Lernumgebung besonders sorgfältig erfolgen, damit das Lernen nicht an Effizienz verliert.

3.2 Instrumente zur Förderung selbstgesteuerten Lernens

Bisher gibt es keinen allgemein akzeptierten Kanon von Selbstlerninstrumenten. Vielleicht ist das bei der Breite möglicher Selbstlernsituationen auch ein unmögliches Unterfangen. Die folgende Auswahl ist also subjektiv und von mir in Hinblick auf die Anwendungssituation – Verhaltenslernen in der betrieblichen Weiterbildung – gewählt. Sie umfasst Leittexte, Lernschleifen, situiertes Lernen, Lerngruppen, Lernberater, Lernquellenpool, Lernstrategietrainings sowie Projekt- und Problemlösungsgruppen.

3.2.1 Leittexte

Leittexte waren ursprünglich eine neue Lehrmethode in der beruflichen Bildung

Leittexte sind im Rahmen der beruflichen Bildung zunächst von Daimler-Benz, Ford und der Salzgitter AG eingesetzt worden. Ziel war es, die Lernmotivation und Eigenständigkeit von Auszubildenden zu fördern. Das Bundesinstitut für Berufsbildung (BIBB) hat in einer Reihe von Modellversuchen die Verbreitung der Methode gefördert (vgl. Bockelbrink, Jungnickel & Koch 1987). Leittexte geben schriftliche Anleitung zum selbstständigen Bewältigen einer Arbeitsaufgabe. Leittexte sind meist mit Leitfragen strukturiert und umfassen Ziele, Instruktionen, Aufgaben und Hintergrundinformationen, wie Vertiefungsmöglichkeiten oder mögliche Probleme bei der Lösung der Aufgabe.

Die Leittextmethode sollte die bis dahin vorherrschende Vier-Schritt-Methode der Ausbildung ergänzen, die stark direktiv und ausbilderorientiert ist. Der Ausbilder gab dabei dem Auszubildenden orientierende Informationen und bereitete die Arbeitshandlung vor (1. Vorbereitung). Dann demonstrierte er die Arbeitshandlung (2. Vormachen) und ließ sie vom Auszubildenden zusammenfassend beschreiben (3. Zusammenfassen). Anschließend führte der Auszubildende die Arbeitshandlung unter Beobachtung des Ausbilders durch (4. Nachmachen), der ihn bei Bedarf noch einmal korrigierte. Der Ausbilder übernahm den aktiven, vorgebenden Part und der Auszubildende den nachmachenden. Aus diesem Lernsetting ergaben sich ganz ähnliche Probleme wie beim Lernen deklarativen Wissens im schulischen Bereich: Da die aktive Verarbeitung des Wissens und Selbstbestimmung des Lerners gering war, fehlte es an Lernmotivation und Dauerhaftigkeit des Wissens.

Die Leittextmethode aktiviert den Auszubildenden stärker als die Unterweisung durch den Ausbilder

Bei der Leittextmethode wird die Relation zwischen Lehrendem und Lernendem umgedreht. Der Lernende ist aktiv und lernt durch Exploration.

Der Lehrende steht beoachtend im Hintergrund und gibt Hilfestellung. „Der Leittext ist in diesem komplexen Ablauf eine Art Kontrollstruktur, die dem Lernenden hilft, den Überblick zu bewahren“ (Friedrich & Mandl (1997, S. 264). Grundlage der Leittextmethode ist das Konzept der vollständigen Arbeitshandlung. Zu einer vollständigen Arbeitshandlung gehören die drei Phasen des Planens, Ausführens und Kontrollierens. Bei der Vier-Schritt-Methode liegt lediglich die Phase des Ausführens in der überwiegenden Kontrolle des Auszubildenden. Bei der Leittext-Methode hingegen durchläuft der Lernende alle drei Phasen selbstbestimmt. „Durch selbständiges Informieren, Planen, Entscheiden, Ausführen, Kontrollieren und Bewerten soll zweierlei bei den Auszubildenden erreicht werden:

Die Leittextmethode setzt das Konzept der vollständigen Arbeitshandlung um

1. Die Auszubildenden sollen sich ein möglichst genaues Bild vom Ziel ihrer Tätigkeiten und auch vom Weg machen, der zu diesem Ziel führt.
2. Die Auszubildenden sollen die Möglichkeit der Überprüfung ihrer Vorstellungen haben. („Ist das, was sie getan haben, richtig oder falsch?“). Um diese Forderung der Leittext-Methode zu erfüllen, ist eine eindeutige, konkrete Rückmeldung von höchster Bedeutung“ (Finger & Schweppenhäußer, 1996 S. 101).

Indem die Auszubildenden den Leittext und die darin enthaltene Arbeitsaufgabe durcharbeiten, bauen sie sich ein komplexes Handlungsmodell für diese Situation auf.

Greif (1998, S. 261) beschreibt eine Variante von Leittexten, die er mit einer Arbeitsgruppe erfolgreich in Projekten einsetzt: „Minimale Informationstexte sollen dazu dienen, grundlegendes fachliches und überfachliches Wissen zu vermitteln. Die einzelnen Texte sollen jeweils abgrenzbare, aufgaben- oder handlungsbezogene Fragen oder Probleme behandeln und unabhängig lesbare Abschnitte bilden ... Größere Themenkomplexe (wie z.B. Arbeitsrecht) können durch eine Sammlung von Einzeltexten behandelt werden. Im Unterschied zu Leittexten werden hier keine Arbeitsschritte und Regeln für die praktische Ausführung konkreter Aufgaben beschrieben ... In Ergänzung zu den oben beschriebenen allgemeinen Standards empfehlen wir die folgenden Spezifikationen:

Qualitätskriterien für minimale Informationstexte

- Möglichst nicht länger als vier, maximal sechs Seiten (nicht länger als zehn bis 15 Minuten Lesezeit)
- Viele bildhafte Darstellungen (Abbildungen, verständliche Zeichnungen)
- Gliederung:

1. Einleitung (kurz: allgemeine Ziele, Problemstellung),
2. Kurzbeschreibung (wichtige Grundbegriffe, Abläufe, Erläuterungen),
3. Ergebnisse (was sollen die Leser erkennen oder beherrschen?),
4. Probleme und Schwierigkeiten (kritische Punkte, Fehlermöglichkeiten oder, was zu vermeiden ist),
5. Weiterführende Informationen (Literatur, Namen von ansprechbaren Fachexperten im Betrieb mit Telefonnummern),
6. Diskussionsfragen (zur intensiveren Auseinandersetzung)

- Hervorhebung und Erläuterung wichtiger Fachausdrücke (möglichst als ‚Marginalien' am Rand ... oder fett gedruckt im Text)
- Fachwortverzeichnis zum Nachschlagen“.

Gute Beispiele für minimale Leittexte finden sich bei Greif, Finger & Jerusel (1993). Dort wird ein Trainingsprogramm für Weiterbildner einer Gewerkschaft dargestellt, die selbst organisiertes Lernen lernen und dann in eigenen Veranstaltungen anwenden sollen. Es ist zugleich eine Fundgrube für Trainer auf der Suche nach Trainingsunterlagen.

Die Leittextmethode enthält kein diddaktisches Konzept für die Steuerung der Umsetzungsphase

Zu kritisieren ist bei der Leittext-Methode, dass sie zwar gute Hinweise zur Gestaltung eigenständigen Handelns in der Planungs- und Ausführungsphase gibt, während die Realisierung selbstbestimmter Kontrolle der Handlungsergebnisse aber im Dunkeln bleibt. Implizit gehen meiner Meinung nach die meisten Anwender der Methode davon aus, dass die Kontrolle wieder dem Lehrenden/Ausbilder obliegt. Damit wäre aber das Kriterium der Vollständigkeit der Lernhandlung nicht mehr gegeben. An diesem Punkt setzt das Konzept der Lernschleife an.

3.2.2 Lernschleifen

Lernschleifen umfassen wie die Leittext-Methode die drei Phasen der Planung, Ausführung und Kontrolle der Lernhandlung. Man kann sie in der vollständigen Arbeitshandlung (VAH) von Bauer & Herz (1996) finden, die im Kapitel 2.3.2 beschrieben wurde.

Lernschleifen folgen einer ähnlichen Struktur wie Leittexte

Von den acht Phasen (1) Problementwicklung (2) Planung (3) Entschluss (4) Ausführung (5) Kontrolle (6) Beurteilung und Bewertung (7) Abschluss und (8) Verarbeitung und Erholung dienen die letzten vier der Bewertung und Kontrolle der Handlungsergebnisse. Während die Phasen fünf und sechs noch während der Arbeitshandlung stattfinden und der Korrektur der Handlung in Richtung auf eine bessere Zielerreichung dienen, geht es in Phase sieben um das aktive Beenden der Handlung, um das innere und äußere Abstand Nehmen. Nur aus der Distanz ist ein wirkliches Beurteilen möglich. Die Phase acht ist dann schon in die Zukunft gerichtet. Die Erfahrungen können in Regeln oder Vornahmen für zukünftiges Handeln verdichtet werden, und durch die Erholung beginnt die Vorbereitung auf eine neue Tätigkeit.

Gruppendynamisches Erfahrungslernen beinhaltet eine Lernschleife

Auch in der Gruppendynamik wurde schon in den 70er-Jahren selbstgesteuertes Lernen mit Lernschleifen zur Strukturierung von Selbsterfahrungsübungen in Gruppen eingesetzt. Pfeiffer (1994, S. 1-14) stellt das Konzept des Erfahrungslernens in der Gruppendynamik, zu dem er seit 1972 jährlich eine Materialsammlung herausgibt, zusammenfassend dar: „Experiential learning occurs, when a person engages in some activity, looks back at the activity critically, abstracts some useful insight from the analysis, and puts the result to work. Of course, this process is experienced spontaneously in everyone's ordinary living. We call it an inductive process; proceeding from observation rather than from a priori ‚truth' (as in the deductive process). A structured experience provides a framework in which the inductive process can be facilitated. Each experiential learning activity follows the steps of a theoretical cycle" (Pfeiffer 1994, S. 4). Die Lernschleife des gruppendynamischen Erfahrungslernens umfasst fünf Schritte:

1. Erleben – eine Übung machen, etwas tun,
2. Austauschen – Reaktionen und Beobachtungen austauschen,
3. Bearbeiten – Die zu Grunde liegenden Muster und Prozesse diskutieren,
4. Generalisieren – Prinzipien für die ‚reale Welt' ableiten,
5. Anwenden – Effektiveres Verhalten planen.

Es gibt einen breiten Methodenkanon für jede Phase des gruppendynamischen Erfahrungslernens

Typische Aktivitäten in Phase eins „Erleben" sind Rollenspiele, Problemlösungen erarbeiten, Feedback geben und nehmen, Fallstudien durcharbeiten, verbal und nonverbal kommunizieren, ein Produkt oder Kunstwerk herstellen, planen, kooperieren oder konkurrieren. In Phase zwei können mitgeschriebene Beobachtungen aus Phase eins zu z. B. Produktivität, Zufriedenheit, Kommunikation oder freie Assoziationen in einem Blitzlicht ausgetauscht werden. Auch in Kleingruppen gesammelte Meinungen zu Leitfragen wie „was wir erlebt haben" oder „wie wir uns gefühlt haben", Ratings in Fragebögen oder systematische Befragungen von Teilnehmern können Themen des Austausches in der Gruppe sein. In der Bearbeitungsphase können Prozessbeobachter berichten, Diskussionen stattfinden, Fragebogen oder angefangene Sätze wie „die Führung war ..." bearbeitet oder Kernthemen herausgearbeitet werden. Das Generalisieren in Phase vier kann gefördert werden durch gelenkte Phantasien, Herausarbeiten von Regeln über die ‚reale Welt', individuelle Aufzeichnungen zum Thema „was ich gelernt habe...", Herausarbeiten von Schlüsselfaktoren oder die Vervollständigung von Sätzen wie „effektive Führung beruht auf ...". Die fünfte Phase des Anwendens dient dem Transfer in die ‚reale Welt'. Da gruppendynamisches Lernen meist in Seminarform stattfindet, bleibt der Transfer in der Regel indirekt. Er kann angeregt werden durch Lernpartnerschaften, persönliche Zielsetzungen und Vereinbarungen, Bildung von Arbeitsgruppen oder Rollenspiele zum Ausprobieren und Festigen des geänderten Verhaltens.

Das gruppendynamische Erfahrungslernern erfolgt induktiv, das Lernen in der vollständigen Arbeitshandlung deduktiv

Interessant an dem Konzept des gruppendynamischen Erfahrungslernens ist das induktive im Vergleich zum deduktiven Vorgehen, wie es bei der vollständigen Arbeitshandlung genutzt wird. Die Planungsphase erfolgt hier für zukünftige Handlungen auf der Basis erlebter Handlungsfolgen.

Arnold & Schüßler (1998, S. 152f) gliedern ihre aus dem schulischen Lernen entwickelte Lernschleife des lebendigen Lernens in vier Phasen. Die Lernenden erschließen sich durch die Herstellung eines Handlungsproduktes den Lernstoff selbst. Ziel ist ein ganzheitlicher Lernprozess, in dem Fach-, Methoden- und Sozialkompetenz gleichermaßen gefördert werden:

„1. Phase: Auftragsübergabesituation (AÜS)
   In dieser Phase präsentiert der Lehrende einen sachlogisch und arbeitsorganisatorisch grob strukturierten Arbeitsauftrag und stimmt sich mit den Schülern über das Was, Wie, Bis Wohin und Wann in Form eines Lernkontraktes ab.
2. Phase: selbstständig-produktives Erschließen (SPE)
   In Kleingruppen stellen die Schüler ein Produkt her (z. B. eine Tabelle, ein Schaubild, einen Schaltplan, ein Verlaufsprotokoll), auf dessen Bearbeitungsweg sie bestimmte Sachgebiete erschließen und gleichzeitig Lernerfahrungen sammeln, die ihre methodischen Fähigkeiten entwickeln.

3. Phase: Präsentationssituation (PS)
   Die Visualisierung und Präsentation der Arbeitsergebnisse gibt den Schülern den Anstoß, den Problemlösungsweg und die neuen Erkenntnisse nochmals intensiv zu diskutieren, zu reflektieren und damit zu verbessern.
4. Phase: Besprechungssituation (BS)
   In der Besprechung des Produktes führt der Lehrende als Moderator bzw. Moderatorin im Plenum durch die didaktischen Feinstrukturen des Fachgebietes. Im Zentrum dieser gemeinsamen Diskussion und Reflexion der Stärken und der Schwächen der erarbeiteten Produkte stehen die zu korrigierenden Fehler der Schüler, zu denen neue und effektivere Handlungskompetenzen gemeinsam erarbeitet werden. Außerdem geht es in dieser Phase um Ergänzungen, Vertiefungen sowie zusätzliche Strukturierungen und Transferhilfen."

Ständiger Wechsel zwischen Phasen des Aufnehmens und der Selbsttätigkeit

Kennzeichnend für das Lernen in Schleifen ist nach Arnold & Schüßler der ständige Wechsel zwischen Phasen des Aufnehmens und der Selbsttätigkeit. Wichtig ist die Austauschfähigkeit der Handlungsprodukte, um eine produktive 3. und 4. Phase zu erreichen.

Alle drei Konzepte für Lernschleifen basieren auf dem Konzept des Erfahrung-Machens im Tun. Die Aufgaben des Lehrenden sind, für Lernen geeignete Handlungssituationen zu schaffen und während des Lernens die Handlungserfahrungen des oder der Lernenden mit zu strukturieren und zu systematisieren, um den Aufbau von möglichst gut generalisierbaren Handlungsschemata zu fördern.

3.2.3 Lerngruppen

Lerngruppen sichern Lernmotivation

Lerngruppen sind, folgt man der Theorie von Deci & Ryan (1993), ein wichtiges Element zur Sicherung der Lernmotivation. Die drei Grundbedürfnisse nach Kompetenz oder Wirksamkeit, nach Autonomie oder Selbstbestimmung und nach sozialer Eingebundenheit erfordern das Vorhandensein von Bezugsgruppen. Gerade der Aufbau von intrinsischer Motivation erfolgt durch die Auseinandersetzung mit einer Bezugsgruppe. Friedrich & Mandl (1997, S.267) fassen die Vorteile kooperativen Lernens zusammen, die in verschiedenen Studien herausgefunden wurden:

Lerngruppen aktivieren und fördern durch Diskussionen das Verständnis des Lernstoffs

- Durch geteilte Verantwortlichkeit, eine erweiterte Wissensbasis und das Vorhandensein von Modellen unterstützt eine Gruppe Lernen.
- Die Interaktion in Gruppen zwingt dazu, den eigenen Standpunkt zu elaborieren und in Diskussionen zu rechtfertigen, was zu tieferem Verständnis des Lernstoffes führt.
- Außerdem ist bei kooperativen Lerngruppen die aktive Lernzeit höher als bei herkömmlichem Frontalunterricht.

Bei Brown & Palincar (1989) finden sich weitere Vorteile kooperativen Lernens:

- Eine Gruppe unterstützt und motiviert sich gegenseitig.
- Eine Gruppe bietet Bestätigung und Unterstützung für die eigene Argumentation.
- Eine Gruppe konfrontiert mit unterschiedlichen Denkperspektiven und regt damit weiteres Lernen an.

Dorau (1996) beschreibt den erfolgreichen Einsatz von Lernteams in der Führungskräfteausbildung. Das Bundesinstitut für berufliche Bildung (BIBB) hat in einer Reihe von Modellversuchen die Möglichkeiten „kooperativer Selbstqualifikation und Selbstorganisation" in der beruflichen Bildung untersuchen lassen (Dehnborstel, Holz & Novak 1992 sowie Schneider & Sabel 1996 und 1998).

Reines Zusammenfassen von Lernenden zu einer Lerngruppe kann Lernen auch behindern

Allerdings scheint es nicht zu genügen, Personen zu einer Lerngruppe zusammenzufassen, um die genannten Vorteile zu erreichen. Die Lernumgebung muss sorgfältig gestaltet sein. Renkl, Gruber & Mandl (1996) schildern die Probleme bei der Einführung kooperativen problemorientierten Lernens in der universitären Ausbildung: Unterschiedliche Auffassungen über Arbeitsaufteilung und Vorgehen sowie die an Universitäten herrschende Orientierung auf deklaratives, prüfbares Wissen waren die größten Hindernisse. Anschaulich listen sie die in Lerngruppen ablaufenden Phänomene auf:

- „Der-Hans-der-machts-dann-eh" – Einzelne Mitglieder der Gruppe drücken sich vor der Arbeit, weil sie wissen, dass den anderen gutes Arbeiten am Herzen liegt.
- „Ja-bin-ich-denn-der-Depp" – Die Gruppenmitglieder, die die meiste Arbeit leisten, verlieren die Motivation, weil sie sich ungerecht behandelt fühlen.
- „Da-mach-ichs-doch-gleich-lieber-selbst" – Die Mitglieder der Gruppe, die das Thema gut beherrschen, übernehmen die Hauptarbeit, weil ihnen die Beiträge der Anderen nicht gut genug erscheinen oder es zu langsam vorangeht.
- „Kann-und-mag-ich-nicht-mach-du" – Die Arbeit wird so verteilt, dass jeder das macht, was er gut kann. So lernen die Mitglieder nichts Neues.
- „Ich-hab-meinen-Teil-erledigt" – Einzelne Gruppenmitglieder weigern sich, weitere Beiträge zu leisten, weil sie finden, dass sie schon genug geleistet haben und blockieren so das Weiterkommen der Gruppe.
- „Gruppenarbeit-nein-danke" – Weil die Gruppenmitglieder die Kooperation in der Gruppe als schwierig erleben, sinkt ihr Interesse an weiterer Gruppenarbeit. (Renkl, Gruber & Mandl 1996, S. 135-140).

Effektives kooperatives Lernen erfordert gemeinsame Lernziele, individuelles Verantwortungsgefühl und Prozessreflexion

Marr (1997, S. 15) fasst notwendige Voraussetzungen für effektives kooperatives Lernen zusammen: „It is important to note here that merely placing students in small heterogeneous groups for instructional purposes does not promote learning, social development, and academic achievement. There are essential components necessary to make cooperative learning effective. First a group goal needs to be established and achievable by all. Each member of the group must be held accountable for his or her own learning and contributing to the success of the group. Also, group members must be encouraged to evaluate their own effectiveness and discuss ways to revise their behavior as needed."

Kooperatives Lernen funktioniert am besten in Kleingruppen

Auch die Größe der Lerngruppe hat einen Einfluss auf die Effektivität. Mit steigender Größe erhöht sich der Koordinationsaufwand und der Zeitbedarf für gruppeninterne Kommunikation. Außerdem tritt verstärkt das Phänomen der Verantwortungsdiffusion auf: Alle fühlen sich irgendwie, aber keiner richtig verantwortlich. Kooperatives Lernen funktioniert am besten in Kleingruppen mit einer Größe von drei bis sieben Personen, die als Peergroups zusammengesetzt sind. Das Lernen von anderen Personen ist in einer solchen Bezugsgruppe am stärksten ausgeprägt (vgl. Marr 1997).

Ein weiterer wichtiger Aspekt bei kooperativem Lernen ist die Gestaltung der Lernaufgabe. In einer Metaanalyse von Studien zum kooperativen Lernen im schulischen Bereich konnte Cohen (1994) zeigen, dass die Intensität und Effektivität der Kooperation in einer Lerngruppe wesentlich von der Art der Aufgabe abhängt. Aufgaben, die

Die Art der Lernaufgabe beeinflusst die Effektivität des kooperativen Lernens

- gemeinsames Arbeiten erfordern, weil nicht einer alleine über die für die Lösung notwendigen Ressourcen verfügt,
- wenig strukturiert und der Gruppe nicht vertraut sind,
- mehrdeutig sind, bei denen es also keine eindeutige Lösung gibt,
- einen komplexen Problemlösungsweg erfordern,
- gegenseitiges Beobachten und Rückmeldungen über Lernergebnisse erfordern, fördern die Interaktion.

Uneinheitlich sind in den Studien die Aussagen darüber, wie viel kognitive und soziale Fertigkeiten die Lernenden mitbringen müssen, um effektiv in Gruppen arbeiten zu können. Allein das Zusammenfassen von Lernenden in Lerngruppen bringt also noch kein kooperatives Lernen hervor. Die offenen Fragen zur Gestaltung kooperativen Lernens beschreiben Reinmann-Rothmeier & Mandl 1997, S. 388):

Wieviel Strukturiertheit und wie viel Offenheit braucht effektives kooperatives Lernen

„Es existieren etliche Programme und Techniken zur Förderung von Kooperation, die sich allerdings darin unterscheiden, was und wie viel die Gruppen selbst bestimmen können und wo sie bestimmten Vorgaben folgen müssen. Es ist jedoch weder theoretisch noch empirisch ausreichend geklärt, wie viel Strukturiertheit einerseits und wie viel Offenheit andererseits zur Förderung kooperativen Lernens erforderlich ist. Eine zu starke Strukturierung kann kreative und produktive Prozesse in der Gruppe behindern, zu wenig Vorgaben bergen dagegen die Gefahr, dass kooperative Prozesse und Ergebnisse ganz ausbleiben. [...] Trotz zahlreicher Einzelbefunde, die negative Randbedingungen aufzeigen, fehlt es immer noch an einem Gesamtmodell, das aufzeigt, unter welchen Bedingungen mit welchen Maßnahmen im praktischen Lehr-Lern-Geschehen Kooperation gefördert werden kann."

Das Konzept des selbstgesteuerten Lernens im Team (SLT) schafft hier erfolgreich eine Balance zwischen Strukturiertheit und Mirgestaltungsmöglichkeiten. So können die Vorteile kooperativen Lernens ausgeschöpft werden ohne dass die Nachteile von Gruppenarbeit wie z.B. hoher Koordinationsaufwand und Rollenfindungsturbulenzen auftreten. Das SLT bietet dem Lernenden eine stark vorstrukturierte Lernumgebung. Trotzdem nimmt er sich als selbstbestimmt wahr und hält seine Lernmotivation dauerhaft aufrecht, weil die Steuerung der Lerntiefe und -geschwindigkeit sowie das gemeinsame Erarbeiten und die gegenseitige Rückmeldung in der Peergroup ohne Trainer für ihn ausreichende Freiheitsgrade darstellen.

3.2.4 Situiertes Lernen

Situiertes Lernen meint, „dass möglichst authentische Lernsituationen geschaffen werden, die kongruent zum Lerngegenstand sind. In solchen Situationen kann der Nutzen von Wissen exemplarisch erfahren werden. Durch Anwendung in verschiedenen Situationen soll jedoch das erlernte Wissen dekontextionalisiert und damit transferierbar werden" (Guldimann 1996, S. 122). Ansatzpunkt ist also auch hier der bereits mehrfach angeführte Wechsel vom Aufbau deklarativen Wissens hin zum konkret anwendbaren Handlungswissen. Straka & Macke (2002, S. 189) betonen die Bedeutung des Handelns für das Lernen: „Ohne aktuelles individuelles Handeln gibt es keine Lernergebnisse … Alle dauerhaften Lernergebnisse sind Wechselwirkungsprodukte aus Handeln und Information und dem begleitenden (motivationalen und emotionalen) Erleben."

Lernen in möglichst authentischen Lernsituationen, in denen der Nutzen von Wissen exemplarisch erfahrbar ist

Schon in der deutschen Reformpädagogik zu Beginn dieses Jahrhunderts gab es derartige Ansätze. Ein neuerer Ansatz, der viel Einfluss auf die Lernforschung ausübt, ist das „Cognitive Apprenticeship"-Modell von Collins, Brown & Newman (1989). Es geht von der traditionellen Berufslehre aus, in der der Lehrling vom Meister durch handlungsbezogene Unterweisung die beruflichen Fertigkeiten erwirbt. Lernsituationen sind normale Arbeitssituationen, bei denen es um die Schaffung von Arbeitsprodukten unter Einhaltung von Zielvorgaben geht. Übertragen auf schulisches Lernen bedeutet es, kognitives und metakognitives Wissen und Fertigkeiten durch verschiedene Methoden sichtbar bzw. hörbar und damit besprechbar zwischen Lehrendem und Lernenden zu machen. Collins, Brown & Newman schlagen dazu sechs Lehrmethoden vor (zitiert nach Guldimann 1996, S. 120f):

Die traditionelle Berufslehre als Vorbild

Sechs am beruflichen Lernen orientierte Lehrmethoden

1. Modelling: Der Lehrer löst eine Aufgabe und kommentiert dabei sein Tun. So werden das notwenige Wissen und die internen Strategien für die Lernenden sichtbar.
2. Coaching: Der Lehrer beobachtet einen Lernenden bei der Ausführung einer Lernaufgabe. Er gibt gegebenenfalls Rückmeldung, bietet Hilfe oder Alternativen an, um den Lernenden auf die wesentlichen Prozesse zu lenken.
3. Scaffolding and fading: Der Lehrende achtet darauf, dass der Lernende ein vollständiges und optimales Handlungsmodell aufbaut. Die Hilfe des Experten erfolgt nach dem Prinzip der minimalen Hilfe und wird langsam zurückgenommen.
4. Articulation: Durch lautes Denken des Lehrenden oder Lernenden werden nicht unmittelbar zugängliche Denkprozesse bearbeitbar.

5. Reflection: Der Lerner reflektiert seinen Lernprozess und vergleicht ihn mit dem eines Experten oder anderen Lerners, um den gelernten Handlungsprozess zu optimieren und zu festigen.
6. Exploration: Hier untersucht der Lernende eine Situation oder einen Gegenstand ohne fremde Unterstützung. Collins, Brown & Newman gehen davon aus, dass dieses Vorgehen beim Lerner problemlösendes Verhalten anregt.

Während diese Methoden im Wesentlichen Möglichkeiten der Interaktion zwischen Lehrendem und Lernenden beschreibt, listen Renkl, Gruber & Mandl (1996, S. 133f) allgemeine Prinzipien eines situierten Lernens auf:

Gestaltungsprinzipien situierten Lernens

- „Problemorientiertes Lernen. Als Ausgangspunkt des Lernprozesses soll ein interessantes und intrinsisch motivierendes Problem dienen. Die Aneignung des Wissens soll durch das ‚Lösen-Wollen' des Problems motiviert sein. Damit wird Wissen auch sogleich in einem Anwendungskontext erworben.

Ausganspunkt ist ein interessantes realitätsnahes Problem

- Realitätsnähe. Die Modelle situierten Lernens bzw. der situierten Kognition gehen davon aus, dass Wissen grundsätzlich situations- und kontextgebunden ist. Lernkontexte sollten deshalb den Anwendungskontexten im ‚wirklichen' Leben möglichst ähnlich sein, andernfalls kann ein Wissenstransfer vom instruktionalen auf den Anwendungskontext nicht erwartet werden.

Artikulation, Reflexion und multiple Perspektiven fördern das Verstehen

- Artikulation und Reflexion. Um der Gefahr vorzubeugen, dass Wissen, welches im Kontext der Lösung eines bestimmten Problems erworben wird, an eben diesen Problemkontext gebunden bleibt, sollen Problemlöseprozesse artikuliert und reflektiert werden. Damit soll die Abstrahierung des Wissens gefördert werden. Abstrahiertes Wissen in diesem Sinne unterscheidet sich von abstraktem Wissen darin, dass es im Gegensatz zu Letzterem mit Situationsbezügen verknüpft und damit anwendbar ist.
- Multiple Perspektiven. Zur Induzierung flexiblen Wissens soll dasselbe Konzept zu verschiedenen Zeiten, in veränderten Kontexten, unter diversen Zielsetzungen und aus unterschiedlichen Perspektiven beleuchtet werden. Erst dadurch erfährt Wissen einen Facettenreichtum, der es in einer Vielzahl von Kontexten anwendbar macht. Zudem werden mögliche und häufige Verbindungen zu anderen Konzepten offen gelegt, die Abstrahierung von Wissen im oben definierten Sinne wird gefördert.

Lernen im sozialen Austausch schafft Verstehen und gemeinsame Identität

- Lernen im sozialen Austausch. Lernen wird nicht als bloßer Erwerb von Fakten und Fertigkeiten betrachtet, sondern als Enkulturation in eine ‚community of practice' (Expertenkultur). Damit werden auch spezifische Denkmuster, Expertenkniffe und ethische Standards, die von den Mitgliedern der entsprechenden ‚Expertenkultur' geteilt werden, zu Lernzielen. Lernen wird also als fundamental sozial betrachtet. Daraus leitet sich das Prinzip des Lernens im sozialen Austausch ab, also kooperatives Lernen (‚Piagetsches Lernarrangement') oder Lernen mit einem kompetenteren Partner (‚Wygotskisches Lernarrangement')."

Die Liste macht deutlich, dass die Komplexität einer Lernsituation beim situierten Lernen schnell sehr groß wird. Damit schwinden die Möglichkeiten für didaktische Interventionen. Die Wirksamkeit situierten Lernens für die Verbesserung von Lernmotivation und Lernerfolg konnte im Rahmen der Reform der Medizinerausbildung in den USA (Blumberg & Michael 1992, Sadler & Mohl 1996, Shatzer 1998) und Deutschland (Prenzel 1993 und 1996, Gräsel 1997) nachgewiesen werden.

3.2.5 Lernberater

Lernberater ist eine Bezeichnung des Lehrenden, die dokumentieren soll, dass der Lernende sich sein Wissen selber aktiv erschließt und der Lehrende den Lernprozess lediglich mitverfolgt und gegebenenfalls Hilfestellung gibt. Um ein Bild zu verwenden: Als Lehrender kann man eine Gruppe von Wanderern (durch einen Lernstoff) auf zweierlei Weise führen. Man kann vor ihnen gehen und damit den Weg klar vorgeben. Dabei hat man allerdings wenig Kontakt zur Gruppe, weil man mit dem Wegfinden beschäftigt ist. Es wäre z.B. nicht möglich, zu erkennen, ob ein Wanderer beim Gehen das falsche Bein belastet und deshalb vorzeitig ausfallen wird, wenn man ihm nicht zeigt, wie er schonender gehen kann. Man kann aber auch hinter der Gruppe gehen, die ihren Weg dann nach vorheriger Absprache selber finden muss. Die Gruppe wird sich sehr viel verantwortlicher für die Wanderung fühlen und aktiver sein. Wenn sie allerdings in die Irre läuft, wird es sehr schwer sein und lange dauern, sie auf den Weg zurückzuführen. Ersteres Vorgehen entspricht dem traditionellen Frontalunterricht Letzteres dem selbstgesteuerten Lernen.

Der Lernberater als Begleiter und nicht Leiter

Sehr breit legt Siebert (2001, S. 97ff) mögliche Aufgaben eines Lernberaters in der Erwachsenenbildung an. Ein Lernberater kann

Mögliche Aufgaben eines Lernberaters

- den Lernenden beim Abbau von Lernschwierigkeiten unterstützen,
- die Nutzung von personen-, aufgaben-, strategie- und kontrollbezogenen Metakognitionen fördern,
- Lerngruppen moderieren,
- lernfördernde Lernumgebungen gestalten,
- die Selbstlernkompetenz fördern,
- eine Lerndiagnose aller personellen, inhaltlichen und organisatorischen Rahmenbedingungen, um die „Anschlussfähigkeit" der Lerninhalte an die Lernenden zu sichern.

In der betrieblichen Weiterbildung werden diese Prozesse meist arbeitsteilig von externen Lerninhalte-Anbietern sowie internen Personalentwicklern und ggf. speziellen Prozessbegleitern bearbeitet. Bei der Ausgestaltung der Lernbegleitung differieren Lernberatungskonzepte in einer Reihe von Fragen:

1. Soll der Lernberater während des Lernprozesses anwesend sein? Die Antwort darauf hängt stark davon ab, mit welchem Lernkontext sich die Vertreter der verschiedenen Richtungen beschäftigen. Arnold

und Simons z.B., die sich vorwiegend mit schulischem Lernen beschäftigen, bejahen die Frage. Mandl, Straka oder Zimmerman gehen vom universitären Lernen aus und verneinen sie. In der Mitte liegen Vertreter des beruflichen Lernens wie Greif und Herz & Bauer. Sie würden mit einem „manchmal" antworten.

Der Lernberater ist nicht während des gesamten Lernprozesses anwesend

Aus meiner Sicht sind zwei Aspekte für eine Entscheidung besonders wichtig: Wenn die Lernenden wenig Vorerfahrungen mit selbstgesteuertem Lernen haben und die Lernsituation komplex ist, ist die Präsenz des Lernberaters notwendig (siehe Deitering 1995 und Schneider & Sabel 1996). Die Präsenz sollte, wie im „Cognitive Apprenticeship"-Modell vorgeschlagen, im Verlauf des Lernprozesses langsam ausgeblendet werden.

2. Wie stark gibt der Lernberater Lernziele und vor allem den Lernweg vor? Diese Frage ist in Kapitel 2 schon ausführlich diskutiert worden. Es gibt hier Konzepte von völliger Selbststeuerung bis hin zu sehr stark vorstrukturierten Lernumgebungen, in denen die Lernenden lediglich die Möglichkeit haben, diese an die eigenen Bedürfnisse anzupassen (vgl. Metzger 1997).

Der Lernberater kann den Lernweg vorstrukturieren, ohne dass sich die wahrgenommenen Autonomie reduziert

Aus meiner Erfahrung scheint mir die Abwesenheit des Lehrenden als Taktgeber für das Lernen oft schon ausreichend, damit die Lernenden sich als selbstgesteuert wahrnehmen. In der Tat sind sie damit ja auch der sozialen Kontrolle des Experten entronnen. Bei Computer-based-training (CBT) findet sich ein ähnlicher Effekt. In Befragungen beurteilen Lernende das Lernen am Bildschirm unter anderem deshalb positiv, weil sie ohne personale Kontrolle bei freier Zeiteinteilung lernen und in Ruhe so viele Fehler machen können, wie sie wollen. Der Computer verliert ja nicht die Geduld.

3. Welche Interventionsmethoden nutzt er während des Lernprozesses? Beginnt der Lernprozess, ist die Gestaltung der Lernumgebung abgeschlossen. In dieser Phase hat der Lernberater großen Einfluss genommen. Während des Lernprozesses kann er:

- Metamethoden wie Lern- oder Problemlösestrategien (vgl. Friedrich & Mandl 1997 sowie Metzger 1998 in Kapitel 3.2) vorschlagen;
- als Modell fungieren und ein Vorgehen vormachen (vgl. Skell 1996 und Collins, Brown & Newman 1989 in Kapitel 4);
- Rückmeldung geben oder besser noch Rückmeldeschleifen von Mitlernenden schaffen (vgl. Arnold 1998; Renkl, Gruber & Mandl 1996 und Pfeiffer 1994 in Kapitel 4);
- Lernwege beobachten, besprechen und mit dem Lernenden reflektieren (vgl. Simons 1992; Skell 1996; Collins, Brown & Newman 1989 und Arnold & Schüßler 1998 in Kapitel 4);
- für Fokussierung und Intensität durch Rückbesinnung auf die Lernziele sorgen.

Interventionen am besten in den Austauschphasen

Interventionen während des selbstgesteuerten Lernens sind schwierig zu gestalten, weil sie meist die Handlungsfreiheitsgrade der Lernenden und damit die Selbstbestimmung einschränken. Am besten gelingen sie in Austauschphasen, wie sie z.B. von Arnold & Schüßler(1998) und Skell (1996) vorgeschlagen werden. Bei komplexen Lernprojekten sollten mehrere Austauschphasen mit Teillernprodukten eingeplant werden, um genügend Chancen zur Intervention zu schaffen.

3.2.6 Lernquellenpool

Lernquellenpool wird von Jerusel & Greif (1998) eine Sammlung von Lernmaterialien genannt, die an einem Lernort vielfältige Lernmaterialien zusammenfasst, aus dem sich die Lernenden nach ihren Bedürfnissen die passenden Materialien heraussuchen. Insofern hat der Lernquellenpool für sie sowohl eine räumliche als auch eine inhaltliche Bedeutung. In einem Modellversuch bestand der Lernquellenpool aus einer Sammlung von minimalen Leittexten, in einem anderen aus kurzen Videofilmen mit positiven und negativen Verhaltensmodellen.

Lernquellenpool als Ort vielfältigen Wissens

Arnold & Schüßler(1998, S. 148-152) regen an, Lerninhalte in Form von Mind-maps darzustellen, weil diese sehr viel besser der Repräsentation des Wissens im Gehirn entsprächen. Außerdem regt seiner Meinung nach diese Art der Darstellung die Lernenden stärker zur aktiven Erschließung des Lernstoffes an (s. als Beispiel meine Darstellung der Theorien zum selbstgesteuerten Lernen auf Seite VII).

Hilfen zur Erschließung des Wissens geben

Das von Issing (1998, siehe Kapitel 1) dargestellte Konzept der University of Iowa zur Medizinerausbildung geht noch weiter. Der Lernquellenpool besteht dort aus multimedial aufbereiteten Fallstudien, die Texte, Bilder und Videofilme enthalten und ist im Internet platziert. Gerade wenn es um Handlungslernen geht, bietet sich ein multimedialer Lernquellenpool an, weil sich Handeln in Bildern meist besser erklären lässt als mit Texten.

Multimediale Inhalte können alltagsnahes Handlungslernen unterstützen

Am sinnvollsten wäre eigentlich das Lernen direkt in der ‚realen' Welt am Arbeitsplatz. Meist ist dort aber ein längerfristiges ungestörtes Lernen nicht möglich. Dem dezentralen Lernen im Betrieb sind somit Grenzen gesetzt. Lernorte als Lerninseln in den Abteilungen zu schaffen, die zum Lernen und Gedankenaustausch einladen, ist aber auch eine Chance für Organisationsentwicklung hin zur lernenden Organisation.

3.2.7 Lernstrategietrainings

Lernstrategietrainings sollen Lernende befähigen, gerade in komplexen, intransparenten und vernetzten Situationen lernfähig zu sein, um solche Situationen angemessen meistern zu können (vgl. Dörner 1989). Auch zur Vorbereitung selbstgesteuerten Lernens erscheinen sie hilfreich. Metzger (1997, S. 12) begründet mit drei Ergebnissen aus der Lernforschung die Sinnhaftigkeit von Lernstrategietrainings:

Lernstrategietrainings sollen Lernprozesse effektiver machen

- Experten in einem Fachgebiet verfügen über mehr und besser strukturierte Lernstrategien als Novizen.
- Lernstrategien müssen in deklarativer, prozeduraler und konditionaler

Form vorliegen, um in unterschiedlichen Situationen einsetzbar zu sein.
- Lernstrategien zu erlernen ist ein Lernprozess, der den gleichen Lernbedingungen wie andere Inhalte folgt.

Friedrich & Mandl (1992, S. 8-10) unterscheiden bei Lernstrategien zwischen Primär- und Stützstrategien. Primärstrategien wirken direkt auf die zu erfassende und zu verarbeitende Information. Typische Vertreter sind Strategien für das Lernen von Texten wie: Zusammenfassen üben, Mnemotechniken oder Schlüsselwortmethode.

Lernstrategien sollen das Aufnehmen und Verarbeiten von Informationen verbessern

Stützstrategien fördern den Prozess der Informationsverarbeitung während des Lernens. Dazu gehören beispielsweise die Selbstmotivierung, Techniken der Aufmerksamkeitssteuerung und Zeitplanung oder auch Strategien der metakognitiven Kontrolle des eigenen Lernens wie beispielsweise die Verstehensprüfung.

Zur Förderung der Primärstrategien wird meist auf Konzepte der Informationsverarbeitung zurückgegriffen, bei Stützstrategien auf Motivations- und Handlungstheorien. Friedrich & Mandl gehen davon aus, dass wirkungsvolles, situationsangemessenes Lernen, Denken und Problemlösen viele verschiedene Techniken erfordert.

Lernstrategietrainings werden in der Regel als informiertes Training durchgeführt, bei dem den Lernenden nicht nur gesagt wird, was sie lernen, sondern auch die Wirkungsweise der einzelnen Strategien erklärt wird. Das soll den Transfer fördern. Solche Trainings erfolgen meist in folgenden Stufen:

Lernstrategietrainings sollen den bewussten Umgang mit dem eigenen Lernen fördern

1. „Die Lernenden werden für die Relevanz optimaler Strategien sensibilisiert. Dies kann durch Selbstreflexion (lautes Denken), durch Präsentation von Modellen, die optimale bzw. defizitäre Strategien demonstrieren, durch den Vergleich eigener defizitärer mit optimalen Strategien u.a. Maßnahmen erfolgen. In letzter Zeit zeigt sich immer deutlicher, dass eine wesentliche Bedingung für die Aufrechterhaltung von Strategien über die Trainingsphase hinaus darin besteht, die Lernenden vom Nutzen der Strategien (zu) überzeugen. [...]
2. In einem zweiten Schritt wird deklaratives Wissen über die jeweilige Strategie erworben. Es werden die einzelnen Elemente der Strategie benannt. Es wird Wissen darüber vermittelt, bei welchen Aufgaben die betreffende Strategie angemessen ist. Diese Phase kann man in Anlehnung an Andersons Theorie des Fertigkeitserwerbs als deklarative Phase bezeichnen ...
3. Das deklarative Wissen wird dann in einer Übungsphase in eine kognitive Prozedur überführt (Phase der Prozeduralisierung). Dies geschieht an speziell hierfür ausgewählten prototypischen Aufgaben.
4. In der Phase der Feinabstimmung (tuning) geht es darum, die jeweilige Strategie zu automatisieren, d.h. sie muss an vielen Aufgaben geübt werden. Um auch den Transfer nach dem Training zu sichern, muss sie an verschiedenen Aufgabenklassen geübt werden.

Dieses Grundmuster der direkten Strategieförderung wird durch methodische Elemente angereichert, die sich in der Trainingsforschung bewährt haben, wie z.B. verteiltes statt massiertes Üben, korrigierendes Feedback, kognitives Modellieren, kooperatives Lernen (reciprocal teaching), Abbau externer Unterstützung zu Gunsten eines zunehmend selbstgesteuerten Strategieeinsatzes (scaffolding), Integration elementarer Prozeduren zu komplexen Strategien" (Friedrich & Mandl 1992, S. 31f).

Zur Überprüfung der Effekte von Strategietrainings werden meist speziell auf das jeweilige Trainingsprogramm abgestimmte Kriterien verwendet. Der Einsatz von Schul- oder Examensnoten als Kriterien wird als zu global abgelehnt. Haller, Child und Walberg (1988) unterzogen 20 Trainingsstudien, in denen zur Förderung des Textverstehens metakognitive Strategien vermittelt wurden, einer Metaanalyse. Die meisten Studien konnten lediglich mäßige Erfolge der Lernstrategietrainings nachweisen. Bilanzierend schreiben Friedrich & Mandl (1992, S. 41), „dass viele Komponenten effektiven Lernens und Denkens durchaus praxisbezogen gelehrt und gelernt werden können. Aber ... diese Einzelkomponenten lassen sich bislang nicht zusammenfügen zu einer breiten Disposition für effektives Lernen und Denken in verschiedenen Gegenstandsbereichen". Sowohl Vorwissen als auch Kontext und personenbezogene Variablen scheinen großen Einfluss auf die Trainierbarkeit von Lernstrategien zu haben.

Es ist nicht sicher, dass Lernstrategietrainings das individuelle Lernen wirklich verbessern

Eine gute Sammlung von Stützstrategien findet sich, wie in Kapitel 2 erwähnt, bei Metzger (1996 und 1998). Sie sind aus meiner Sicht gut für ein auf Selbstlernen vorbereitendes Training geeignet. Allerdings fehlen bislang Studien über die Wirksamkeit der Strategiesammlung.

3.2.8 Projekt- oder Problemlösungsgruppen

Projekt- oder Problemlösungsgruppen haben beide zum Ziel, einen als unbefriedigend empfundenen Ausgangszustand in einer Organisation durch geeignete Handlungen in einen erstrebten Zielzustand zu überführen. Dabei ist die Problemsituation so komplex und erfordert so viel Wissen aus unterschiedlichen Fachgebieten, dass sie besser von einer Gruppe als von Einzelpersonen bearbeitet werden kann. Beides sind im Gegensatz zu teilautonomen Arbeitsgruppen oder Fertigungsteams zeitlich begrenzte Nebenorganisationen neben der normalen Aufbauorganisation und sind durch Steuer- oder Koordinationsgruppen an die Hierarchie angebunden (Antoni 1996, S. 193). Projektgruppen unterscheiden sich in der Regel durch eine komplexere Situation und Aufgabe und eine längere Laufzeit von Problemlösungsgruppen. Betriebliche Problemlösungsgruppen werden meist unter dem Begriff Qualitätszirkel geführt. Eine Beschreibung von Qualitätszirkeln findet sich in Kapitel 1.

Projekt- und Problemlösegruppen sind prototypische Lernsituationen im Bereich des beruflichen Lernens für das Erfahrung-Machen im Tun. Lernprojekte in der beruflichen Erstausbildung werden deshalb schon länger genutzt (vgl. Dehnborstel et al.1992), weil dort Fach-, Methoden- und Sozialkompetenz gleichermaßen erworben werden können. Während es bei Projektarbeit in der Erstausbildung in der Regel eine didaktische Be-

Projekt- und Problemlösegruppen ermöglichen Erfahrung-Machen im Tun

gleitung gibt, die für Elaboration, Verdichtung, Strukturierung und Integration des erworbenen Wissens sorgt, fehlt diese Komponente bei Qualitätszirkeln und Projektgruppen nach der Erstausbildung meist völlig. Die Lernprozesse erfolgen meist unbewusst. Das ist vermutlich auch der Grund, „dass Qualitätszirkel-Teilnehmer ihre eigenen Lernerfahrungen als geringer einschätzen, als dies von ihren Vorgesetzten getan wird“ (Antoni 1996, S. 203). Qualitätszirkel-Moderatoren hingegen schätzen ihre Lernerfahrungen deutlich höher ein. Das liegt vermutlich daran, dass meist nur sie explizit geschult werden und durch ihre Tätigkeit die in den Zirkeln ablaufenden Prozesse stärker reflektieren.

Lernen als Nebeneffekt von Qualitätszirkelarbeit

Dass Lernen in den Zirkeln stattfindet, lässt sich daran ablesen, dass es Unternehmen leichter fällt, teilautonome Arbeitsgruppen einzuführen, wenn sie vorher schon Qualitätszirkel erfolgreich umsetzen konnten. „Durch die Qualitätszirkel lernten ihre Mitarbeiter, Zusammenhänge ihrer Arbeit zu erkennen, wieder Verantwortung zu übernehmen, Probleme zu analysieren und zu lösen sowie im Team zu arbeiten. Diese Fähigkeiten benötigen sie auch für die Arbeit in teilautonomen Arbeitsgruppen. Da die Moderatoren am stärksten von diesen Lernprozessen profitieren, sind sie auch für die Rolle des Gruppensprechers prädestiniert. Unternehmen, die im Rahmen der Qualitätszirkel-Arbeit viele Moderatoren ausgebildet haben, verfügen somit über ein großes Reservoir an gut ausgebildeten potentiellen Gruppensprechern. Die Einführung von Gruppenarbeit wird auch dadurch erleichtert, dass die Vorgesetzten durch die Qualitätszirkel gelernt haben, mit Teams umzugehen, Verantwortung zu übertragen, Lösungsvorschläge der Mitarbeiter zu akzeptieren und zu unterstützen. Entsprechendes gilt auch für Fachabteilungen, wie Entwicklungs-, Planungs-, Instandhaltungs- und Qualitätssicherungsabteilungen. Sie konnten durch die Auseinandersetzung mit Qualitätszirkel-Vorschlägen lernen, dass auch Mitarbeiter in der Produktion vernünftige Problemlösungen in ‚ihrem' Fachgebiet entwickeln und ihnen dann auch Verantwortung und Kompetenzen übertragen werden können. Insofern kommt Qualitätszirkeln eine wichtige Eisbrecherfunktion für die Einführung teilautonomer Arbeitsgruppen zu“ (Antoni 1996, S. 205).

Interessant ist, dass diese Lernprozesse eher unbeabsichtigte Nebenfolgen denn Ziele bei der Einführung von Qualitätszirkeln darstellten. Das Potential von Qualitätszirkeln als Form selbstgesteuerten Lernens wird demnach noch nicht völlig ausgeschöpft. Ähnliches dürfte für Projektgruppenarbeit, als strukturähnlichem Prozess, gelten. Eine passende didaktische Komponente für diese beiden Arbeitsformen zu entwickeln, um den Wissenserwerb zum aktiven und dauerhaften Prozess zu machen, ist eine Herausforderung für im Bereich des beruflichen Lernens tätige Forscher und Praktiker.

3.3 Das Konzept des selbstgesteuerten Lernens im Team

Das selbstgesteuerte Lernen im Team (SLT) wurde zunächst für die betriebliche Aus- und Weiterbildung entwickelt. Daraus ergaben sich einige pragmatische Vorgaben für die Entwicklung der Lernmethode. Sie sollte

- für die Zielgruppe attraktiv sein
- schnelle und praxisrelevante Lernerfolge ermöglichen
- stabil auch bei heterogenen Zielgruppen funktionieren
- gut in die alltäglichen Arbeitsabläufe integrierbar sein.

SLT zur Verbesserung der betrieblichen Aus- und Weiterbildung

Erst nachdem das SLT in den ersten Organisationen seine Praxistauglichkeit unter Beweis gestellt hatte, gab es erste Versuche, die Methode in den schulischen Kontext zu übertragen. Darüber wird im Kapitel 6 zu berichten sein. Das selbstgesteuerte Lernen im Team (SLT) basiert auf sechs Elementen. Ihr Zusammenwirken soll die Lernmotivation und den Lernerfolg sichern:

Sechs Elemente zur Sicherung von Lernmotivation und Lernerfolg

Abb. 3.1. Die sechs Elemente des SLT

1. Die Lernenden arbeiten in einer festen vier bis sechs Mitglieder großen Gruppe zusammen, die über alle Lerneinheitenhinweg bestehen bleibt.
2. Sie eignen sich das Wissen in einer dreistufigen Lernschleife an: Sie orientieren sich in einem Thema, indem sie sich Wissen aneignen, erleben und vertiefen das Wissen in Einzel- oder Gruppenübungen und tauschen danach ihre Ergebnisse in der Gesamtgruppe aus und geben sich Feedback.
3. Der Lernstoff liegt als praxisrelevantes Handlungswissen vor. Die Leittexte sind als ‚Verhaltenskochrezepte' ausgeführt, an die sich unmittelbar eine Übung anschließt, in der das Wissen in Verhalten überführt werden kann.

4. Ein Lernberater führt sie in das Selbstlernen ein, steht in zwei Einheiten für Fragen und Vertiefungen zur Verfügung und schließt mit den Lernenden in der Abschlusseinheit das Selbstlernprogramm ab. Er soll für inhaltliche Klarheit und Tiefe sorgen sowie die Gruppendynamik stabilisieren.
5. Der Ablauf der Einheiten ist im Wesentlichen vorstrukturiert. Inhalte, Arbeitsform und zeitlicher Ablauf sind vorgegeben. Bearbeitungstiefe, Übungs- und Feedbackintensität liegen allerdings in der Hand der Lerngruppe.
6. Die Lerngruppe legt für jede Einheit im Rotationsverfahren einen Organisator fest, der als Taktgeber für den vordefinierten Ablauf fungiert und den Zeitbedarf für die Koordination in der Gruppe minimieren soll.

3.3.1 Gruppenlernen

Im Gegensatz zu vielen anderen Selbstlernkonzepten, die individuelle Lernprozesse – meist am Computer – propagieren, ist ein Kernelement des SLT eine über den Lernprozess hinweg stabile Lerngruppe. Das Lernen in der Gruppe hat zwei Funktionen: Es soll die Lernmotivation dauerhaft stärken und es soll Handlungslernen erleichtern.

Lernen in einer stabilen Lerngruppe zur Befriedigung von Grundbedürfnissen

Das Arbeiten in einer Lerngruppe als wichtiges Element zur Sicherung der Lernmotivation betonen Deci & Ryan (1993) in ihrer Selbstbestimmungstheorie der Motivation (vgl. Kapitel 2.3.1). Danach hat der Mensch drei angeborene psychologische Bedürfnisse:

- das Bedürfnis nach sozialer Eingebundenheit,
- das Bedürfnis nach Kompetenz und Wirksamkeit,
- sowie das Bedürfnis nach Autonomie oder Selbstbestimmung.

Ermöglichen Lernsituationen den Lernenden die Erfüllung dieser drei Bedürfnisse, entsteht nach Deci & Ryan dauerhafte intrinsische Lernmotivation. Lernen ist danach ein sozialer Austauschprozess.

Zwei Ergebnisse aus meinen Evaluationen der Methode möchte ich im Vorgriff auf Kapitel 5 schon einmal darstellen, um die positiven Wirkungen von Gruppen auf die Lernmotivation zu illustrieren:

Das Lernen in der Gruppe ist ein ganz wesentlicher Erfolgfaktor für das SLT

- Unabhängig vom Thema, der Zielgruppe und den Lernsettings betrug die Abbrecherquote immer weniger als 10 %. Ein für längerfristige Selbstlernprozesse sehr niedriger Wert. Darin enthalten sind auch Lernende, die z.B. wegen veränderter Arbeitsanforderungen das Training abbrechen mussten.
- Bei Nachbefragungen gaben die Lernenden an, dass zwei Dinge sie besonders zum Lernen motiviert hätten: das Lernen in der Gruppe und die sofortige Umsetzung des Gelernten in Übungen, zu denen sie von der Lerngruppe eine Rückmeldung bekamen.

Die Vorteile von Gruppenlernen beim Aneignen von Handlungswissen beschreiben Skell (1996) (vgl. Kap. 3.1.5) sowie Friedrich & Mandl (1997) (vgl.

Kap. 3.1.1.). Auf die Wichtigkeit einer angemessenen Strukturierung der Gruppenarbeit weisen unter anderen Renkl, Gruber & Mandl (1996), Cohen (1994) und Marr (1997) hin.

Beim selbstgesteuerten Lernen im Team besteht eine Lerngruppe aus 4-6 Teilnehmern. Die Gruppengröße soll einerseits ein Mindestmaß an Gruppendynamik zwischen den Teilnehmern zulassen. Andererseits darf die Gruppe nicht so groß sein, dass die Koordinations- und Austauschzeiten zu lang werden. Eine gruppengröße von 4-6 Personen hat sich hier als praktikabler Kompromiss erwiesen. Auch wenn an einzelnen Sitzungen einmal ein oder zwei Mitglieder der Lerngruppe fehlen, ist trotzdem ein Arbeiten in der Gruppe noch möglich.

Eine Lerngruppe besteht aus 4-6 Teilnehmern

Die Gruppe kann nach meiner Erfahrung ruhig heterogen bezüglich Vorwissen, Alter und Ausbildung zusammengesetzt sein. Wichtig ist allerdings eine ähnlich hohe Lernmotivation und keine direkte Konkurrenzsituation der Teilnehmer untereinander. In einer Firma mussten wir beispielsweise eine Lerngruppe stoppen, weil ein Abteilungsleiter seine "Kronprinzen" in einer Lerngruppe zusammengeführt hatte. Die Mitglieder der Lerngruppe konkurrierten alle um eine in naher Zukunft zu besetzende Stellvertreterposition. Verständlicherweise war ihre Motivation gering, die eigenene Lernergebnisse in der Gruppe zu präsentieren bzw. die anderen dabei zu unterstützen, kompetenter zu werden.

Lerngruppen können durchaus heterogen zusammengesetzt sein

3.3.2 Lernschleife

Die Lerneinheiten dauern jeweils drei Stunden, in denen die Lernenden zu einem Thema ein- bis zweimal die dreistufige Lernschleife „Orientieren - Erleben - Austauschen“ durchlaufen. Sie orientieren sich in einem Thema, indem sie einen Leittext lesen, einen kurzen Videofilm sehen oder eine Arbeitsanleitung studieren. In einer Übung erleben sie die Anwendung des Wissens und danach tauschen sie die Arbeitsergebnisse im Plenum aus.

Lernschleife in drei Schritten: Orientieren - Erleben Austauschen

Die Phase der Orientierung dauert in den bisher entwickelten Selbstlernprogrammen zwischen 10 und 30 Minuten. Um den Zeitbedarf für die Austauschphase zu begrenzen, arbeiten die Lernenden in einigen Lernschleifen in Phase 2 in Kleingruppen. Wenn sich beispielsweise eine Lerngruppe mit sechs Mitgliedern in drei Kleingruppen teilt, muss sie in der Austauschphase lediglich drei und nicht sechs Arbeitsergebnisse sichten und diskutieren. Außerdem erleben die Lernenden den Wechsel zwischen Individual-, Kleingruppen- und Plenumsarbeit als Bereicherung.

Die im SLT genutzte dreistufige Lernschleife hat hohe strukturelle Ähnlichkeit mit der vollständigen Arbeitshandlung bzw. deren Erweiterung durch Bauer & Herz (1996). Da es sich beim SLT allerdings um Wissenserwerbsprozesse und nicht nur um Wissensanwendung handelt, findet statt der Planungs- eine Wissenserwerbsphase statt. Die nachfolgenden Phasen der Ausführung und Kontrolle sind dann wieder deckungsgleich. Die vier Phasen der Lernscheife von Arnold & Schüßler (1998) beinhalten die gleichen Komponenten, sind aber anders sequenziert. Die von Pfeiffer

Die im SLT genutzte Lernschleife ist an der vollständigen Arbeitshandlung orientiert

(1994) beschriebene Lernschleife in der Gruppendynamik positioniert den Wissenserwerb an anderer Stelle. Die Schleife beginnt mit dem Erleben und Austauschen. Danach gewinnen die Lernenden in Diskussionen neues Wissen und bereiten den Transfer in die ‚reale Welt' vor.

Das Lernen in der Lernschleife verläuft in der Regel deduktiv

Diese Art des induktiven Lernens wurde in den siebziger und achtziger Jahren sehr oft genutzt. In den letzten Jahren bevorzugen Lernende nach meiner Erfahrung als Trainer das deduktive Lernen, d. h. sie möchten sich zunächst Wissen aneignen und erst dann die Anwendung des Wissens praktisch erkunden. Insofern folgt die im SLT genutzte Lernschleife dem deduktiven Prinzip.

Allerdings habe ich in den zwei bisher eingesetzten Selbstlernprogrammen eine 'gemäßigte' Form des induktiven Lernens erfolgreich genutzt, um das Lernen abwechslungsreicher zu gestalten. Die Orientierungsphase beginnt dann mit einer Anwendung des vorhandenen Wissens und erst danach erfolgt eine weitere Wissensvermittlung. Beispielsweise gehen die Teilnehmer in einer Übung zur graphischen Gestaltung von Präsentationsunterlagen eine Reihe von schlecht gestalteten Präsentationsfolien durch und listen gemeinsam Kritikpunkte auf. Erst danach sehen sie jeweils eine verbesserte Folie mit Tipps für professionelle Foliengestaltung. Die weiteren beiden Phasen der Lernschleife folgen dann dem den Lernenden vertrauten Muster: Die Teilnehmer der Lerngruppe bekommen den Auftrag, individuell eine professionell gestaltete Präsentation zu erstellen und präsentieren ihre Lösungen danach den anderen im Plenum.

3.3.3 Handlungslernen

Die dreistufige Lernschleife beim selbstgesteuerten lernen im Team (SLT) legt ja nahe, dass die Wissensvermittlung handlungsorientiert erfolgen muss. Am Ende der Schleife steht die Präsentation der individuellen Lernergebnisse in der Gruppe und eine Rückmeldung über den Lernerfolg durch die Gruppe. Kernelement der Wissensvermittlung beim SLT sind Leittexte. Dass Leittexte den Ablauf von Selbstlernprozessen gut strukturieren können, legen Friedrich & Mandl (1997) dar. Greif (1996) beschreibt den erfolgreichen Einsatz von Leittexten in einem Selbstlernprojekt der betrieblichen Weiterbildung.

Vom Leittext über die Arbeitsaufgabe in Kleingruppen zum austauschfähigen Produkt, das im Plenum diskutiert wird

Die Leittexte beim SLT beschreiben Handlungswissen wie z.B. die verständliche Gestaltung von Vorträgen oder den Einsatz von Körpersprache. Das Wissen soll dann in Übungen angewendet werden. Die Wichtigkeit von Kompetenzlernen durch eigenes Handeln und daraus resultierende Erfahrungen für die berufliche Weiterbildung stellen Arnold & Schüßler (1998) und Skell (1996) dar. Die Leittexte sind wie ‚Verhaltenskochrezepte' mit Checklisten und Erläuterungen aufgebaut. Ein gutes Vorbild für die handlungsorientierte Gestaltung von Lernunterlagen findet sich aus meiner Sicht beispielsweise bei Langer, Schulz von Thun & Tausch (2002).

In einigen Lerneinheiten unterstützen 10-20 minütige Videofilme den Aufbau von Handlungswissen, indem den Lernenden Verhaltensmodelle gezeigt werden. Entweder führt ein Video anstatt eines Leittextes in ein Thema ein oder die Lernenden können am Ende einer Lernschleife eine Musterlösung für die soeben absolvierte Übung betrachten.

Einen noch weitergehenden Ansatz stellt das situierte Lernen dar, bei dem das Lernen nicht nur handlungsorientiert erfolgt, sondern in eine möglichst authentische Anwendungssituation eingebettet ist. Guldimann (1996) beschreibt die Umsetzung dieses Konzeptes in der Schule, Renkl, Gruber & Mandl (1996) stellen die Umsetzung in der Medizinerausbildung dar. Dieser Ansatz scheint komplex, aber erfolgversprechend zu sein, wie seine weite Verbreitung in der Medizinerausbildung in den USA nahe legt. Ich habe das situierte Lernen beim SLT bisher nicht genutzt, weil die Trainings für verschiedene Berufsgruppen einsetzbar sein sollten und sich deshalb keine gemeinsamen Arbeitssituationen finden ließen. Trotzdem sollten die Übungsaufgaben im SLT so alltagsnah wie möglich gestaltet sein. Auch wäre der Einsatz von situiertem Lernen bei SLT-Programmen mit spezifischen Zielgruppen sicherlich sinnvoll (s. Kap. 7.1).

Das situierte Lernen wurde beim SLT bisher nicht genutzt

3.3.4 Lernberater

Der Lernberater ist beim selbstgesteuerten Lernen im Team (SLT) ein wichtiges stabilisierendes Element. In der ersten Lerneinheit leitet er die Gruppe. Danach ist seine Teilnahme für jede dritte bis vierte Sitzung im Ablauf fest eingeplant. Die Gruppe kann ihn aber auch zwischendurch kontakten, kann sich beraten lassen oder ihn zu einer Sitzung dazu bitten. An der Abschlusssitzung nimmt er wieder während der ganzen drei Stunden teil. In den bisher von mir eingeführten Selbstlernprogrammen war der Lernberater bei etwa einem Drittel der gesamten Lernzeit anwesend.

Der Lernberater ist Modellgeber für die Lerngruppe, er sichert im Verlauf des SLT-Trainings die Lernmotivation, unterstützt eine positive Gruppendynamik, hilft der Lerngruppe, Krisen zu bewältigen und bietet ihr in Rückmeldesituationen eine Außensicht.

Der Lernberater ist zunächst Modellgeber und dann Berater und Unterstützer

In der ersten Lerneinheit hat er die Aufgabe, die Teilnehmer miteinander bekannt zu machen, sie in das Lernprogramm einzuführen und als Modell für die Rolle des Organisators zu fungieren. In den jeweils dritten bzw. vierten Lerneinheiten ist der Lernberater in der zweiten Hälfte der Einheit anwesend. Dort agiert er als inhaltlicher Fachmann, von dem die Gruppe weiterführende Informationen bekommen kann und der den Teilnehmern Rede und Antwort steht, wenn sie etwas nicht verstanden hatben oder anderer Meinung sind. Er kann also inhaltliche ‚Irrwege' der Teilnehmer korrigieren und gleichzeitig die Motivation überprüfen und gegebenenfalls stabilisieren. In der letzten Einheit ist er während der gesamten Einheit anwesend. Dort wenden die Teilnehmer alles Gelernte noch einmal an, und er gibt ihnen eine Rüchmeldung von außen. Danach schließt er mit ihnen das Lernprogramm ab.

Hinsichtlich der Anwesenheit eines Lernberaters geht das SLT im Vergleich zu den Erkenntnissen der Selbstlernforschung also einen Mittelweg.

Der Lernberater ist nur punktuell anwesend

Die Gruppe lernt zwar nicht gänzlich ohne Lernberater, aber dieser interveniert nach der ersten Einheit nur dort, wo es von der Gruppe gewünscht ist und einer Intensivierung des Lernens dient.

Der Lernberater benötigt für seine Rolle zwei Qualifikationen: Er sollte mit der Anleitung von Lernprozessen vertraut sein und das Thema des Selbstlernprogramms beherrschen. Bisher wurden die SLT-Programme in drei Bereichen eingesetzt: in der betrieblichen Ausbildung, der Weiterbildung und in Berufschulen. Dementsprechend übernahmen Ausbilder, Personalentwickler oder Lehrer die Rolle als Lernberater.

Lernberater müssen räumlich nah an der Lerngruppe platziert sein und flexibel auf die Zeitplanung der Gruppe eingehen können

Dass im SLT Lernberater eingesetzt werden, hat für die Einführung dieser Lernform große Auswirkungen: Der oder die Lernberater müssen der Lerngruppe zur Verfügung stehen, wenn sie eine Lernberater-begleitete Lerneinheit durchläuft. Der Lernberater muss sich also sowohl räumlich in der Nähe der Lerngruppe befinden als auch zeitlich flexibel reagieren können. Diese Anforderungen kollidieren mit der Vision, dass selbstgesteuertes Lernen zeitliche und örtliche Freiheit für den Lerner und den Veranstalter ermöglichen sollte. Am leichtesten ließ sich das SLT deshalb dort etablieren, wo es wie in der betrieblichen Ausbildung schon eine dezentrale Struktur von Lernbegleitern gab. Den größten Veränderungsprozess müssen Organisationen bewältigen, bei denen die Weiterbildungsabteilung als Einkaufsabteilung für zentrale Seminare fungiert und weder die Fähigkeit noch die Kapazität besitzt, Selbstlernprozesse zu begleiten.

3.3.5 Vorstrukturierter Ablauf

90 % des Ablaufes ist vorstrukturiert

Das selbstgesteuerte Lernen im Team (SLT) ist sehr stark vorstrukturiert. Für etwa 90% der Lernstunden gibt es einen festen Ablauf. Lediglich in den Lerneinheiten, bei denen der Lernberater anwesend ist, kann die Gruppe die Lerninhalte teilweise selbst festlegen.

Zwei Argumente waren bei der Entwicklung des SLT ausschlagend für den hohen Grad an Vorplanung: Zum einen weiß ein Lerner am besten, was für ihn wichtige Lernziele und -inhalte sind, wenn er sich mit dem Lernstoff beschäftigt hat und nicht vor Beginn des Lernens. Zum anderen kostet eine gemeinsame Planung in einer Gruppe viel Zeit und wird von den meisten eher als quälend denn als Bereicherung angesehen.

Vorplanung verbessert die Effizienz kooperativen Lernens

Dass vorstrukturierte Lerninhalte sinnvoll sind, weil sie die Effizienz des Selbstlernens verbessern, belegen die Erfahrungen von Deitering (1995). Auch Skell (1996), Arnold & Schüßler (1998) und besonders Reinmann-Rothmeier & Mandl (1997) betonen, wie wichtig Vorstrukturierung von Lerninhalten und Lernwegen für die Effizienz kooperativen, selbstgesteuerten Lernens ist.

In der ersten Lerneinheit werden die Mitglieder einer Lerngruppe vom Lernberater in die Arbeitsform eingeführt. Die Teilnehmer erhalten einen Arbeitsordner mit vier Arten von Lernunterlagen:

Der Ablauf jeder Lerneinheit wird in zwei Organisationsblättern beschrieben: Nach einem Zitat zur inhaltlichen Einstimmung auf das Thema wird der Ablauf im Überblick dargestellt und danach im Detail mit den jeweiligen Arbeitsphasen, Zeiten, Inhalten, Lernzielen und Materialien beschrieben. Auf der zweiten Seite werden mögliche Stolpersteine beschrieben, die in dieser Einheit das Lernen erschweren können, und entsprechende Lösungsvorschläge gemacht. Alle benötigten Materialien sind in einer Liste aufgeführt, es gibt Tipps für vertiefende Literatur und eine Checkliste zur Vorbereitung für den Organisator der Lerneinheit. Der Organisator steuerte mit diesen beiden Organisationsblättern die Lerngruppe durch die jeweilige Lerneinheit.

Organisationsblätter beschreiben den genauen Ablauf

Leittexte sind wie ‚Verhaltenskochrezepte' auf 2-3 Seiten geschrieben. Die Lernenden können einen Leittext in 10-15 Minuten durcharbeiten. Die Leittexte sind zweispaltig aufgebaut, um Überblickslesen (linke Spalte) und vertiefendes Lesen (rechte Spalte) zu unterstützen. Pro Lerneinheit bearbeiten die Lernenden ein bis zwei Leittexte. Die Inhalte sind so konkret beschrieben, dass die Lernenden in der darauf folgenden Übung unmittelbar die Inhalte umsetzen können. Alle Leittexte zusammen sind in einem Leittextordner zusammengefasst, den die Teilnehmer des SLT-Programms nach Abschluss des Kurses als Handbuch zum Thema Präsentation nutzen können.

Kurze Leittexte transportieren das Wissen

Arbeitsblätter beschreiben Übungsaufgaben, die die Lernenden alleine oder in einer Kleingruppe in 15-60 Minuten durcharbeiten sollen. Ein Arbeitsblatt umfasst drei Blöcke: In der **Aufgabenstellung** wird der inhaltliche und zeitliche Ablauf der Übung beschrieben. Im **Instruktionsteil** stehen Informationen, die für die Bearbeitung der Übung notwendig sind. Das kann entweder die Zusammenfassung eines Leittextes sein, damit die Lernenden nicht während der Übung im Leittext nachschlagen müssen, oder direkte Instruktionen ohne vorherigen Leittext, wenn diese schnell dargestellt werden können und leicht nachvollziehbar sind. Im **Bearbeitungsteil** stehen die Informationen, die die Lernenden während der Übung bearbeiten, also z.B. Themen für Vorträge.

In Arbeitsblättern werden die Übungen für die Anwendungsphasen beschrieben

Rückmeldebögen sollen ein gezieltes und intensives Feedback der Gruppe an den Vortragenden ermöglichen. Die Gruppe beobachtet einen Lernenden bei der Präsentation seiner Übungsergebnisse und füllt dabei den Rückmeldebogen aus. In der anschließenden Feedbackrunde teilen sie ihm ihre wichtigsten Beobachtungen noch einmal mündlich mit. Die Feedbackbogen beziehen sich direkt auf die im Leittext aufgeführten Tipps. Sie beinhalten eine zusammenfassende frei zu beantwortende Frage, mehrere Skalen mit Polaritäten und eine frei zu beantwortende Stärken- und Schwächenbilanz.

Rückmeldebögen strukturieren den Auswertungsprozess

Die Umsetzung dieser Prinzipien wird im Kapitel 6 ausführlich an Beispielen dargestellt. Zu fragen bleibt, ob sich die Lernenden bei einer solch starken Vorstrukturierung der Lerninhalte ihr Lernen noch als selbstgesteuert wahrnehmen.

In der Evaluation des SLT hat sich gezeigt, dass die Lernenden sich als durchaus selbstgesteuert empfinden weil

- kein Trainer als externer Taktgeber und Beobachter anwesend ist,
- die Gruppe ihre Lernintensität selber regulieren kann und
- sie sich gegenseitig helfen, kompetenter zu werden. (s. Kap. 5).

Vorstrukturierte inhalte beeinträchtigen nicht den Eindruck der Selbststeuerung

3.3.6 Steuernder Organisator

Der Organisatior ist der Taktgeber für eine Lerneinheit, ohne inhaltlich verantwortlich zu sein

Die Idee, einen Organisators einzuführen, entstand aus meinen Erfahrungen in der Arbeit mit Gruppen. Meistens verbringen Gruppen in den ersten Treffen viel Zeit damit, dass jeder seine Rolle findet (über Gruppenphasen und -rollen siehe Antons (1992, S. 301 ff). Mit dem Organisator ist die Rolle des Prozesssteuerers besetzt und muss deshalb nicht ausgehandelt werden. So ist die Gruppe schneller arbeitsfähig, allerdings wird natürlich um Rollen wie Impulsgeber, Zweifler, Integrator usw. weiter trefflich gerangelt – was ja auch einen Teil des Reizes ausmacht, sich in Gruppen zu bewegen. Der Organisator ist der Taktgeber für die Lerneinheit. Er arbeitet sich vor Beginn der Lerneinheit in den Ablauf ein, organisiert Raum und Materialien und achtet während der Einheit darauf, dass die Gruppe den Ablauf einhält und effizient arbeitet. Der Organisator beschäftigt sich während der einzelnen Übungen genauso mit dem Thema wie die übrigen Gruppenteilnehmer. Die Besetzung des Organisators erfolgt nach dem Rotationsprinzip.

4 Ziele und Anwendungsbereiche des SLT

Selbstgesteuertes Lernen zum Aktivieren der Lernenden

Ausgangspunkt für die Entwicklung des selbstgesteuerten Lernens im Team war die Klage einer Personalentwicklerin in einem Versandhandelsunternehmen, dass die Teilnehmer des Bildungsprogramms zunehmend eine passive Konsumentenhaltung entwickelten. Sie vermisste mehr Eigeninitiative bei der Aneignung des Wissens. Ich diskutierte mit ihr zunächst eine ganze Reihe potentieller Lernformen zum aktiveren Lernen: Selbststudium mit Handbüchern, videobasiertes Training, Computer Based Training (CBT) oder aber auch Lernen in der Gruppe. Am Lernen in der Gruppe schreckte uns zunächst der hohe Koordinationsaufwand für das gemeinsame Lernen. Das Buch von Deitering (1995) über die Einführung von selbstgesteuertem Lernen im Rahmen der Ausbildung einer Versicherung war ein mahnendes Beispiel. Die Auszubildenden sollten sich dort in Gruppen Teile des Lernstoffes, der normalerweise im innerbetrieblichen Unterricht vermittelt wurde, selber aneignen. Dazu stand ihnen ein Lernquellenpool und die Ausbilder als Begleiter zur Verfügung. Dieses Setting löste eine Menge turbulenter Gruppendynamik aus: Die Lerngruppen mussten sich einigen, welchen Lernstoff sie sich erabeiten und auf welchem Weg sie ihn sich aneignen wollten. Die Lernberater hatten mit dem Rollenwechsel vom Wissensvermittler zum Begleiter von Lernprozessen zu kämpfen.

Lerngruppen als wichtiger Motivationsfaktor

Was uns dennoch bewog, mit Lerngruppen zu arbeiten, war die Frage der dauerhaften Lernmotivation. Wie schon in der Einleitung beschrieben, ist dies eine der Kernfragen für erfolgreiche Selbstlernprojekte. Die Theorie von Deci & Ryan (1993) zur intrinsischen Lernmotivation legt den Einsatz von Lerngruppen nahe, und auch meine langjährigen Erfahrungen als Trainer bekräftigten mich in der Auffassung, dass das Lernen in Gruppen einer der wichtigsten Aspekte zur Sicherung der Lernmotivation ist. Allerdings ist es wichtig, sozusagen die 'Kosten' für den Einsatz von Gruppenlernen zu senken: Deshalb soll durch den vorgeplanten Lernweg der Koordinationsaufwand in der Gruppe sinken. Dem Lernberater, dem Organisator und der Lerngruppe werden in der ersten Lerneinheit klare Rollen zugewiesen.

Die ursprüngliche Zielsetzung für den Einsatz von SLT war also eine Veränderung des Lernprozesses. Der Lernende soll sich das Wissen selbstständig aneignen. Der Trainer wird zum Lernbegleiter, der nicht das Wissen vermittelt, sondern den Lernenden beim Prozess der Wissensaneignung punktuell unterstützt.

SLT wird in der betrieblichen Ausbildung, der Weiterbildung und in der Schule eingesetzt

Inzwischen wird das SLT in drei Bereichen eingesetzt: in der betrieblichen Ausbildung, in der betrieblichen Weiterbildung und in der Schule. In jedem dieser drei Lernsettings gibt es zusätzliche Zielsetzungen, die mit dem SLT erreicht werden sollen. In der betrieblichen Ausbildung wird seit Mitte der 80-er Jahre in Ausbildungsplänen festgeschrieben, dass neben dem Fachwissen sogenannte Schlüsselqualifikationen vermittelt werden sollen. Das sind überfachliche Fähigkeiten, um sich neues Wissen anzueignen, sich selbst zu organisieren und erfolgreich in Gruppen, beispielsweise im Rahmen von Projekten, zu agieren. In den 90-er Jahren hat das Bundesinstitut für berufliche Bildung (BIBB) in einer Reihe von Anwendungsprojekten die Entwicklung von Lehrmethoden und -kontexten zum Erwerb dieser überfachlichen Qualifikationen gefördert. Im Projekt „Lerninseln in der Produktion als Prototypen und Experimentierfeld neuer Formen des Lernens und Arbeitens" (Bittmann, Erhard & Fischer 1992) wurden Auszubildende beispielsweise auf teilautonome Gruppenarbeit in der Automobilproduktion vorbereitet, indem sie während der Lehrzeit in produktionsnahen Lerninseln kooperatives Lernen und Arbeiten erlebten und erlernten. Im Projekt „Kontinuierliche und Kooperative Selbstqualifikation und Selbstorganisation (KOKOSS)" (vgl. Schneider & Sabel 1998) ging es darum, ein praxiserprobtes Lernkonzept zu entwickeln, in dem die Fähigkeit, sich in Teams zu organisieren, gemeinsam zu lernen und die Teamarbeit zu verbessern, vermittelt werden sollte.

SLT zum Aufbau von Schlüsselqualifikationen

Das SLT hilft beim Aufbau dieser Schlüsselqualifikationen weil es die Fähigkeit zu eigenständigem Lernen und zum Arbeiten in einer Gruppe fördert. Gerade Organisationen, für die eine Umstellung der Ausbildung in den Abteilungen, wie sie in den oben genannten Projekten skizziert wurde, ein zu großer Veränderungsschritt wäre, bekommen mit dem SLT die Möglichkeit, den meist zentral organisierten Teil der Ausbildung – den innerbetrieblichen Unterricht – vom referentengeleiteten Präsenzunteericht hin zu begleiteten Selbstlerngruppen zu verändern. Das wäre ein erster Schritt zu einer Veränderung in der Lernkultur der Organisation, für die die betriebliche Ausbildung bei den Mitarbeitern ja durchaus Standards für das weitere Berufsleben setzt.

Seit Mitte der 90er Jahre wird eine ähnliche Debatte bei der Veränderung von Schul- und Fachcurricula geführt. Auch hier spielt die Vermittlung überfachlicher Fähigkeiten zunehmend eine Rolle. Das Lernen lernen, ist hier eine oft genannte Zielsetzung. Genau wie bei der schulischen und betrieblichen Ausbildung ist die schnelle Wissensvermehrung und die Geschwindigkeit, mit der Wissen veraltet, ein großes Problem in der betrieblichen Weiterbildung. Rasch wechselnde Arbeitsanforderungen und immer kürzere Produktzyklen erfordern verstärkte Qualifizierungsbemühungen.

Bei steigendem Qualifizerungsbedarf wird Präsenztraining schnell zum Engpass

Die übliche Form der betrieblichen Weiterbildung, das Präsenztraining, wird da oft zur kritischen Ressource: Mitarbeiter an einem Ort zu versammeln und dort zu qualifizieren, ist zeitaufwendig und teuer. Außerdem ist geeignete Trainerkapazität selten mobilisierbar, wenn in kurzer Zeit viele Mitarbeiter intensiver geschult werden müssen, weil sich beispielsweise ihr Arbeitsfeld grundlegend ändert. Deshalb sind viele Firmen seit Jahren auf der Suche nach dezentralen, arbeitsplatznahen und individuellen Lernformen. Die Standardantwort auf diese Anforderung heißt im Moment E-Learning. Über die Schwierigkeiten bei der Einführung von E-Learning habe ich bereits in der Einleitung berichtet. Das SLT stellt hierzu eine mögliche Alternative dar, weil es mit minimaler Trainerunterstützung gleichzeitiges dezentrales Lernen vieler Mitarbeiter ermöglicht. Allerdings erfordert das SLT ein Netz von fachlich und didaktisch geschulten Lernberatern, die die Lerngruppen unterstützen. Die meisten Weiterbildungsabteilungen sind aber Zentralabteilungen und agieren eher als Einkäufer von externen Trainern denn als interne Trainer. So müssen die Unternehmen keine eigenen Trainerkapazität vorhalten und die interen Kapazitäten bleiben niedrig. Im

Gegensatz dazu existiert bei der betrieblichen Ausbildung neben einer zentralen Ausbildungsabteilung in größeren Firmen meist ein Netz an geschulten Ausbildern in den einzelnen Fachabteilungen, die die Begleitung von Selbstlerngruppen übernehmen können. Die Einführung von SLT in der Weiterbildung wird also nur dort gelingen, wo dafür interne Kapazität und Fähigkeiten zur Begleitung von Lerngruppen eingesetzt werden können.

SLT benötigt eine arbeitsplatznahe Lernberaterstruktur

Darüberhinaus gibt es eine weitere Entwicklung, die die Weiterbildungspolitik der Firmen in den nächsten Jahren nach meiner Ansicht sehr stark verändern wird. Zwischen 1998 und 2040 werden veraussichtlich knapp 10 Millionen Menschen mehr aus dem Berufsleben ausscheiden als an Berufsanfängern zur Verfügung stehen. Die Abbildung unten zeigt pro Jahr jeweils die Anzahl der 20-30 Jährigen und die 55-65 Jährigen. Die Kurve zeigt die kumulierte jährliche Differenz zwischen Berufseinsteigern und -aussteigern. Die Daten entstammen der Bevölkerungsprognose des Statistischen Bundesamtes aus dem Jahr 2000 und unterstellen eine jährliche Zuwanderung von 100000 Menschen. Ohne diese angenommene Zuwanderung würde die Prognose noch pessimistischer ausfallen.

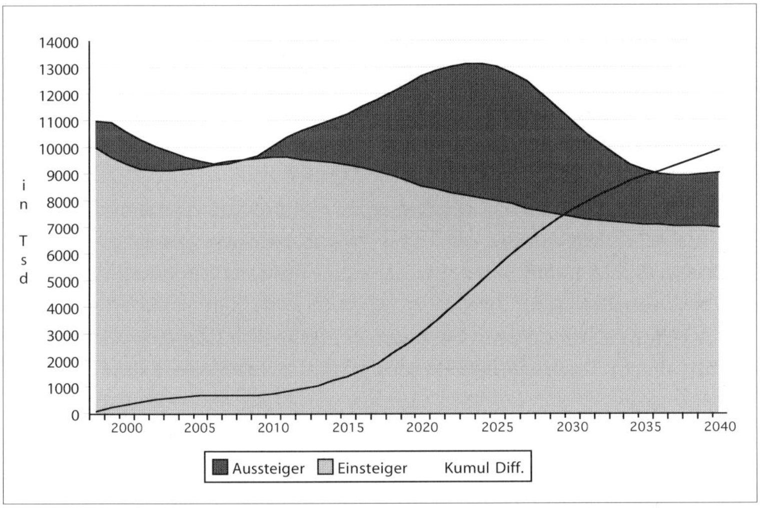

Abb. 4.1. Bevölkerungsentwicklung 1998 -2040

Zwischen 2015 und 2030 gehen gleichzeitig die überdurchschnittlich großen Jahrgänge der Babyboomer, die Jahrgänge 1955-70, in Rente und steigen gleichzeitig besonders kleine Jahrgänge in den Beruf ein. Ab Ende der 60-ger Jahre ging mit Einführung der Pille die Geburtenrate um etwa ein Drittel zurück. D.h. die Jahrgänge ab 1970 sind etwa ein Drittel kleiner und zeugen weiterhin ein Drittel weniger Kinder als vor 1970. Ab etwa dem Jahr 2015 kommt diese doppelte Entwicklung das erste Mal am Arbeitsmarkt zu Tragen, weil die Kinder der Pillenknickgeneration in den Beruf einsteigen.

Zwischen 2015 und 2030 gehen deutlich mehr Menschen in Rente als neu in den Beruf einsteigen

Der Abfall der Einsteiger sieht in der Graphik recht moderat aus. In Zahlen bedeutet das jedoch, dass die Anzahl der 20-30 Jährigen von 10 Millionen im Jahr 1998 auf etwa 7 Millionen im Jahr 2040 zurückgehen wird. Bei allen Unwägbarkeiten, die solchen Prognosen innewohnen, zeigen die Zahlen deutlich, dass Firmen in Deutschland ab dem Jahr 2010 Schwierigkeiten haben werden, ihren Bedarf an qualifiziertem Nachwuchs zu decken. Ältere Mitarbeiter wieder auf den aktuellen Qualifikationsstand zu bringen und länger in der Firma zu beschäftigen, ist eine mögliche Reaktion auf dieses Szenario. Auch könnten Firmen Frauen nach Kindererziehungszeiten zu einem qualifizierten Wiedereinstieg in den Beruf verhelfen. Beides erfordert oft eine längerfristige, kontinuierliche Qualifizierung. Selbstlernmethoden könnten hier einen wichtigen Beitrag leisten. Meine Erfahrungen bei der Einführung von Selbstlerntrainings zeigen allerdings, dass die Einführung nur gelingen kann, wenn die Lernkultur und der Lernrahmen in Organisationen verändert wird. So haben wir zwar ein klares Bild darüber, unter welchen Spielregeln eine betriebliche Erstausbildung verläuft:

SLT zur Unterstützung längerfristiger kontinuierlicher Qualifizierung

Der Auszubildende durchläuft in seiner Lehrzeit alle Abteilungen einer Firma und arbeitet dort mit, um die jeweiligen Tätigkeiten zu erlernen. Er verzichtet auf ein Teil des Gehaltes und bezieht lediglich eine Ausbildungsvergütung. Die Firma ihrerseits organisiert die Ausbildung in den Abteilungen und ergänzt sie meist um zentralen innerbetrieblichen Unterricht. Sie investiert im wesentlichen Ausbilderkapazität. Die Gesellschaft unterstützt den Erwerb einer Berufsausbildung, indem sie Berufschulunterricht beisteuert, den sie finanziert. Sie überprüft am Ende die Ausbildungsleistung in einer Prüfung und macht so die Abschlüsse vergleichbar. Die Auszubildenden können damit leichter zwischen Firmen wechseln. Zusammen ergibt das eine klare Aufteilung der Rechte und Pflichten der drei Beteiligten.

Wie ein solcher Rahmen allerdings bei einer Art zweiter Berufsauzsbildung für ältere Mitarbeiter aussehen könnte, ist noch weitgehend unklar. Hier werden in den nächsten Jahren nach meiner Einschätzung weitreichende Veränderungen stattfinden.

Für welche Themen und Zielgruppen eignet sich nun das selbstgesteuerte Lernen im Team (SLT)? Wesentlich ist das festgelegt durch die Art des Lernens in der Lernschleife „orientieren - erleben - austauschen". Die Teilnehmer orientieren sich in einem Thema, indem sie einen Leittext lesen. Sie erleben das Gelernte, indem sie es in einer Einzel- oder Kleingruppenübung anwenden und tauschen dann die Arbeitsergebnisse im Plenum aus, indem sie sich die Arbeitsergebnisse gegenseitig präsentieren und sich eine Rückmeldung über den Lernerfolg geben. Daraus ergeben sich zwei Anforderungen an potentielle Lerninhalte.

Selbstlernthemen müssen in kurzen Leittexten beschreibbar sein und einen Verhaltensanteil beinhalten

- Die Inhalte müssen in Leittexten oder Videosequenzen von 10 - 20 min Dauer beschreibbar sein.
- Das zu erwerbende Wissen sollte auch einen Verhaltensanteil beinhalten, um die Rückmeldung aus der Lerngruppe effektiv nutzen zu können.

So wäre ein SLT-Training beispielsweise für das Thema Gesprächsführung besser geeignet als für eine Produktschulung. Erweitert man das Produkttraining allerdings um Vertriebsaspekte, ließe sich das SLT sinnvoll einsetzen. Die Teilnehmer am SLT lernten dann nicht nur die Produkte kennen, sondern sie würden beispielsweise auch üben, diese Produkte in Verkaufs-

gesprächen Kunden anzubieten und für Einwände gegeignete Argumentationsstrategien zu entwickeln.
Zwei weitere Kriterien sind aus meiner Sicht wichtig für die Themenwahl:

SLT-Trainings sollten mindestens 5 Lerneinheiten umfassen

- Die Themen sollten einen Minimalaufwand von 5 Lerneinheiten haben, was einer Lernzeit von etwa 15 Stunden entspricht.
  Während der Teambildungsphase, die in der Regel nach den ersten beiden Lerneinheiten abgeschlossen ist, können die Lerngruppenteilnehmer noch nicht in vollem Maße vom SLT profitieren. Erst wenn sich eine intensive Gruppenatmosphäre aufgebaut hat, haben die Lernenden das Vertrauen, sich mit ihren Lernergebnissen in der Austauschphase offen zu präsentieren und die anderen Lerndenden haben den Mut, offen Rückmeldung zu geben. Bei einem SLT-Training mit fünf Lerneinheiten verblieben so also mindestens drei Lerneinheiten mit intensiver Arbeit in der Gruppe.

Gruppensituationen in SLT-Trainings sollten die Selbstregulationsfähigkeiten der Gruppen nicht überfordern

- Wichtig ist außerdem, dass das Lernthema nicht zu komplexe Gruppensituationen schafft und so die Selbstregelungsfähigkeiten der Gruppe überfordert. Bisher habe ich zwei Themen für SLT in breitem Maße getestet: Präsentationstechniken und Besprechungsleitung. Beide werden inhaltlich im Kapitel 6 genauer dargestellt. In beiden Fällen übernimmt die Lerngruppe in der Austauschphase oft eine Rolle. Sie sind Zuhörer eines Vortrages oder Teilnehmer an einer Besprechung. Ein Lernender präsentiert seine Ausarbeitung oder leitet die Besprechung. Nach Ende des Vortrags bzw. der Besprechung wechseln die Gruppenmitglieder wieder ihre Rolle und werden Lernende, die dem Agierenden eine Rückmeldung über seine Anwendung des Gelernten geben. Bei Lerngruppen zum Thema Präsentation gelingt dieser Wechsel oft deutlich besser als in Besprechungsgruppen. Gerade wenn Teilnehmer wenig Vorerfahrungen mit Rollenspielen besitzen, kann es zu Rollenunklarheiten kommen.
  Sollte das Setting in der Austauschphase noch anspruchvoller werden, weil beispielsweise ein Teilnehmer einen 'gespielten' Konflikt mit heftiger Dynamik klären soll, könnte der Wechsel von der Konfliktpartei zurück zur Lerngruppe misslingen und die weitere Arbeit der Lerngruppe gefährden.

Bei der Frage, für welche Zielgruppe das selbstgesteuerte Lernen im Team (SLT) geeignet ist, sind drei Dinge zu beachten:

SLT erfordert das Lesen längerer Texte und Selbstorganisationsfähigkeit

- Die Wissensvermittlung beim selbstgesteuerten Lernen im Team (SLT) erfolgt überwiegend über Texte. Die Teilnehmer sollten es also gewohnt sein, regelmäßig längere Texte zu lesen. Das ist während der Schule und der Ausbildung sicher der Fall. Im Verwaltungsbereich haben wir das SLT ebenfalls erfolgreich eingesetzt. Kritisch prüfen müßte man den Einsatz in Produktionsbereichen mit überwiegend handwerklich tätigen Mitarbeitern.
- Das SLT erfordert ein Mindestmaß an Selbstorganisationsfähigkeit von den Lernenden. Mitarbeitern, die ihre tägliche Arbeit zumindestens teilweise selber organisieren, werden deshalb schneller mit der Lernform vertraut sein.

SLT erfordert Selbstreflexionsfähigkeit

- Das SLT erfordert die Fähigkeit, das eigene Lernen reflektieren und überprüfen zu können. Deshalb sollten die Teilnehmer Lernen gewohnt sein. Gerade für Mitarbeiter, die nach ihrer Erstausbildung lange keine Fortbildungen besucht haben, kann das eine hohe Hürde darstellen. Das SLT „Erfolgreich Präsentieren" wird beispielsweise von einer Firma im Rahmen einer etwa einjährigen berufsbegleitenden Weiterbildung vom Berufsfeld der Sekretärin zur Managementassistentin genutzt. Im anfänglichen Ausbildungskonzept wurde das SLT als eine der ersten Maßnahmen im Rahmen der Qualifizierung eingesetzt. Eine ganze Reihe von Lernenden hatte Schwierigkeiten mit der Lernmethode und der Lernmotivation. Nach einer genaueren Analyse der Zielgruppe stellte sich heraus, dass die teilnehmenden Sekretärinnen meist nach einer eher kurzen Berufsausbildung viele Jahre ohne weitere Bildungsmaßnahmen nahezu ausschließlich operativ tätig gewesen waren. Deshalb waren die Lernanforderungen durch das SLT zu hoch. Nachdem das SLT in den zweiten Teil der Qualfizierungsmaßnahme gelegt worden war und die Lernenden im ersten Teil Präsenzseminare besucht hatten, war die Akzeptanz des SLTs und der Lernerfolg sehr gut. Die Teilnehmerinnen hatten durch die Präsenzseminare wieder besser in das Thema Lernen hineingefunden.

SLT funktioniert am leichtesten bei Azubis, Trainees und jungen Führungskräften

Am leichtesten ließ sich das SLT als Lernmethode bei Zielgruppen einführen, die sich in einer längerfristigen Aus-oder Weiterbildung befanden. Neben Auszubildenden waren das beispielsweise Trainees oder junge Führungskräfte. Diese Zielgruppen konnten sich meist leicht in die Lernmothode hineinfinden und schätzten die andere Art des Lernens, weil die übrigen Lerninhalte meist in Form von Unterricht oder Präsenzseminaren vermittelt wurden. Mögliche Themen für das SLT oder die Kombination mit anderen Lernmethoden werden in Kapitel 7 und 8 ausführlich debattiert.

5 Evaluation des selbstgesteuerten Lernens im Team (SLT)

Zwischen 1995 und 1998 wurden zwei Selbstlernprogramme in drei Organisationen eingeführt. Die jeweils erste Lerngruppe wurde nach jeder Lerneinheit per Fragebogen interviewt, um festzustellen, ob die Zielgruppe in der jeweiligen Organisation die Lernform und die Lerninhalte akzeptierte, sich mit ihnen auseinandersetzte und Lernfortschritte erzielte. Die drei Organisationen nutzten das SLT für unterschiedliche Zielgruppen:

- Ein Versandhaus bot das Training im allgemeinen Bildungsprogramm an. D.h., alle Mitarbeiter, die sich für das Thema und die Lernform interessierten und deren Vorgesetzten der Weiterbildungsmaßnahme zustimmten, konnten am SLT-Training teilnehmen.
- Ein Pharma-Unternehmen setzte es innerhalb einer mehrmonatigen internen Weiterqualifizierung vom Berufsfeld der Sekretärin zur Managementassistentin ein.
- Die Weiterbildungsabteilung einer öffentlichen Verwaltung bot es den Mitarbeitern im Rahmen des allgemeinen Bildungsprogramms an.

Die SLT-Trainings dauerten jeweils zwei bis drei Monate und fanden etwa 14-tägig während der Arbeitszeit statt. In allen drei Organisationen konnten die Teilnehmer des SLT-Trainings frei über ihre Teilnahme entscheiden. Beim Versandhaus und in der Verwaltung hatten sie zusätzlich die Entscheidungsfreiheit über die Lernform, weil alternativ herkömmliche trainergeleitete Seminare angeboten wurden.

SLT-Trainings hatten eine geringe Abbrecherquote

Bei einer freiwilligen Teilnahme an den Trainingsmaßnahmen kann die Abbrecherquote ein wichtiger Indikator für die Akzeptanz einer Lernform darstellen. Die SLT-Trainings dauerten ja zwei bis drei Monate und die Teilnehmer mussten jeweils die Gruppensitzungen in ihren Arbeitsalltag integrieren. Unabhängig vom Thema, der Zielgruppe und den Lernsettings betrug die Abbrecherquote in allen drei Organisationen weniger als 10 %: Ein für längerfristige Selbstlernprozesse sehr niedriger Wert. Darin enthalten sind auch Lerndende, die z.B. wegen veränderter Arbeitsanforderungen das Training abbrechen mussten.

Befragung der Lerngruppen nach jeder Lerneinheit

In einer ersten Evaluation wurde je eine Lerngruppe aus jeder der drei Organisationen am Ende jeder Lerneinheit gebeten, einen Fragebogen mit insgesamt 15 Fragen zu beantworten. Zusätzlich wurde noch eine Lerngruppe mit Auszubildenden, die in einem Vortest die neue Lernform ausprobierten, bevor sie in das Bildungsprogramm übernommen wurde, in die Evaluation einbezogen.

Der Fragebogen deckte fünf Bereiche ab: Inhalt und Ablauf der Lerneinheit, eine Selbstbeobachtung des Teilnehmers, Qualitäten der Lerngruppe, den organisatorischen Rahmen sowie einen Gesamteindruck der Lerneinheit. 13 der 15 Fragen lag eine Polaritätenskala zu Grunde. Die erste Frage lautete beispielsweise: „das heutige Thema hat mich sehr (1) … nicht (7) angesprochen und interessiert". Die letzten beiden Fragen waren offen gestellt und erfragten einen Gesamteindruck. Der Fragebogen ist im Kapitel 6 genau dargestellt. Die wichtigsten Ergebnisse der Befragung waren:

- Das Selbstlernen im Team (SLT) stieß bei den Teilnehmern auf große Akzeptanz.
- Die Inhalte und der Ablauf der Einheiten wurden gut bis sehr gut beurteilt.
- Alle vier Gruppen beurteilten das SLT recht ähnlich. Es scheint also relativ zielgruppenunabhängig zu funktionieren.
- Die Teilnehmer hielten die Lernintensität über das gesamte Lernprogramm hinweg aufrecht, Motivationseinbrüche wurden gut kompensiert.
- Das SLT ließ sich für die Teilnehmer gut in den Ablauf des Arbeitsalltags integrieren.
- Am positivsten beurteilten sie das Lernen in der Gruppe und das Lernen durch eigenes Tun.

SLT stieß auf hohe Akzeptanz, am motivierendsten war das Lernen durch eigenes Tun

Die positiven Ergebnisse der Erstevaluation führten dazu, dass die drei beteiligten Organisationen das SLT weiter regelmäßig in ihrer Weiterbildung einsetzten, und motivierten mich, die Suche nach den Wirkungsmechanismen, insbesondere die Frage nach der Selbstlernmotivation beim Selbstlernen im Team, genauer zu untersuchen. In einer Evaluationsstudie (Berg, 2003) bei sieben Lerngruppen in zwei Organisationen wurden drei Fragenkomplexe untersucht:

1. Was motiviert die Lernenden und wie entwickelt sich die Motivation im Verlauf der Lerneinheiten?
2. Wie bewerten die Lernenden und die Lernberater den Selbstlernprozess einige Zeit nach Abschluss des Trainings?
3. Gibt es individuelle Vorbedingungen, die selbstgesteuertes Lernen im Team erleichtern?

5.1 Entwicklung der Motivation im Verlauf des SLT

In der vertiefenden Evaluation des SLT (Berg, 2003) beantworteten 37 Teilnehmer aus 7 Lerngruppen nach jeder Lerneinheit einen Fragebogen mit 19 Items, in dem sie ihren Lernerfolg, die Motivation, die Selbststeuerung sowie die Arbeit in der Gruppe bewerteten. Die Fragen lauteten beispielsweise „ich habe heute viel gelernt" oder „ich hatte ausreichend Möglichkeiten, die Lerneinheit mitzugestalten". Die Lerngruppenteilnehmer gaben auf einer 5-er Skala an, wie stark die jeweilige Aussage auf sie zutraf.

Nachdem varianzanalytisch geklärt war, dass die Zugehörigkeit der Teilnehmer zu einer Lerngruppe oder einer der beiden Organisationen nur sehr schwachen Einfluss auf ihr Antwortverhalten hatte (Berg 2003, S. 120f), wurden die Antworten pro Item und Sitzung zu einem Mittelwert zusammengefasst und deren Verlauf über die Lerneinheiten geprüft. Die Verlaufsbefragung ergab die folgenden wesentlichen Erkenntnisse:

Die Anwesenheit eines Lernberaters verstärkt Motivation und Lernerfolg

- Die Anwesenheit eines Lernberaters verstärkte teilweise den Lernerfolg, die Lernmotivation und Zusammenarbeit in der Gruppe sowie

den Transfer. Um den Effekt statistisch zu prüfen, wurden für die jeweiligen Items des Fragebogens die Mittelwerte der Lerneinheiten mit Lernberater und ohne Lernberater jeweils wiederum gemittelt und die Größe in Relation zur Standardabweichung gesetzt. Nach Cohen (1969) kann so die Stärke eines Zusammenhanges abgeschätzt werden. Die Differenzen betrugen zwischen 0,43 und 0,86 Standardabweichungen, was mittleren bis starken Effekten entspricht.
- Die Teilnehmer hielten eine verstärkte Selbstaufmerksamkeit über alle neun Lerneinheiten hinweg aufrecht.
- Das Kompetenzerleben der Teilnehmer steigerte sich kontinuierlich.
- Ob die Lernenden sich als selbstgesteuert empfanden, blieb bei der Verlaufsbefragung unklar, weil die Ergebnisse zu uneinheitlich waren.
- Die größten Motivationsquellen waren die Gruppe, das eigene Tun und die Rückmeldungen der anderen Lerngruppenteilnehmer. Deutlich weniger motivierten das jeweilige Thema der Lerneinheit und die Lernmaterialien.
- Extrem positiv erlebten die Teilnehmer die Zusammenarbeit und die Lernunterstützung in der Gruppe.
- Wenn ein Teilnehmer als Organisator der Gruppenarbeit agierte, hatte das keinen Einfluss auf seine Lernmotivation und den Lernerfolg.

SLT steigert die Selbstaufmerksamkeit und das Kompetenzerleben

Am stärksten motiviert das eigene Tun und die Rückmeldungen der Gruppe

Offen blieb in der Verlaufsbefragung, in wieweit sich die Lernenden als selbstgesteuert erlebten. Auch war die Verlaufsbefragung eine rein subjektive Selbsteinschätzung. In der Nachbefragung wurde diese Selbsteinschätzung um einen Außenblick durch die Lernberater ergänzt.

5.2 Das SLT im Rückblick von Lernenden und Lernberatern

Etwa drei Monate nach Abschluss der Selbstlerntrainings wurden 10 von 19 Teilnehmer der Lerngruppen des Pharmakonzerns über ihre Erfahrungen mit dem selbstgesteuerten Lernen im Team befragt. Im Interview wurden noch einmal alle vier Themenbereiche der Verlaufsbefragung vertieft: Lernerfolg und Lerntransfer, die Frage der Selbststeuerung, die Entwicklung der Motivation und die Zusammenarbeit in der Gruppe.

Nach drei Monaten Interviews mit einer rückblickenden Beurteilung

Die Auswahl der Interviewpartner erfolgte nach dem pragmatischen Prinzip der Verfügbarkeit. Die Selbstlerngruppen waren von drei Lernberatern begleitet worden, die alle drei interviewt wurden. Hier war das Ziel der Interviews, eine Außensicht auf das Lerngeschehen in den Gruppen herzustellen und auch die Erfahrungen als Lernberater im Umgang mit dem SLT zu erfragen.

Den Interviewpartnern wurden 12 Fragen gestellt. Die Antworten wurden in Stichworten direkt aufgeschrieben. Gleichzeitig wurden die Interviews auf Tonband mitgeschnitten. Bei sehr kurzen Antworten oder interessanten Details wurde vertiefend nachgefragt. Die Antworten wurden pro Frage zu Themenclustern zusammengefasst. In der Nachbefragung der

Lernenden zeigten sich die folgenden Ergebnisse:

Die Teilnehmer empfanden sich als selbstgesteuert

- Die Teilnehmer empfanden sich als überwiegend selbstgesteuert, weil kein Trainer anwesend war, sie ihre Lernintensität selber steuern konnten und der Lernverlauf zwar vorgegeben aber dennoch modifizierbar war.
- Ihre Lernmotivation hat das Interesse am Thema, die Arbeit in den Peergroups und das steigende Kompetenzerleben gefördert. Ein Interviewpartner beschrieb die Lernform beispielsweise folgendermaßen: „Man hat die anderen Mitlerner; man kann sich mit ihnen vergleichen; von ihren Erfahrungen profitieren; Feedback/Kritik bekommen. Bei anderen Lernformen gibt es keinen Erfahrungsaustausch. Es ist ein gemeinsames Vortasten in der Gruppe statt klarer Vorgaben in der Schule. Voraussetzung ist allerdings das Interesse in der Gruppe am Thema."

Die Lernschleife wurde als hilfreich erlebt

- Die Teilnehmer erachteten die Lernschleife Orientieren-Erleben-Austauschen als eine für sie hilfreiche und sinnvolle Struktur.
- Das Verhalten des Lernberaters fanden sie unterstützend und angemessen. Ein Interviewpartner beschrieb die Rolle des Lernberaters als Lernförderer so: „Er hat mir Feedback gegeben; konnte seine Erfahrung mit dem Thema einbringen; im Feedback neue Perspektiven geben. Besonders gut waren seine Tipps bei der Einheit Stressabbau. Wenn er dabei war, war die Ernsthaftigkeit größer, man hat sich mehr angestrengt."

Die Lerngruppe förderte und intensiviert das Lernen

- Die Arbeit in der Lerngruppe empfanden sie als intensiv und förderlich. Ein Lernender beschrieb die positiven Wirkungen der Gruppenarbeit wie folgt: „Gut war, dass die Gruppe gesagt hat, was gut und weniger gut war und darüber hinaus chronische Fehler immer wieder angesprochen hat. So wurde man auch zur Anstrengung ermuntert. Dadurch wurde meine Motivation gehoben. Mehrere Meinungen sind hilfreich. Untereinander ging es immer fair und sachlich zu. Bei Streit in einer Einheit sind wir allerdings nicht so gut vorangekommen."
- 8 von 10 Teilnehmer gaben an, durch das SLT viel gelernt zu haben.
- Als Unterschied zu anderen Lernformen nannten sie das gemeinsame Lernen mit anderen verbunden mit der gegenseitigen Unterstützung, die höhere Eigenaktivität durch das selbstständige Erarbeiten der Lerninhalte, die direkte Umsetzung des Gelernten und die darauf folgende Rückmeldung der Gruppe.

Den drei Lernberatern, die die Gruppen begleitet hatten, wurden im Interview die gleichen Fragen wie den Lernenden gestellt. Sie wurden lediglich gebeten, das Geschehen in der Gruppe aus ihrer Außensicht heraus zu beschreiben. Zusätzlich wurden sie gefragt, ob es Aussteiger aus dem SLT gab, welche Unterschiede sie zwischen den Gruppen erkennen konnten und worauf das ihrer Meinung nach zurückzuführen sei, welche Art von Lernern mit dem SLT besonders gut bzw. schlecht zurecht kam und was sie am SLT zukünftig ändern würden. Die wichtigsten Ergebnisse dieser Interviews:

Aus Sicht der Lernberater empfanden sich die Lernenden als selbstgesteuert

- Die Lernenden empfanden sich aus Sicht der Lernberater als selbstgesteuert und haben zum Teil auch in steigendem Maße von der Selbststeuerung Gebrauch gemacht.

- Die anstehenden Anwendungssituationen, der Wille zur Kompetenzerweiterung und das Lernen in der Gruppe haben die Lernmotivation gefördert.
- Die Lernschleife stellte eine hilfreiche Lernstruktur dar.
- Als Lernberater haben die Interviewten aus ihrer Sicht das Lernen unterstützt ohne zu stark zu intervenieren.
- Die Lerngruppe hat das Lernen gefördert, in einzelnen Situationen aber auch reduziert.
- Die meisten Teilnehmer am SLT haben deutlich an Kompetenz gewonnen, einige waren allerdings aus Sicht der Lernberater resistent gegen Lernen.
- Es gab außer einem Teilnehmer (aus Termingründen) keinen Teilnehmer, der aus dem SLT ausgestiegen ist. Die Lernintensität war allerdings unterschiedlich.
- Mit dem SLT kommen aus Sicht der Lernberater viele unterschiedliche Persönlichkeitstypen zurecht. Besonders gut zurecht kamen Teilnehmer, die hoch motiviert waren, die eine gute Organisationsfähigkeit mitbrachten, die neugierig auf die neue Lehrmethode waren oder die älter waren und dadurch über mehr Erfahrungen verfügten.

Mit dem SLT kamen viele unterschiedliche Persönlichkeitstypen zurecht

5.3 Individuelle Vorbedingungen für SLT

Zur Überprüfung der Selbstlernfähigkeit und -bereitschaft entwickelte Will (1993) das Selbstlern-Profil, einen Fragebogen mit 22 Items zur Selbsteinschätzung. In der vertiefenden Evaluation des SLT (Berg, 2003) wurde bei den 37 Teilnehmern aus 7 Lerngruppen vor Beginn des SLT das Selbstlern-Profil erhoben. Zusätzlich wurden die Teilnehmer gefragt:
- ob sie die Teilnahme am SLT selbst initiiert hatten oder ‚geschickt' wurden,
- wie weiterbildungserfahren sie waren,
- welcher Art der Wissensaneignung, welchem Lerntyp sie zuneigten,
- wie viel Vorerfahrung sie im jeweiligen Thema des SLT hatten,
- ob sie Anwendungssituationen für ihr Wissen vor Augen hatten und
- wie alt sie waren.

Die Antworten der Vorbefragung wurden in Relation zu den Antworten der Lernenden im Verlaufsfragebogen gesetzt (s. Kapitel 5.1). So sollte festgestellt werden, ob es individuelle Vorbedingungen gab, die selbstgesteuertes Lernen förderten. Besonders die zusätzlich zum Selbstlernprofil erhobenen Fragen deckten Hypothesen erfahrener Weiterbildner ab. Interessanterweise ließen sich zum großen Teil keine Einflüsse auf den Lernverlauf und den Lernerfolg nachweisen:
- Die mit dem Selbstlern-Profil von Will erfasste Selbstlernbereitschaft hatte keinen Einfluss auf den Lernverlauf, obwohl die Streuung der Werte groß war, d.h., es in der Ausprägung der Selbstlernbereitschaft große Unterschiede gab.

Die Selbstlernbereitschaft hatte keinen Einfluss auf den Lernverlauf

- Es machte für den Lernverlauf keinen Unterschied, ob die Lernenden selber initiativ waren oder von ihrem Vorgesetzten bzw. der Personalentwicklung angeregt wurden, am SLT teilzunehmen.
- Weiterbildungsroutine, inhaltliche Vorerfahrungen, eine Präferenz für bestimmte Lernwege, wie z.B. sich Inhalte durch eigenes Handeln anzueignen sowie die Menge potentieller Anwendungssituationen hatten ebenfalls keinen Einfluss auf den Lernverlauf.

Ältere Teilnehmer profitierten stärker vom SLT

- Älteren Teilnehmern fiel es leichter, sich in der Lerngruppe zu orientieren, und sie profitierten mehr von der Gruppe für ihr Lernen.

Auch die Lernberater beschrieben in den Interviews, dass ältere Lerner vom SLT mehr profitieren. Sie führten das auf die größere Erfahrung der Älteren zurück, die dadurch die Lerninhalte besser bearbeiten könnten. Im Gegensatz dazu wiesen die Ergebnisse aus der Untersuchung der individuellen Vorbedingungen eher auf ein besseres Beherrschen der Gruppendynamik hin. Ältere Lerngruppenmitglieder profitieren also vom SLT. Warum das genau der Fall ist, konnte die Studie jedoch nicht klären.

Andere individuelle Vorbedingungen hatten keinen Einfluss auf den Lernverlauf

Außer dem Alter konnten keine weiteren Einflüsse individueller Vorbedingungen auf den Lernverlauf und Lernerfolg nachgewiesen werden. Obwohl sich die Lernenden in Selbstlernbereitschaft, Anmeldeverhalten, Weiterbildungserfahrung, inhaltlicher Vorerfahrungen, präferiertem Lernweg und Anwendungshäufigkeit deutlich voneinander unterscheiden, hat dies keine Auswirkungen auf ihren Lernerfolg. Das SLT lässt sich demnach sehr breit erfolgreich einsetzen. Auch die Tatsache, dass das SLT in gleicher Form in drei sehr unterschiedlichen Organisationen für unterschiedliche Zielgruppen eingesetzt wird, stützt diese Schlussfolgerung.

Vergleicht man die Erkenntnisse der drei Untersuchungen, fällt auf, dass sich die meisten Aussagen gengeseitig stützen. Lediglich bei der Bewertung der Lerngruppen zeigen sich Unterschiede. Während die Lernenden direkt nach den Lerneinheiten und auch nach drei Monaten im Interview die Arbeit in den Lerngruppen fast uneingeschränkt positiv bewerteten, sahen die Lernberater dies etwas kritischer. Die Lerngruppe hat die Einzelnen aus ihrer Sicht meist zum Lernen stimuliert, manchmal aber auch gebremst, wenn sich eine Gruppendynamik aufbaute, den Lernstoff abzulehnen und deshalb die Lernintensität zu reduzieren statt das für sie Wissenswerte herauszufiltern.

Das subjektive Erleben von Selbststeuerung entstand durch das Fehlen eines Trainers und die Möglichkeit, die Lernintensität selber regeln zu können

Ob die Lernenden sich als selbstgesteuert empfanden, konnte die Verlaufsbefragung noch nicht klären. Im Interview waren sich aber sowohl die Lernenden selber als auch die Lernberater einig, dass die Teilnehmer ihr Lernen als selbstgesteuert erlebt und die Selbststeuerung auch genutzt haben. Der hohe Vorstrukturierungsgrad hat diesen Eindruck nicht getrübt. Wichtiger war es, ohne Trainer lernen zu können, die Lernintensität selber zu regulieren und den Ablauf selber steuern und ggf. anpassen zu können. Interessant ist dabei die Rolle des Lernberaters. Die Verlaufsbefragung zeigte deutlich, dass die Anwesenheit des Lernberaters den Lernerfolg und die Lernmotivation steigerte. Tendenziell müsste das das Autonomieerleben schmälern. Sowohl Lernende als auch Lernberater schilderten aber im Interview, dass die Gruppen die Lernberater als unterstützend und nicht vorgebend erlebt haben. Die Lernberater müssen also für die jeweilige Gruppensituation passende Lernangebote machen, ohne diese von sich aus durchzusetzen.

Während die Lerninhalte als Motivationsfaktor bei der Verlaufsbefragung keine bedeutende Rolle spielten, rückte dieser Aspekt in den bilanzierenden Interviews sowohl bei den Lernenden als auch bei den Lernberatern erneut in den Fokus. Das Interesse am Thema und die anstehenden Anwendungssituationen waren für beide Gruppen ein wichtiger Motivationsfaktor. Daneben beschreiben alle drei Untersuchungen einen Kern, der die Motivation zum selbstgesteuerten Lernen ausmacht: das selbstständige Aneignen und Umsetzen von Lerninhalten in einer Gruppe, welche Rückmeldung über den Lernerfolg gibt und so ein steigendes Kompetenzerleben ermöglicht.

Selbstständiges Aneignen und Umsetzen von Lerninhalten, der Austausch in der Gruppe und steigendes Kompetenzerleben motivierten

Dieser Kern der Motivation für das selbstgesteuerte Lernen deckt sich mit den Erkenntnissen der Selbstbestimmungstheorie zur Motivation von Deci & Ryan. Handlungsenergie erzeugen danach besonders drei psychologische Grundbedürfnisse:

- das Bedürfnis nach Kompetenz oder Wirksamkeit
- das Bedürfnis nach Autonomie oder Selbstbestimmung
- das Bedürfnis nach sozialer Eingebundenheit.

Die Ergebnisse der Evaluationsstudie unterstreichen eindrucksvoll, welches Potential in Lernsettings steckt, die diese Grundbedürfnisse berücksichtigen und erfüllen. Allerdings muss man bei der Bewertung der Ergebnisse der Evaluationsstudie berücksichtigen, dass ein Großteil der Ergebnisse auf subjektiven Selbsteinschätzungen der Lernenden beruhten.

6 Entwicklung und Einführung von SLT-Trainings

„Erfolgreich Präsentieren“ und „Wege zu effizienten Besprechungen“ lauten die Titel von zwei Selbstlernprammen , an denen in diesem Kapitel exemplarisch die Entwicklung und Einführung von SLT-Trainings dargestellt werden. Zunächst geht es um den Entwicklungs- und Evaluationsprozess. Anschließend werden die Inhalte und der Aufbau der beiden Trainingsprogramme im Detail vorgestellt. Jeweils eine Trainingseinheit wird mit allen Arbeitsmaterialien abgebildet, um dem geneigten Leser Anregungen für die Entwicklung eigener Selbstlernprogramme zu geben.

Anschließend geht es um Produktion und Einsatzmöglichkeiten von Videosequenzen. Die Einführung der Lernenden in die Lernmethode und die Arbeit des Lernberaters werden diskutiert, und am Schluss wird die Einführung in drei Organisationen beschrieben.

6.1 Entwicklung und Evaluation von SLT-Trainings

Von den didaktischen Fragestellungen unterscheidet sich ein SLT-Training erst einmal nicht von klassischen Präsenzseminaren. Der Entwickler eines Trainings muss seine Zielgruppe eingrenzen, Lernziele definieren, Stoff sammeln, ihn didaktisch reduzieren und Übungen zur Anwendung des Gelernten entwickeln.

Beim selbstgesteuerten Lernen muss die Qualität der Lernunterlagen höher als bei Präsenztrainings sein

Gravierend unterschiedlich sind allerdings die Anforderungen an die Vorstrukturiertheit und Qualität der Lernunterlagen. Bei einem Präsenzseminar kann ein Trainer während eines Vortrages seine Inhalte ändern oder ergänzen, wenn er merkt, dass sie die Bedürfnisse der Teilnehmer nicht vollständig treffen und deren Aufmerksamkeit sinkt. Beim SLT gibt es diese Korrekturchance nicht. Die Lerninhalte müssen also vorher sorgfältig aufbereitet werden, um von den Teilnehmern der Lerngruppe akzeptiert zu werden.

Übungen müssen fehlertolerant sein, um sicher ohne Trainerhilfe bewältigbar zu sein

Genauso verhält es sich mit den Anwendungssituationen. Leitet ein Trainer in einem Präsenzseminar eine Übungssequenz an, kann er die Fragestellung und die Lernüberprüfung aktuell anpassen. Können einzelne Teilnehmer oder eine Kleingruppe eine Arbeitsaufgabe nicht umsetzen, hat der Trainer die Möglichkeit unterstützend eingreifen. Beim SLT müssen die Aufgaben fehlertoleranter sein und im Ablaufplan sollten sich Vorschläge für die Lerngruppe finden, wie sie in der jeweiligen Lerneinheit mit schwierigen Situationen umgehen soll. Der Autor eines Selbstlernprogramms muss also sehr viel vorschausschauender planen. Er muss für alle drei Phasen der Lernschleife „Orientieren - Erleben - Austauschen“ die Lerninhalte und den Lernweg dokumentieren. Die Lernunterlagen müssen höhere Qualitätsstandards erfüllen als das Seminardesign und die Unterlagen bei einem Präsenzseminar. Die folgenden vier Qualitätskriterien haben sich bei der Bewertung von Selbstlernunterlagen bewährt:

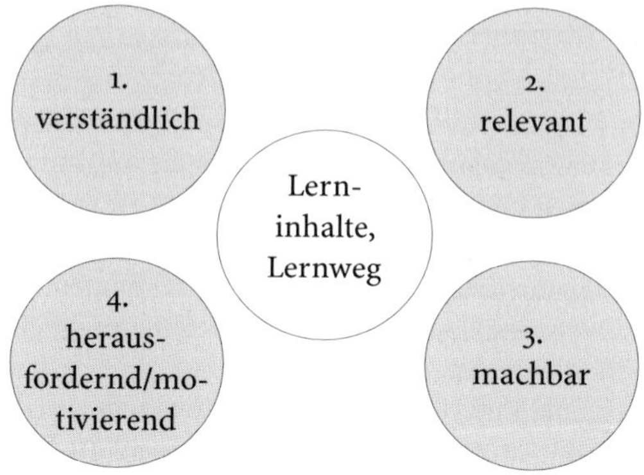

Abb. 6.1. Qualitätskriterien für Selbstlernunterlagen

Lerninhalte für die Zielgruppe verständlich und missverständnisfrei beschreiben

1. Die Lerninhalte müssen für den Lernenden verständlich erklärt sein. Dabei macht der Empfänger die Botschaft, d.h. die Lernunterlagen müssen von der Zielgruppe getestet und auf Verständlichkeit überprüft werden. Für diesen Prozess haben wir das Acht-Augen-Prinzip entwickelt (s. Abb. 6.2). Für die Zielgruppe verständlich müssen aber nicht nur die Lerninhalte sondern auch die Beschreibung des Lernweges sein. Was sollen die Lernenden in Phase 2 der Lernscheife üben, wie sollen sie vorgehen? Das muss so beschrieben sein, dass es möglichst keine Misverständisse gibt. Gleiches gilt für die Austauschphase: Was sollen die Lernenden bei den anderen Gruppenmitgliedern beobachten und wie sollen sie es rückmelden? Für mich als Autor war immer wieder erstaunlich, wie viele Missinterpretationen über anscheinend völlig eindeutigen Anweisungen entstehen können.

Der Autor eines SLT-Trainings benötigt gute Kenntnis des Arbeitsfeldes der Zielgruppe

2. Die Lerninhalte und Übungen müssen für die Lernenden von Relevanz sein. Die Lerngruppe muss den Eindruck haben, in der jeweiligen Lerneinheit das lernen zu können, was sie bei diesem Thema lernen will und was sie für ihre tägliche Arbeit benötigt. Das setzt voraus, dass der Autor des Selbstlernprogramms über eine gute Kenntnis des Arbeitsfeldes seiner Zielgruppe verfügt. Wenn das Selbstlernprogramm in unterschiedlichen Zielgruppen eingesetzt werden soll, muss der Autor hier eine gute Balance zwischen Allgemeingültigkeit und arbeitsplatzspezifischen Inhalten finden.

Die Übungen müssen anspruchsvoll aber machbar sein

3. Die Anwendung des Wissens in der Phase 2 der Lernschleife muss für den Lernenden machbar sein. Er muss die Übung aus eigener Kraft lösen können, weil ja kein Trainer bei der Umsetzung hilft. Bei schwierig zu beherrschenden Themen haben wirden Lernberater genutzt, um die Umsetzung zu sichern. Bei der Planung der Lerninhalte haben wir also darauf geachtet, aus unserer Sicht anspruchsvolle Themen in den Lerneinheiten zu platzieren, in denen der Lernberater anwesend ist. Nach unserer Erfahrung sind Themen mit größerem Konfliktpotential und hohem Selbstreflexionsanteil für manche Lerngruppen schlecht umsetzbar. So erachten zwar alle Lerngruppenteilnehmer das Thema Stress bei Vorträgen als wichtig. Eine Reflexion ihres eigenen Stressver-

haltens oder den Abbau von Stress während des Vortrags zu üben, ist allerdings für manche in der Lerngruppe schwierig zu bewerkstelligen. Hier kann der Lernberater sehr lernfördernd wirken. Gleiches gilt zum Beispiel im SLT „Erfolgreich Präsentieren" für den Umgang mit Einwänden. Wenn die Lerngruppe Einwände in Rollenspielen übt, kann die Situation eskalieren. Der gespielte wird dann zu einem realen Konflikt in der Lerngruppe. Die Anwesenheit eines Lernberaters entschärft hier von Vornherein die Situation.

Herausfordernde Aufgaben bringen größeren Lernfortschritt

4. Die Aufgaben im Selbstlerntraining sollen die Lernenden herausfordern und motivieren. Als herausfordernd wird erlebt, was vor Beginn der Übung nicht als sicher beherrschbar erachtet wird, dem also die Möglichkeit des Scheiterns innewohnt. Gelingt es den Lernenden, eine derartige Übung mit Erfolg abzuschließen, wird der Lernfortschritt groß sein. Scheitern die Lernenden allerdings, droht meist ein Sinken der Lernmotviation für das gesamte Selbstlernprogramm. Insofern kollidiert das Qualitätskriterium der Herausforderung mit dem der Machbarkeit. Der Autor eines Selbstlernprogramms muss hier einen guten Mittelweg zwischen beiden Qualitätskriterien finden.

Das Acht-Augen-Prinzip sichert die zielgerichtete Entwicklung eines SLT-Trainings ab

Bei der Entwicklung und Überprüfung eines neuen Selbstlernprogramms hat sich das Acht-Augen-Prinzip bewährt. Vier Personen oder Gruppen testen und überprüfen das Programm aus vier verschiedenen Blickwinkeln:

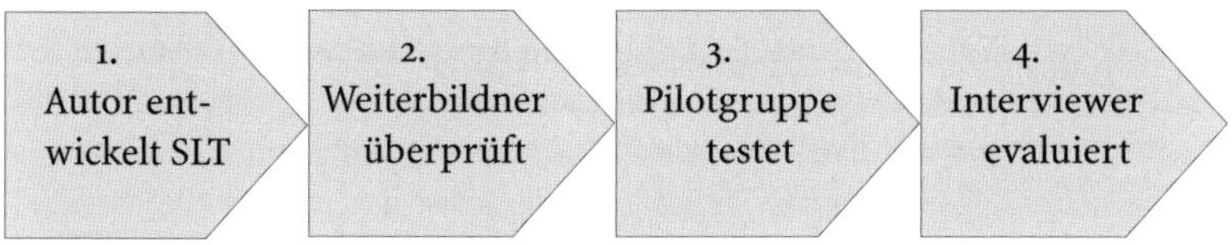

Abb. 6.2. Acht-Augen-Prinzip in der SLT-Entwicklung

Im ersten Schritt entwickelt der Autor auf Basis der vereinbarten Lernziele das Selbstlernprogramm. Er bereitet die Lerninhalte in Leittexten auf, bereitet Arbeitsblätter und Rückmeldebögen vor und dokumentiert den geplanten Ablauf der Lerneinheiten. Zwei Beispiele für Selbstlernprogramme finden sich im Detail in den folgenden Kapiteln 6.2 und 6.3.

Im zweiten Schritt geht ein erfahrener Aus- oder Weiterbildner, der mit der Zielgruppe vertraut ist, die Lerninhalte und den Ablauf durch und versucht ihn nachzuvollziehen. Möglicherweise probiert er auch einzelne Aufgaben aus. Er dokumentiert alles, was aus seiner Sicht nicht den oben genannten vier Qualitätskriterien entspricht. Anschließend gehen Autor und Weiterbildner die Aufzeichnungen durch und diskutieren, was am Selbstlernprogramm zu diesem Zeitpunkt geändert werden soll. Bei unterschiedlicher Einschätzung von bestimmten Inhalten kann es beispielsweise sinnvoll sein, sie nicht zu ändern, sondern den Umgang der Pilotgruppe mit den Inhalten gezielt zu untersuchen und erst danach eine Entscheidung zu fällen.

Als Drittes arbeitet eine Pilotgruppe das Selbstlerntraining durch und dokumentiert ihre Erfahrungen. Die Pilotgruppe sollte darüber informiert sein, dass sich das SLT noch in der Erprobung findet, und die Teilnahme an der Pilotgruppe sollte freiwillig sein. In den bisherigen Erprobungsphasen haben wir meist Auszubildende für die Tests gewonnen. Unten ist der Fragebogen abgebildet, den wir in der Erprobungsphase eingesetzt haben. Jeder Teilnehmer der Pilotgruppe füllt nach jeder Lerneinheit einen Fragebogen aus. Die Teilnehmer sollen ihre Bögen namentlich kennzeichnen, um mit ihnen im Nachhinein ihre Rückmeldungen diskutieren zu können. In den bisherigen Pilotgruppen war die Namensnennung unstrittig, weil das Selbstlernprogramm und nicht die Selbstlernteilnehmer beurteilt wer-

Fragebogen zur Evaluation in der Pilotgruppe

Präsentation

Rückmeldung

Rückmeldung zur Lerneinheit:
Datum:
Name:

Inhalt/Ablauf

Das heutige Thema … hat mich angesprochen und interessiert
sehr ①-②-③-④-⑤-⑥-⑦ nicht
Was ich heute gelernt habe, halte ich für
gut anwendbar ①-②-③-④-⑤-⑥-⑦ nicht anwendbar
Die Arbeitsmaterialien waren für mich bei der Vermittlung der Inhalte
verständlich ①-②-③-④-⑤-⑥-⑦ unverständlich
Den Ablauf dieser Einheit fand ich
abwechslungsreich ①-②-③-④-⑤-⑥-⑦ eintönig, langatmig

Teilnehmer

Mit meiner eigenen Beteiligung bin ich rückblickend
zufrieden ①-②-③-④-⑤-⑥-⑦ nicht zufrieden
Ich war heute von meinem Leistungsniveau her eher
angemessen gefordert ①-②-③-④-⑤-⑥-⑦ unter- bzw. überfordert
Ich fand, die heutige Einheit
hat Spaß gemacht ①-②-③-④-⑤-⑥-⑦ war langweilig

Gruppe

Der Umgang der Teilnehmer untereinander war
freundlich, offen ①-②-③-④-⑤-⑥-⑦ distanziert, kühl
Wir haben heute in der Gruppe
gut zusammengearbeitet ①-②-③-④-⑤-⑥-⑦ jeder für sich gearbeitet
Die Gruppenatmosphäre empfand ich als
fördernd ①-②-③-④-⑤-⑥-⑦ beeinträchtigend

Rahmen

Die Organisation hat heute
gut geklappt ①-②-③-④-⑤-⑥-⑦ war problematisch
Die Teilnahme an der heutigen Einheit war für mich
leicht zu organisieren ①-②-③-④-⑤-⑥-⑦ schwer zu organisieren

Gesamteindruck

Insgesamt gefiel mir die heutige Sitzung
sehr gut ①-②-③-④-⑤-⑥-⑦ überhaupt nicht

Mir hat heute besonders gefallen…	Ich würde verändern…

Abb. 6.3. Fragebogen zur SLT-Evaluation

den sollten. Die Ergebnisse des Fragebogens lassen sich für jede Lerneiheit und über den Verlauf des Selbstlernprogramms auswerten. Sie zeigen, ob die Lerninhalte und -wege von der Pilotgruppe akzeptiert und verstanden worden sind.

Wo es im Detail Stolpersteine gab und wo Lernbedürfnisse noch nicht getroffen wurden, soll im vierten Schritt geklärt werden. Ein Interviewer befragt die Pilotgruppe nach jeder Lerneinheit zu jedem Lernschritt. Er fragt, ob die Gruppe die Unterlagen verstanden hat, ob sie die Übungen interessant und nützlich fand und welche Verbesserungen sie ggf. vorschlägt. Die Interviews dauern 20 bis 30 Minuten.

Der Autor eines SLTs sollte nicht selber die Pilotgruppe interviewen

Der Interviewer sollte möglichst nicht am Erstellungsprozess des Selbstlernprogramms beteiligt gewesen sein, um in den Interviews eine unabhängige Position einnehmen zu können. Ansonsten besteht die Gefahr, dass er argumentativ gegenüber der Pilotgruppe für die Inhalte und ihre Aufbereitung zu kämpfen beginnt, an denen er beteiligt war, in die sein Herzblut geflossen ist. Schnell versucht ein Interviewer dann, der Pilotgruppe ihre Probleme oder Zweifel an einer Lerneinheit auszureden, um seine Arbeit zu retten. Wichtig ist aber auch, dass der Interviewer herauszufinden versucht, welche Probleme und Änderungswünsche eher in den Spezifika der Pilotgruppe liegen und welche ihre Ursache im Aufbau und den Inhalten des Selbstlernprogramms haben. Er sollte die Rückmeldungen und Anregungen der Pilotgruppe im Interview hinterfragen und gemeinsam reflektieren. Die Ergebnisse der Rückmeldebögen und der Interviews fliessen dann in eine nochmalige Überarbeitung des Selbstlernprogramms ein.

Das Acht-Augen-Prinzip der Qualitätskontrolle sichert nach unserer Erfahrung, dass ein Selbstlerntraining stabil eingesetzt werden kann. Teilweise haben wir den Rückmeldebogen nochmals bei einer Lerngruppe eingesetzt, wenn das SLT-Programm in einer neuen Zielgruppe eingesetzt werden sollte.

Bestehende Präsenzseminare sind eine gute Grundlage für eine SLT-Entwicklung

Wenn einem neuen Selbstlernprogramm ein oder mehrere bestehende Präsenzseminare zugrunde liegen, verkürzt und erleichtert das des Erstellungsprozess, weil der Trainer schon Erfahrungswerte mitbringt, welche inhaltliche Aufbereitung und welche Übungen in der Zielgruppe gut funktionieren. Typischerweise beträgt der Zeitraum für die Erstellung und Überprüfung eines Selbstlernprogramms vier bis sechs Monate. Sollen auch Videosequenzen eingesetzt werden (s. Kapitel 6.4), ist der genannte Zeitrahmen eher knapp bemessen.

6.2 Das SLT -Training „Erfolgreich Präsentieren"

Das SLT-Training „Erfolgreich Präsentieren" richtet sich an Auszubildende und Mitarbeiter in Firmen, die öfter Inhalte präsentieren sollen, über wenig eigene Präsentationserfahrung verfügen und noch keine Fortbildungsveranstaltung zu diesem Thema besucht haben. Inzwischen wird das SLT-Training auch in Berufschulen eingesetzt. Das Selbstlernprogramm umfasst neun Lerneinheiten von je drei Stunden Dauer.

Auf den folgenden Seiten werden zunächst die Inhalte im Überblick vorgestellt. Danach wird die erste Lerneinheit inklusive der zugehörigen Lernunterlagen detailliert beschrieben, um die Umsetzung des Lernkonzeptes zu verdeutlichen. Die neun Lerneiheiten haben folgende Inhalte:

Die Inhalte der neun Lerneinheiten

1. Vorträge vorbereiten
   Zur ersten Einheit gehört die Einführung der Gruppe in das Selbstlernen im Team (SLT) durch den Lernberater. Deshalb dauert diese Einheit vier statt drei Stunden wie die übrigen Einheiten. In der ersten Stunde stellen sich die Teilnehmer nach einer Einführung in das SLT gegenseitig vor und tauschten ihre Lernziele aus. Sie klärten die Spielregeln und planten die Organisation für die neun Einheiten.
   In einer ersten Lernschleife – orientieren, erleben, austauschen – liest zunächst jeder für sich einen Leittext zum Thema Vortragsvorbereitung durch. Danach bereitet jeder einen kleinen Vortrag vor. Nacheinander hält jeder seinen Vortrag. Anschließend geben ihm die anderen Feedback mit einem Rückmeldebogen und eine persönliche Rückmeldung im Plenum. In einer zweiten Lernschleife lesen alle einen Leittext zum Thema „Gliederung von Vorträgen". Danach bereitet jeder mit einem Arbeitsblatt einen kleinen Vortrag vor und nutzt dabei eine der Vortragsgliederungen. Nacheinander halten alle ihre Vorträge und bekommen von den anderen Feedback. Abschließend macht die Gruppe eine kurze Prozessreflexion der Lerneinheit und legt fest, wer in der nächsten Einheit Organisator der Lerngruppe ist. Der Lernberater leitet diese erste Einheit als Organisator und ist so Modellgeber für die nachfolgenden Organisatoren aus der Lerngruppe.
2. Verständlich reden und schreiben
   Die Gruppe lernt in einem Leittext vier Verständlichmacher kennen, die das Lesen und Hören von Texten erleichtern. Diese Verständlichmacher werden in einer Liste von Tipps konkretisiert. Gemeinsam schätzen die Teilnehmer dann Texte bezüglich ihrer Verständlichkeit ein. Danach entwickeln sie in Kleingruppen aus einem schwer verständlichen Text einen kurzen verständlichen Vortrag. Die Ergebnisse sichten sie im Plenum, geben sich Rückmeldung und vergleichen ihre Ergebnisse mit einer Musterlösung, die in einer Videosequenz dargestellt ist.
3. Körpersprache einsetzen
   Die Gruppe lernt die wichtigsten Dimensionen der Körpersprache kennen und diskutiert Tipps für das Referentenverhalten. Diese gleicht sie mit einer Musterlösung auf Video ab, um am Modell lernen zu können.

Anhand von Kurzvorträgen zu vorbereiteten Fragestellungen erhalten die Lernenden Gelegenheit zu einer persönlichen Stärken- und Schwächenanalyse. Zum Abschluss tauschen die Teilnehmer sich über typische Vorurteile zum Thema Körpersprache aus, um in der Diskussion ihr Wissen über Körpersprache noch einmal zu festigen.

4. Stress vermeiden
   Die Lernenden tauschen sich über ihr persönliches Stressempfinden aus und lesen einen Leittext über die Ursachen von Stress. Nach einem kleinen Spiel zum Stresserleben führen sie eine Entspannungsübung durch. Schließlich erhalten sie in einem Leittext spezielle Tipps zum Stressabbau bei Vorträgen und prüfen diese auf persönliche Einsatzmöglichkeiten. Im zweiten Teil dieser Einheit seht der Gruppe ein Lernberater für Nachfragen und Anregungen zur Verfügung. Er macht mit der Gruppe bei Bedarf eine weitere Übung zum Stressabbau.
5. Ansprechend visualisieren
   In dieser Einheit erhält die Gruppe Tipps, wie man Inhalte optisch interessant aufbauen kann und welche Fehler häufig gemacht werden. Nach einer kurzen Videoeinführung sehen sie in einem Leittext gute und schlechte Visualisierungsbeispiele. Danach probierten die Lernenden aus, wie man aus einem Text ansprechende Präsentationsfolien entwickelt, und bekommen eine Rückmeldung, ob sie eine gelungene Visualisierung entwickelt haben. Zum Schluss gibt ein Leittext Anregungen zum Erstellen von Graphiken.
6. Medien gezielt einsetzen
   In einem Experiment lernt die Gruppe die Bedeutung des Medieneinsatzes für die Aufnahme von Informationen kennen. In Kleingruppen arbeiten sich die Teilnehmer mit einem Leittext in die Nutzung eines der drei wichtigsten Medien geschäftlicher Präsentationen ein (Overheadprojektor bzw. Beamer, Pinnwand, Flippchart).
   Sie geben ihr Wissen an die anderen Gruppenmitglieder weiter, indem sie einen Vortrag mit dem Medium über das Medium halten, in welchem sie bereits möglichst viele Vorteile „ihres” Mediums umsetzen sollen. Abschließend schaut sich die Gruppe einen Videofilm mit Tipps zur multimedialen Präsentation am Computer an.
7. Mit Einwänden umgehen
   Zu Beginn dieser Einheit tauscht die Gruppe sich über die persönlichen Erfahrungen zum Thema aus. Dann erläutert ein Leittext die wichtigsten Strategien zum Umgang mit Einwänden. Anhand eines Videos diskutiert die Gruppe Lösungen für problematische Situationen. Zum Abschluss halten die Teilnehmer noch einmal Auszüge aus ihren Vorträgen zum Medieneinsatz. Die anderen Gruppenmitglieder konfrontieren den Referenten mit Fragen und Einwänden. In diesem Teil ist der Lernberater anwesend, der auch inhaltliche Fragen aus den zurückliegenden Einheiten beantwortet.
8. Eine Dramaturgie entwickeln
   Zu Beginn dieser Einheit erfährt die Lerngruppe per Video und Leittext etwas über verschiedene Eröffnungsmöglichkeiten einer Präsentation. Danach lesen die Teilnehmer einen Leittext zur Dramaturgie von Vor-

trägen. In Kleingruppen probieren sie verschiedene dramaturgische Varianten aus. Sie entwickelen aus einer Materialsammlung einen Vortrag, in dem sie ihre Firma porträtieren – ohne interessante Dramaturgie meist eine trockene Angelegenheit. Abschließend schaut die Gruppe sich weitere Musterlösungen auf Video an.

9. Abschlusspräsentationen halten
In der letzten Lerneinheit sollen die Teilnehmer die Lerninhalte aller Einheiten noch einmal konzentriert in einem Vortrag anwenden. Dazu

Beispiel erste Lerneinheit

Vorträge vorbereiten **Präsentation**

Organisation

Vor räge vorberei en

Wer nicht weiß, wohin er geht, braucht sich nicht zu wundern, wenn er ganz woanders ankommt.

(R. Mager, Pädagoge)

Überblick

Sie organisieren zunächst die Arbeit in der Selbstlerngruppe. Dabei hilft Ihnen der Lernberater.
Und dann geht es schnell zur Sache. Für gelungene Präsentationen brauchen Sie Routine. Deshalb gibt es in dieser ersten Einheit schon zwei Situationen, in denen Sie kleine Präsentationen halten. In der ersten geht es darum, möglichst gut zu formulieren. In der zweiten probieren sie eine Gliederung aus, die Sie in vielen Situationen anwenden können.
Wie Ihre Präsentationen ankommen, werden Sie jeweils von den anderen hören.

Ablauf

Ach ung
Die Einheit dauert insgesamt 4 und nicht 3 Stunden.

	Zei	Inhal	Ziel	Ma erial
	6	Einführung in das Selbstlernprogramm. Die persönlichen Lernziele austauschen. Spielregeln für Selbstlernen und die Organisation klären.	Den Ablauf des Programmes kennenlernen und die Organisation klären.	Moderationswand und dazugehöriges Material, Handbücher
orien ieren	1	Jeder liest für sich den ersten Teil eines Leittextes zum Thema Vortragsvorbereitung.	Vorträge auf die Zuhörer ausrichten und ausdrucksstark formulieren lernen.	Leittext „Vorträge vorbereiten" (L1.1-1.2)
erleben	15	Jeder bereitet einen Vortrag zu drei vorgegebenen Wörtern vor.		Arbeitsblatt „Stehgreifvortrag" (1.3)
aus auschen	5	Nacheinander hält jeder seinen Vortrag. Anschließend geben ihm die anderen mit dem Rückmeldebogen ein Feedback.	Die Umsetzung der Tipps überprüfen.	Rückmeldebogen „Stehgreifvortrag" (1.4)
orien ieren	1	Jeder liest für sich den zweiten Teil des Leittextes.	Eine Struktur für Vorträge kennenlernen.	Leittext „Vorträge vorbereiten" (L1.3-1.4)
erleben	15	Jeder bereitet einen kleinen Vortrag mit der Standpunkt- oder Problemlösungsformel vor.		Arbeitsblatt „Standpunktvortrag" (1.5)
aus auschen	7	Nacheinander hält jeder seinen kleinen Vortrag und bekommt von den anderen Rückmeldung.	Die Wirkung der Struktur überprüfen.	Rückmeldebogen „Standpunktvortrag" (1.6)
	1	Abschlussrunde mit drei Punkten: • Was nehme ich aus der heutigen Einheit mit? • Was sollten wir in der nächsten Einheit anders machen? • Wer leitet die nächste Sitzung?	Sich das Gelernte noch einmal vor Augen führen und dafür sorgen, dass die nächste Einheit alle zufriedenstellt.	

1.1

Abb. 6.4. Seite 1 der Teilnehmerunterlagen der 1. Lerneinheit

wählen sie sich ein Fachthema aus ihrem Arbeitsbereich und bereiten vor der neunten Lerneinheit einen Vortrag von 15 Minuten Dauer vor. In der Lerneinheit halten alle Lerngruppenteilnehmer nacheinander ihre Vorträge und bekommen ein umfassendes Feedback von allen Zuhörern auf drei Ebenen: schriftlich mittels eines ausführlichen Feedbackbogens, mündlich, durch die Zuhörer und eine Videoaufzeichnung ihrer Präsentation, die jeder Teilnehmer sich zu Hause ansehen kann. Ausdrücklich werden die Lernenden ermuntert, sich zur Abschlusspräsentation Gäste, wie z.B. Arbeitskollegen oder Vorgesetzte, einzuladen, um die eigenen Lernerfolge im großen Kreis ausprobieren und demonstrieren zu können. Der Lernberater ist während der gesamten Einheit dabei und verstärkt noch einmal die Feedbackrunden. Auf diese Weise erhält er außerdem einen Überblick über den Lerntransfer der Selbstlerngruppe.

Der Aufbau der Lernunterlagen unterstützt eine schnelle Orientierung

Die Lernunterlagen sind so gestaltet, dass der Lernende sich schnell in ihnen zurechtfinden kann. Das Puzzle oben auf den Seiten zeigt an, in welcher Lerneinheit sich der Leser befindet. Jede Unterlagenart ist durch ein eigenes Logo gekennzeichnet. Das Logo für die Organisationsblätter ist beispielsweise ein Kontrollkästchen mit dem Symbol für das Abhaken, das für Arbeitsblätter eine schreibende Hand. Jede Unterlagenart besitzt eine konsistente äußere Form.

Die Unterlagen für die erste Lerneinheit umfassen 10 Seiten. Sie werden auf den nächsten Seiten in der Reihenfolge ihrer Benutzung durch die Lerngruppe abgebildet und erklärt. Mit den beiden Seiten zur Organisation beginnen die Lernunterlagen für jede Lerneinheit. Die Organisationsblätter starten auf der ersten Seite mit einem kurzen Zitat, durch das die Lernenden auf das Thema eingestimmt werden sollen. Es folgt ein Überblick über den Ablauf der Lerneinheit. Danach werden die Lerninhalte im Detail beschrieben. Die Lernschritte werden in einer Liste dargestellt und mit folgenden Kategorien in Spalten beschrieben: In welcher Phase der Lernschleife befindet sich die Lerngruppe bei diesem Schritt? Wieviel Zeit benötigt sie für die Bearbeitung? Was sind die Inhalte und was die beabsichtigten Lernziele? Und welche Materialien benötigen sie für diesen Arbeitschritt?

Organisationsblätter beschreiben den Ablauf

In der ersten Lerneinheit sind die Lernschrittte vergleichweise kurz, deshalb durchläuft die Lerngruppe die Lernschleife zweimal. So findet die Lerngruppe gut in den Lernrhytmus hinein und kann schnell Übungserfolge erleben. Während der Lerneinheiten ist es für die Lerngruppen nicht einfach, im Blick zu behalten, was sie wann tun soll und welche Materialien sie dazu benötigt. Deshalb arbeitet sich ein Gruppenmitglied jeweils vor einer Einheit mit den Organisationsblättern in den Ablauf ein. Dieser Organisator ist dann während der Lerneinheit der Taktgeber der Gruppe, ohne aber inhaltlich verantwortlich zu sein. Er arbeitet aber trotzdem in den Übungen mit. In der ersten Lerneinheit übernimmt der Lernberater diese Rolle und bietet so die Möglichkeit des Modelllernens. Das funktioniert in der Regel nach der Einführung der Gruppe in das Selbstlernen ohne größere Erklärungen.

Der Lernberater ist in der ersten Lerneinheit Modellgeber für die Rolle des Organisators

Die zweite Seite der Organisationsblätter dienen der Vorbereitung des Organisators

Jede Lerneinheit endet mit einer 10 minütigen Reflexions- und Planungsrunde, bei der die Gruppe bespricht, was jeder aus der abgelaufenen Einheit mitnimmt, was die Gruppe in der nächsten Lerneinheit anders machen sollte und wer in der nächsten Einheit als Organisatior tätig ist. Diese Runde dient dazu, dass die Lerngruppe sich nicht nur über die Lerninhalte sondern auch den Lernprozess austauscht und ihr Vorgehen ggf. bei der nächsten Lerneinheit verändert, also z.B. ihre Arbeitsintensität oder das Zeitmanagement verbessert. Die zweite Seite der Organisationsblätter ist

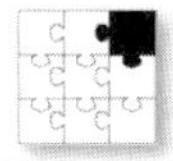

Vorträge vorbereiten **Präsentation**

Stolpersteine	✘ Am Anfang ist es gar nicht so einfach, sich vor eine Gruppe zu stellen und etwas zu erzählen. Unter Umständen fallen den Gruppenmitgliedern viele Punkte ein, warum es jetzt unsinnig, unnnötig usw. sei, selber Vorträge zu halten. Das sind alles Symptome für die Unsicherheitsschwelle, die Sie gemeinsam überwinden müssen. Schaffen Sie eine lockere und angenehme Atmosphäre, in der es allen Spaß macht, Dinge auszuprobieren. Sorgen Sie aber dafür, dass wirklich alle die Übungen auch mitmachen.	✘ Wenn eine Gruppe ohne Leiter/Trainer arbeitet, kann es ziemlich viel Zeit kosten, alle zu koordinieren und auf die Zeiten zu achten. Besonders auffällig wird das, wenn mal dieser und mal jener koordiniert. Bestimmen Sie immer einen Organisator für jede Sitzung, der auf den Ablauf achtet und die Zeiten im Auge hat. Außerdem sollte er vor Beginn der Einheit die Arbeitsmaterialien vorbereiten.
Arbeitsblätter	- Leittext „Vorträge vorbereiten" (hat jeder im Leittextordner) - Arbeitsblatt „Stehgreifvortrag" (hat jeder im Arbeitsordner) - Rückmeldebogen „Stehgreifvortrag" (aus dem Arbeitsordner nehmen und (Teilnehmerzahl x Teilnehmerzahl) mal	kopieren, also bei z.B. 6 Teilnehmern demnach 36 mal) - Rückmeldebogen „Standpunktvortrag" (kopieren wie den anderen Rückmeldebogen) - Arbeitsblatt „Abschlussrunde" (hat jeder im Arbeitsordner)
weitere Infos	David Bernstein: „Die Kunst der Präsentation: Wie Sie einen Vortrag ausarbeiten und überzeugend darbieten" Frankfurt/Main 1991	
Vorbereitung	- Ablauf und Stolpersteine durchlesen. - 2 Moderationswände und dazugehöriges Material (Karten und Stifte) bereitstellen. - Die beiden Rückmeldebögen „Stehgreifvortrag" und „Standpunktvortrag" kopieren.	- Gegebenenfalls Videocamcorder aufbauen und pro Tln eine Videokassette bereithalten.

1.2

Abb. 6.5. Seite 2 der Teilnehmerunterlagen der 1. Lerneinheit

im Wesentlichen als Vorbereitung für den Organisator bestimmt. Zunächst werden mögliche Stolpersteine beschrieben. Auf welche Probleme kann die Lerngruppe stossen und wie kann sie damit umgehen?

In dieser ersten Lerneinheit müssen die Lernenden beispielsweise ihre Hemmschwelle überwinden, vor andere zu treten sowie sich und ihre Inhalte zu präsentieren. Als Lösung wird vorgeschlagen, einerseits eine lockere und angenehme Atmosphäre zu schaffen aber andererseits eine Regel zu etablieren, das jeder alle Übungen mitmacht. Der zweite mögliche Stolperstein betrifft die Absprachen in der Gruppe und das Zeitmanagement. Als Lösung wird auf die Rolle des Organisators verwiesen.

Organisationsblätter geben Hilfestellung bei Stolpersteinen

Die möglichen Stolpersteine orientieren sich für jede Lerneinheit an den jeweiligen Lerninhalten und dem vom Lernautor vermuteten Stand des Gruppenprozesses. So behandeln die Stolpersteine in der Lerneinheit über Körpersprache die Frage, inwieweit Körpersprache in der Persönlichkeit eines Menschen fest verankert und damit nicht veränderbar ist. Außerdem werden Tipps für einen konstruktiven Umgang mit einem relativ langen Video von 20 Minuten Dauer gegeben. In einer Lerneinheit über Stressabbau wird über die Schwierigkeiten geschrieben, das eigene Stresserleben mit anderen zu besprechen. In der Visualisierungseinheit wird auf die Schwierigkeit hingewiesen, in der Lerngruppe zu einer objektiven Einschätzung der optischen Qualität einer Präsentationsfolie zu kommen.

Nach den Stolpersteinen werden die Arbeitsblätter aufgeführt, die in der Lerneinheit benutzt werden. Jeder Teilnehmer hat von allen Unterlagen ein Exemplar in seinem Arbeitsordner. Soll aber jeder von allen Gruppenmitgliedern in der Austauschphase ein schriftliches Feedback zu einer Übung bekommen, sind mehr Exemplare nötig. Weil vor dem Start einer Lerngruppe die Gruppengröße – typischerweise vier bis sechs Personen – nicht feststeht, ist die passende Anzahl an Arbeitsblättern nicht schon in den Arbeitsordnern vorhanden, sondern der Organisator bringt die Kopien in die Lerneinheit mit. Wieviel Kopien von welchem Arbeitsblatt er benötigt, ist im Abschnitt „Arbeitsblätter" dokumentiert.

Sie beinhalten Checklisten für die Organisation

Als nächstes gibt es eine Rubrik mit weiterführenden Informationen. Dort werden in der Regel nützliche Bücher zu dem jeweiligen Thema der Lerneinheit aufgeführt. Darüber hinaus gibt es Querverweise zu anderen Weiterbildungsveranstaltungen der Organisation. Auch Hinweise zu Informationen im jeweiligen Intranet könnten hilfreich sein. Allerdings ist hierbei zu bedenken, dass die Nutzungsdauer von Selbstlernprogrammen oft die Lebensdauer von Online-Links überschreitet.

In der letzten Rubrik findet der Organisator eine Checkliste für die Vorbereitung der Lerneinheit. Er ist nicht nur für das Kopieren der Unterlagen verantwortlich, sondern auch für Medien und Arbeitsmaterialien wie z.B. einen Moderationskoffer. Um den Aufwand für den Organisator gering zu halten, könnte es sinnvoll sein, der Lerngruppe einen festen Seminarraum mit einem abschließbaren Materialfach zuzuweisen. Dort könnten beispielsweise nach der ersten Lerneinheit, wenn die Gruppengröße feststeht, Kopien der Arbeitsblätter für die weiteren Lerneinheiten abgelegt werden.

Leittexte sind wie Verhaltens-'Kochrezepte' aufgebaut

Leittexte sind beim SLT in der Regel zwei bis fünf Seiten lang und sollen in 10 bis 20 Minuten durchzuarbeiten sein. Die Leittexte sind wie Verhaltens-'Kochrezepte' aufgebaut. Möglichst verhaltensnah werden Tipps beschrieben, wie die Lernenden einen Aspekt rund um eine Präsentation meistern können. Teilweise geben sie auch Hintergrundinformationen. Das Layout ist zweispaltig. In der linken Spalte stehen entweder Verhaltenstipps oder Schlüsselwörter, die in der rechten Spalte im Fliesstext erläutert werden. Die Leittexte sind in einem separaten Leittextordner zusammengefasst, der dem

Vorträge vorbereiten **Präsentation**

Leittexte

Vor räge vorberei en

	Wenn Sie einen Vortrag vorbereiten, gehen Sie am besten von den Bedürfnissen Ihrer Zuhörer aus und nicht von dem, was Sie wissen oder bei diesem Thema wichtig finden.
Zuhörerkreis analysieren	Wer sind Ihre Zuhörer? Wie viele werden es sein? Was wissen Sie über die Zuhörer (Geschlecht, Alter, Stellung, Bildung)? Was verbindet die Zuhörer untereinander? Was erwarten sie? Weshalb sind sie anwesend? Was wissen sie über das Thema? Was hat das Thema für Auswirkungen auf den Berufsalltag der Zuhörer? Wie werden Atmosphäre und Stimmung sein?
Ziel des Vortrags festlegen	Was soll der Zuhörer als Resultat des Vortrags denken, glauben, fühlen oder tun? Am besten in einem Satz!
Informationen sammeln	- Sammeln Sie zum Thema Informationen (Texte, Daten, Bilder). - Nutzen Sie möglichst unterschiedliche Quellen, beißen Sie sich nicht fest. - Bewerten Sie die Informationen noch nicht. Das stört die Kreativität.
Informationen auswählen und ordnen	- Ordnen Sie die Informationen nach inhaltlichen Gesichtspunkten. Was gehört zusammen? - Wählen Sie aus dem Stoff aus. Sie haben nur eine begrenzte Redezeit und Ihre Zuhörer nur eine begrenzte Aufnahmekapazität. Welche Informationen dienen der Erreichung Ihres Zieles? Welche Informationen sind besonders wichtig? Teilen Sie die Informationen ggf. in Muss- und Kann-Informationen ein. - Bringen Sie die Informationen in eine zeitliche Reihenfolge. Wann muss ich *was* sagen?
Informationen in Aussagen verdichten	- Formulieren Sie für jeden inhaltlichen Punkt eine Kernaussage in einem Satz (z.B.: Durch neue Maschinen gab es bei der Produktion von x Lieferabrisse. Die weiteren Informationen erläutern dann die Aussage). - Kernaussagen sind das Gerüst Ihres Vortrages. Die Botschaft sollte allein aus ihnen nachvollziehbar sein.

1.1

Abb. 6.6. Seite 3 der Teilnehmerunterlagen der 1. Lerneinheit

Arbeitsordner entnommen werden kann. So können ihn die Lerngruppenteilnehmer auch nach dem SLT-Training als Nachschlagewerk nutzen.

Die Leittexte sind bewusst kurz gehalten, um möglichst auch im Arbeitsalltag praktikabel zu sein. In den neun Lerneinheiten des SLT „Erfolgreich Präsentieren" werden beispielsweise zehn Leittexte mit insgesamt 57 Seiten eingesetzt. In der Regel arbeiten die Lernenden die Leittexte in der ersten Phase der Lernscheife, dem Orientieren, individuell durch. Wo es der knappe Rahmen zulässt, werden die Tipps an Anwendungsbeispielen verdeutlicht (siehe beispielsweise Abb. 6.6 und 6.7).

Leittexte können auch Übungsaufgaben enthalten

In der Lerneinheit zur Visualisierung wird der Leittext allerdings anders genutzt. Die optische Gestaltung von Präsentationsfolien lässt sich schwierig in Leitsätze fassen und ist gerade für graphisch unerfahrene Lerner oft kaum nachvollziehbar. Deshalb besteht der Leittext überwiegend aus Beispielen. Zu den einzelnen Elementen einer Visualisierung, wie z.B. der Schrift, wird zunächst eine schlecht gestaltete Folie gezeigt, für welche die Lerngruppe gemeinsam Kritikpunkte auflisten soll. Danach sehen sie sich eine beispielhaft verbesserte Präsentationsfolie an und lesen schließlich Tipps zum Einsatz dieses Gestaltungselementes. Hier verschwimmen die Grenzen zwischen Leittext und Arbeitsblatt. Allerdings folgt nach dem Leittext in der zweiten Phase der Lernschleife die vertiefendeAufgabe, dass jeder für sich einige Präsentationsfolien zu vorgegebenen Informationen gestalten soll, die er dann in der dritten Phase den anderen Gruppenmitgliedern vorstellt. In der Lerneinheit über Körpersprache erschien es uns ebenfalls nicht sinnvoll, die Teilnehmer mit einem Leittext in das Thema einzuführen. Dort sehen sie einen Videofilm, in dem ein Referent ihnen den Einsatz von Körpersprache beispielhaft vormacht. Den zugehörigen Leittext können die Lernenden optional nach der Lerneinheit noch einmal durcharbeiten.

Leittexte sollen die sofortige Anwendung des Wissens ermöglichen

Leittexte eignen sich also grundsätzlich gut, um Lernende in einem Thema zu orientieren und ihnen Handlungswissen zu vermitteln. Schnell verinnerlichen die Teilnehmer an den Selbstlerntraining den Lernrhytmus: erst lesen, dann das Gelesene anwenden und schließlich die Ergebnisse mit den anderen austauschen. Nicht alle Inhalte lassen sich aber über diese Art von Leittexten vermitteln. In solchen Fällen muss der Autor eines SLT-Trainings die Methode kreativ variieren. Die oben beschriebenen Beispiele mögen hier als Anregungen dienen.

Der links abgebildete Leittext ist ganz handwerklich gestaltet. Die Vorbereitung eines Vortrags wird in fünf Phasen gegliedert, für die dann konkrete Arbeitschritte vorgeschlagen werden. Zum Auswählen und Ordnen von Informationen für einen Vortrag gehört danach beispielsweise, die Informationen inhaltlichen Gesichtspunkten zuzuordnen, sie danach anhand des Vortragsziels zu priorisieren und zum Schluss die Informationen in eine geeignete zeitliche Reihenfolge zu bringen. Vor Arbeitsbeginn ein Vortragsziel festzulegen und die gesammelten Informationen in Relation zum gesetzten Ziel zu priorisieren, ist etwas, was für gute Vorträge sehr wichtig ist, aber trotzdem häufig unterbleibt. Eigentlich sollte die Wichtigkeit dieses Vorgehens mit einem Beispiel betont werden. Da ein solches Beispiel zur Stoffauswahl aber recht umfangreich ausgefallen wäre, wurde darauf verzichtet, um den Leittext kurz zu halten. Auf der zweiten Seite des Leittextes geht es dann um ausdrucksstarke Formulierungen. Auf einer Seite findet sich hier eine Kurzanleitung mit rhetorischen Tipps. Die Lernenden sollen beim Präsentieren kurze Sätze verwenden, in Verben statt Substantiven reden und den Vortrag logisch gliedern. Diese drei Tipps werden in der rechten Spalte kurz erklärt und dann mit Tipps zur handwerklichen Umsetzung untermauert. Am Schluss der Seite wird ein Ausschnitt aus einer Rede dargestellt, um zu zeigen, wie man mit den richtigen Worten auch schwierige

Leittexte sollten neben Verhaltenstipps auch Umsetzungbeispiele enthalten

Vorträge vorbereiten **Präsentation**

Die Informationen gut ausdrücken, indem Sie	Um Inhalten gut Ausdruck zu verleihen, genügt es oft, einige Grundregeln zu beachten:
kurze Sätze verwenden	Zuhören ist etwas anderes als Lesen. Je länger Sie als Redner einen Satz gestalten, desto größer wird der Aufwand für den Zuhörer, ihn zu behalten. ➜ kurze Sätze, maximal einen Nebensatz ➜ die Verben nahe am Subjekt platzieren *„Der Gedanke ist wichtig, den wir hier diskutieren."* ➜ den wichtigsten Teil des Satzes nach vorn stellen *„Zur Sonne empor kletterten wir im Fels."*
in Verben statt Substantiven reden	Im Deutschen neigen wir dazu, aus Verben Substantive zu machen. So wird nicht etwas entschieden, sondern eine Entscheidung getroffen. ➜ aus Substantiven Verben machen (besonders gut eignen sich Worte, die mit '-ung' , '-and(t)' oder '-ent' enden) ➜ starke Verben statt 'haben' und 'sein' verwenden (besitzen,gehören, erscheinen statt haben)
den Vortrag logisch statt assoziativ aufbauen	Schlecht lassen sich aneinander gereihte Informationen merken. Die Zuhörer können mehr verarbeiten, wenn Sie zu den Informationen auch eine Struktur liefern. ➜ Richtung gebende Verbindungswörter einsetzen (*wenn, wie, entweder, oder, um zu, aber,* statt, *und*) ➜ die Rede in Aussagen unterteilen und diese in Verbindung setzen.
Diese Rede zeigt, wie man schwierige Sachverhalte klar darstellen kann.	… Die Maschinen des 19. Jahrhunderts hatten, im Gleichnis gesprochen, Muskeln, aber sie hatten keine Sinnesorgane und kein Gehirn. Sie lieferten die Energie, sie ersetzten die menschliche Muskelkraft, aber steuern musste sie der Mensch. In diesem Sinne krönt die Erschließung der Atomenergie die technischen Bemühungen des 19. Jahrhunderts. Aber diese modernste Energiequelle war nur zu erschließen durch subtilste Lenkung der Energie. Ins Innere des Atoms musste man dringen. Man kann die größten Massen nur bewegen, wenn man die feinsten Steuerungszentren in der Hand hat. Dazu ist zweierlei nötig: Erstens Wissen und zweitens Umsetzung dieses Wissens in eine technische Automatik in einen sich selbst steuernden Apparat. *(aus einer Rede von C. F. von Weizäcker: „Die Verantwortung der Wissenschaft im Atomzeitalter", 1956/7)*

1.2

Abb. 6.7. Seite 4 der Teilnehmerunterlagen der 1. Lerneinheit

Sachverhalte anschaulich darstellen kann. Auch diese Leittextseite ist sehr kurz gehalten. Nach diesem Leittext folgt die erste Übung zur Umsetzung der Tipps in der Lerngruppe. Typischerweise sind die Lernenden in dieser Phase stark damit beschäftigt, die Hemmschwelle zu überwinden, vor den anderen Mitgliedern der Lerngruppe zu präsentieren beziehungsweise den anderen eine offene Rückmeldung zu ihren Präsentationen zu geben. Nur zum Teil werden die Lernenden deshalb ihr Augenmerk auf die Umsetzung der Tipps richten. Deshalb ist dieser erste Leittext kurz gefasst und beschränkt sich auf wenige Vorschläge. Die ganze zweite Lerneinheit widmet sich vertiefend dem Thema, wie Präsentationen verständlich gestaltet werden können. In einem ausführlichen Leittext wird dort das Konzept der „vier Verständlichmacher" von Langer, Schulz v. Thun & Tausch (2001) vorgestellt.

Beim SLT beinhalten Leittexte keine Reflexionsfragen und Arbeitsaufgaben

In ihrer ursprünglichen Form, wie sie z.B. von Greif, Finger & Jerusel (1993) beschrieben werden, enden Leittexte mit Reflexionsfragen und Arbeitsaufgaben. Beim SLT haben wir daraus einen eigenständigen Arbeitsschritt in der Lernschleife gemacht. Das macht auch komplexere Aufgabenstellungen möglich, die zusätzlichen Materials oder Erläuterungen bedürfen. In Arbeitsblättern lässt sich das besser ausführen. Den wirklichen Gewinn an Tiefe des Lernpozesses gegenüber herkömmlichen Leittexten bringt aber die gemeinsame Leistungsüberprüfung in der Lerngruppe.

Leittexte transportieren das Wissen, benötigen aber für ihre Wirksamkeit die Arbeitsblätter und die Rückmeldebögen. Interessanterweise wird das Aneignen des Wissens von den Teilnehmern an Selbstlerngruppen viel weniger wahrgenommen als die Anwendung und Leistungsüberprüfung. Wurden SLT-Teilnehmer befragt, was ihr Lernen gefördert und sie motiviert hat, nannten sie ganz überwiegend das eigene Tun und die Rückmeldung durch die Gruppe. Die Leittexte wurden kaum erwähnt (siehe Kapitel 5).

Leittexte ohne vollständige Lernschleife bleiben wirkungslos

Wie sehr alle drei Schritte der Lernschleife notwendig sind, damit Leittexte wirklich Lernen ermöglichen, möchte ich an einem kleinen Beispiel aus meiner Tätigkeit als Berater untermauern. Vor einigen Jahren wurde ich von einer Firma gebeten, ein Trainingsprgramm zu konzipieren, in dem Werkzeuge zur Gruppenarbeit vermittelt werden sollten. Hintergrund war, dass die Firma ihre Arbeitsorganisation so umgestellt hatte, dass Mitarbeiter im Einkauf, der Disposition und der Qualitätssicherung in Teams mit gemeinsamen Zielen zusammenarbeiten sollten. Ich konzipierte eine Reihe von Leittexten, die ähnlich handwerklich und praxisnah wie die SLT-Texte konzipiert waren. Eigentlich sollten die Werkzeuge im Rahmen von Trainings im Einkauf eingeführt werden. Aus Kostengründen wurde das Training in kurze Instruktionsveranstaltungen umgewandelt, in denen den Mitarbeitern die Methoden zwar vorgestellt wurden, sie diese aber nicht ausprobieren und Umsetzung überprüfen konnten. Meines Wissens nach verstauben die Leittexte mit den Teamarbeitsmethoden noch heute ungenutzt in den Schubladen der Firma.

Mit einem Arbeitsblatt beginnt die zweite Phase der Lernschleife, in der die Lernenden das durch einen Leittext oder eine Videosequenz vermittelte Wissen anwenden und erleben sollen. Die Arbeitsblätter sind beim vorliegenden SLT-Training immer gleich aufgebaut: In einem grau unterlegten Kasten steht die Arbeitsanleitung geschrieben: Was sollen die Lernenden tun? Sollen sie alleine oder in Kleingruppen arbeiten? Wie sollen sie vorgehen, und wie sieht das Ergebnis der Einzel- bzw. Gruppenarbeit aus? Wieviel Zeit haben sie für die Bearbeitung zur Verfügung?

Arbeitsblätter initiieren die Anwendung des Wissens

Vorträge vorbereiten **Präsentation**

Arbeitsblatt

S ehgreifvor rag

Bitte bereiten Sie einen kleinen Vortag von etwa 3 min Dauer vor, der eine der unten aufgeführten Begriffsketten enthält. Also zum Beispiel ein Vortrag, in dem „Qualität", „Firma" und „Zukunft" vorkommen. Sie können sich eine Begriffskette aussuchen.
Zur Vorbereitung haben Sie 15 min Zeit. Danach hält jeder seinen Vortrag und hört direkt im Anschluss die Eindrücke der anderen. Dafür nutzen Sie bitte den Rückmeldebogen.

Wor ke en

Qualität – Firma – Zukunft
Zeitschrift – Foto – Moral
Presse – Politik – Geld
Sensation – Person – Identifikation
Eintracht – Niedertracht – Weihnacht
Müll – Markt – Minister
Aufbau – Abschwung – Wandel
Kiez – Chaos – Kultur
Asien – Handel – Bewegung
Kind – Ordnung – Wachstum
Wald – Sport – Gans
Wunder – Bahnhof – Vision
Sitten - Gärtner – Kneipe
Intelligenz – Vorgesetzter – Wasser
Duden – Dada – Dudelsack
Silbermünze – Schwester – Trauer

1.3

Abb. 6.8. Seite 5 der Teilnehmerunterlagen der 1. Lerneinheit

Ein Teil dieser Informationen findet sich auch in den Organisationsblättern. Meist werden die Organisationsblätter von der Lerngruppe nur zum Start einer Lerneinheit gesichtet, um sich einen Überblick über die Lerneinheit zu verschaffen. Im weiteren Verlauf nutzt sie nur der Organisator, um den Ablauf zu steuern. Die anderen Gruppenmitglieder arbeiten dann nur noch mit Leittexten, Arbeitsblättern und Rückmeldebögen. Deshalb sind in diesem ersten Block auf jedem Arbeitsblatt alle Informationen aufgeführt, die die Gruppenmitglieder für die zweite Phase der Lernschleife benötigen.

Arbeitsblätter beginnen mit einer Arbeitsanweisung

Im zweiten Block eines Arbeitsblattes findet sich eine Zusammenfassung der im Leittext vermittelten Tipps, sofern diese so umfangreich sind, dass sie sich nicht ohne weiteres merken lassen. In dem Arbeitsblatt links, das der Anwendung der beiden Leittextseiten zur Vortragsvorbereitung dient, ist dieser zweite Block nicht erforderlich. Im zweiten Arbeitsblatt, das in der ersten Lerneinheit eingesetzt wird (siehe Abb. 6.12), werden in diesem Block beispielsweise Gliederungsprinzipien noch einmal aufgeführt.

Der dritte Block eines Arbeitsblattes beinhaltet die Informationen, die der Lernende für die jeweilige Übung benötigt. Das können einfach Themenvorschläge für Kurzvorträge sein, wie links in dem Arbeitsblatt zu sehen. Dort können aber auch Diskussionsfragen stehen oder Informationen, die zu Kurzvorträgen umgearbeitet werden sollen. Auch Reflexionsfragen zum persönlichen Ausfüllen oder bei komplexeren Aufgaben auch genauere Arbeitsanleitungen sind hier möglich. Im Kapitel 6.3, in dem das SLT „Effiziente Besprechungen" vorgestellt wird, findet sich ein Arbeitsblatt, auf dem ein Problemfall geschildert wird, für den eine Gruppe eine Lösung erarbeiten soll.

Arbeitsblätter enthalten die für die Übung notwendigen Materialien wie Fälle, Themen etc.

Die Bearbeitungszeit für ein Arbeitsblatt liegt bei 10 bis 60 Minuten, wobei sich Zeiten zwischen 15 und 45 Minuten am praktikabelsten erwiesen haben, weil dann einerseits genügend Zeit zur Verfügung steht, um sich individuell mit einem Thema zu beschäftigen und andererseits die Spannung, die aus dem Wechsel zwischen Einzel- und Gruppenarbeit entsteht, erhalten bleibt.

Das Arbeitsblatt links soll die Lerngruppe spielerisch in das Thema Präsentation einführen. Es geht darum, aus drei Begriffen einen Kurzvortrag von etwa drei Minuten Dauer zu entwickeln. Implizit geht es bei dieser Übung auch darum, die Hemmschwelle vor dem Präsentieren zu überwinden. In der Liste der Themen finden sich 'seriöse' Stichworte aus dem betrieblichen Alltag, die sich leicht zu einem Vortrag zusammenfügen lassen, als auch Stichworte aus völlig unterschiedlichen Gebieten wie beispielsweise „Duden - Dada - Dudelsack", die den sportlichen Ehrgeiz wecken sollen, ob es dem Referenten gelingt, daraus einen zusammenhängenden Kurzvortrag zu entwickeln. Der Lernberater, der diese Lerneinheit anleitet, sollte versuchen, die Lerngruppe zum spielerischen Umgang mit dem Thema Präsentation zu verlocken, weil das das Üben meist interessanter und einfacher macht. Da wir bei der Entwicklung des SLT-Trainings aber nicht davon ausgehen konnten, dass sich alle Gruppen darauf einlassen, sind in dem Arbeitsblatt beide Varianten eingebaut: eine 'seriöse', nah am Arbeitsalltag befindliche sowie eine experimentelle, herausfordernde Präsentation.

Rückmeldebögen steuern die Austauschphase im Plenum

Nachdem jeder aus der Lerngruppe seinen Kurzvortrag vorbereitet hat, präsentieren alle ihre Vorträge nacheinander im Plenum. Nach jedem Vortrag erhält der Referent eine Rückmeldung, die von den Gruppenmitgliedern zunächst individuell in einem Rückmeldebogen niedergeschrieben und dann im Plenum besprochen werden. Für den kleinen Stehgreifvortag eine schriftliche Rückmeldung zu geben, erscheint im ersten Moment sehr aufwändig und übertrieben. Allerdings fallen Rückmeldungen im Plenum in den meisten Lerngruppen zunächst sehr global aus. Die Lernenden

Vorträge vorbereiten **Präsentation**

Rückmeldung

S ehgreifvor rag

Mit diesem Bogen können Sie in strukturierter Form Vorträge bzgl. ihres Aufbaus beurteilen. Eine solche Rückmeldung an den/die Referenten ist immer dann besonders hilfreich, wenn deutlich wird, aus welchen Beobachtungen sich ihre Beurteilung ergibt. Bitte füllen Sie den Bogen während des Vortrages aus, und teilen Sie nach dem Vortrag Ihre Beobachtungen den Referenten noch einmal in mündlicher Form mit.

Rückmeldung von: **an:**

Aufbau

Ansprache		
fühlte mich persönlich angesprochen	①–②–③–④–⑤–⑥–⑦	Inhalte hatten nichts mit mir zu tun
Aussagen		
klare Aussagen	①–②–③–④–⑤–⑥–⑦	Ziele sind nicht nachvollziehbar
kurze Sätze		
kurze Sätze	①–②–③–④–⑤–⑥–⑦	verschachtelt, viele Nebensätze
Verben		
viele Verben	①–②–③–④–⑤–⑥–⑦	viele Substantive
starke Verben	①–②–③–④–⑤–⑥–⑦	viele schwache Verben (haben, sein…)
logischer Aufbau		
die Logik ist erkennbar	①–②–③–④–⑤–⑥–⑦	Argumente sind aneinandergereiht

Anmerkungen

Ich fand gut…	Ich würde verbessern …

1.4

Abb. 6.9. Seite 6 der Teilnehmerunterlagen der 1. Lerneinheit

versuchen, alles zu berücksuchtigen, was mit Präsentation zu tun hat. Im Selbstlernprogramm sollen die Teilnehmer aber an einzelnen Aspekten des Präsentationsverhaltens arbeiten und diese verbessern. Die Rückmeldung im Plenum soll den Lernenden ermöglichen, ihre Lernfortschritte in diesen jeweiligen Einzelaspekten zu überprüfen. Dafür müssen die Gruppenmitglieder das Präsentationsverhalten genau beobachten und dann detailliert rückmelden. Diesen Prozess der Konkretisierung unterstützen die schriftlichen Rückmeldungsbögen. In der ersten Lerneinheit setzt der Lernberater in der Lerngruppe den Standard, Rückmeldungen nicht grundsätzlich sondern spezifisch zu gestalten. Deshalb wird schon in der ersten Präsentation mit dem schriftlichen Rückmeldebogen gearbeitet.

Rückmeldebögen sollen die Gruppe ermuntern, spezifisches Feedback zu geben

Die Rückmeldebögen bestehen aus vier Blöcken. Zunächst wird im grau unterlegten Kasten erklärt, wofür diese strukturierte Form der Rückmeldung gut ist und wie sie abläuft. Im zweiten Block notiert der Lerngruppenteilnehmer seinen Namen und den Adressaten seiner Rückmeldung, da im Laufe einer Selbstlerneinheit eine Menge Rückmeldebögen ausgefüllt werden. Außerdem kann der Feedbacknehmer auch später wenn er beispielsweise die Lerneinheit noch einmal nachbereitet, die Rückmeldung dem jeweiligen Feedbackgeber zuordnen. Oft ist diese Kontextinformation hilfreich zum Verständnis von Feedback. Da die Rückmeldung nach dem Ausfüllen sowieso noch mündlich erfolgt, ist die Namensnennung auch unkritisch.

Die Beobachtungsskalen operationalisieren die Verhaltenstipps des Leittextes

Im dritten Block wird die Umsetzung der Verhaltenstipps aus dem Leittext rückgemeldet. Dafür gibt es eine Reihe von Skalen, deren Endpunkte jeweils sprachlich beschrieben sind und die dazwischen eine Skala mit sieben Ausprägungsstufen haben. Der Beobachter muss, wenn wir die erste Skala vom linken Bogen einmal als Beispiel nehmen, entscheiden, ob ihn der Kurzvortrag persönlich angesprochen hat, ob er ihn teilweise angesprochen hat oder ob er nichts mit ihm zu tun hatte. Dementsprechend kreuzt er eine Zahl auf der Skala an. Die Zahlen sind nicht als Noten sondern als Positionsangaben gedacht, die die mündliche Rückmeldung erleichtern.

Die Formulierungen in den Skalen sind möglichst nah an den Tipps aus den Leittexten orientiert. So beziehen sich die ersten beiden Skalen des Rückmeldebogens auf der linken Seite auf die erste Seite des Leittextes und die übrigen drei auf die zweite Seite.

Halboffene Fragen ermöglichen individuelle Rückmeldungen

Im vierten Block haben die Lerngruppenmitglieder bei den beiden halboffenen Fragen die Möglichkeit, individuelle Aspekte zurückzumelden. Diese beiden Fragen wiederholen sich auf jedem Rückmeldebogen. Allerdings sollen sich auch diese individuellen Rückmeldungen auf das spezifische, gerade zu übende Verhalten beziehen. Hier ist der Lernberater, wie oben schon beschrieben, ein wichtiger Modellgeber in der ersten Lerneinheit. Die mündliche Rückmelderunde muss von der Lerngruppe effektiv genutzt werden, weil meist pro Teilnehmer maximal fünf Minuten zur Verfügung stehen. Die Lernenden sollten deshalb in ihrer Rückmeldung Akzente setzen, also nur das ihrer Meinung nach wichtigste rückmelden. Die übrigen Aspekte kann der Feedbacknehmer ja in den Bögen nachlesen.

Im zweiten Leittext der ersten Lerneinheit geht es um die Strukturierung von Vorträgen. Auf der ersten Seite werden zwei einfache Gliederungen beschrieben, mit denen sich die meisten Vorträge ordnen lassen. Mit der Standpunktformel lässt sich gut die eigene Meinung zu einem Thema vertreten, und die Problemlösungsformel kann zur Darstellung eines problematischen Sachverhaltes dienen. Beide Formeln haben eine ähnliche fünfstufige Dramaturgie. Auf der zweiten Seite geht es darum, wie man sich einen möglichst hilfreichen Stichwortzettel für einen Vortrag anfer-

Leittexte sind so knapp gefasst, dass sie möglichst in 10-15 Minuten bearbeitbar sind

Vorträge vorbereiten **Präsentation**

Formeln fürs (Über-)leben	Wenn Sie schnell, ohne große Vorbereitung, einen Vortrag halten sollen, helfen Ihnen die Standpunkt- und die Problemlösungsformel meistens aus dem Dilemma, die Gedanken zügig ordnen zu müssen.
Standpunktformel	Sie stellen dar, wie sie zu einer Sache stehen und erweitern dann Ihren Standpunkt, indem Sie die anderen zu überzeugen versuchen, den Standpunkt zu teilen.
❶ Standpunkt	Wie stehen Sie zu dem Thema? Was soll geschehen? Versuchen Sie, mit kraftvollen Verben und ohne Einschränkungen wie dem Konjunktiv („ein Stück weit sollten wir doch entgegenkommen"), zu sprechen.
❷ Begründungen	Begründen Sie, wie Sie zu dieser Meinung kommen. Sie können eine logische Kette aufbauen, chronologisch erzählen, wie sich Ihre Meinung entwickelt hat oder Ihre Gefühle schildern.
❸ Beispiele	Bringen Sie ein oder zwei Beispiele zur Untermauerung. Nicht die Masse sondern die Klasse machts.
❹ Schlussfolgerung	Was folgt aus den Beispielen? Welche Konsequenzen ergeben sich?
❺ Aufforderung, Appell	Was sollen die Zuhörer denken, fühlen oder tun?
Problemlösungsformel	Mit der Problemlösungsformel können Sie auf die Frage antworten, wie ein Missstand beseitigt werden soll.
❶ Ist-Zustand (Missstand)	Was kennzeichnet den gegenwärtigen, nicht zufriedenstellenden Zustand?
❷ Ursachen	Woran liegt es? Was sind die Fehlerquellen?
❸ Soll-Zustand (Ziel)	Was wollen Sie erreichen? Wie sieht das Ziel aus?
❹ Lösung	Mit welchen Methoden oder Maßnahmen lässt sich das Ziel erreichen?
❺ Aufforderung, Appell	Was sollen die Zuhörer denken, fühlen oder tun?

1.3

Abb. 6.10. Seite 7 der Teilnehmerunterlagen der 1. Lerneinheit

tigt. Um die drei Tipps auch greifbar zu machen, sind zwei Stichwortzettel zum gleichen Thema abgebildet. Einer besteht aus langen Sätzen und unterstützt die Logik der Aussagen nicht optisch. Der andere Stichwortzettel zeigt die Umsetzung der Tipps. Wenn man versucht, mit Hilfe der beiden Zettel den Vortrag über Azubis als Unternehmer zu halten, wird der Unterschied schnell deutlich. Auch dieser Leittext beschränkt sich also auf wenige Informationen, die aber so beschrieben werden, dass sie für den Leser gut in der folgenden Übung umsetzbar sind.

Beispiele machen die Tipps in den Leittexten greifbarer

Vorträge vorbereiten **Präsentation**

Stichwortzettel vorbereiten	Ein guter Stichwortzettel gibt dem Redner Sicherheit.
Halbsätze aufschreiben	Wenn Sie den Vortrag ausformulieren und dann ablesen, klingen Sie schnell langweilig. Die Zuhörer schalten ab. Einzelne Schlagwörter bringen einen schnell ins Schleudern, weil man beim Reden viel über die Formulierungen nachdenkt. Deshalb Halbsätze (Substantiv & Verb).
Organizer für den schnellen Überblick einsetzen	Absätze, Einrücken, Zeichen wie: =, =>, ● oder → helfen, sich schnell auf dem Notizzettel zu orientieren.
kurze Zeilenbreite verwenden	weil man sie schneller erfassen und lesen kann.

schlech

Azubis als Un ernehmer

Auszubildende sollten in ihrer Ausbildung die Chance bekommen, als Unternehmer tätig zu werden. Unternehmer sein heißt, ein Produkt herzustellen, zu verkaufen und das Ergebnis zu verantworten.

Warum aber das Ganze?

- Azubis sollen eigenständig handeln können und sich verantwortlich fühlen. Das können sie nur lernen, wenn sie es auch ausprobieren.
- Azubis sollten in realistischen Situationen gefordert werden, sie sollten die eigenen Grenzen spüren und überwinden.
- die Qualifikation und die Qualitäten der Azubis zu erkennen, liegt im Interesse der Firma.
- und schließlich motiviert Verantwortung.

Ein kleines Beispiel:
Die Firma Hennes & Mauritz setzt Gruppen von Azubis als Filialleiter ein. Sie sind eigenständig und verantwortlich. Die Azubis organisieren die Ware, führen das Personal und rechnen die Einnahmen ab. Die „normalen“ Leiter sind nicht anwesend, können aber um Hilfe gebeten werden.

Gruner+Jahr sollte seinen Azubis die Chance geben, als Unternehmer tätig zu werden.
Die Azubis des 3. Lehrjahrs könnten z.B. eine Zeitschrift zum jährlichen Hafengeburtstag in eigener Firma produzieren und vertreiben. Sie könnten mit der Journalistenschule zusammenarbeiten.

Wenn ein Azubi sich *trauen* soll, Verantwortung zu übernehmen,
müssen Sie zunächst ihm *vertrauen*,
ihm etwas *anvertrauen* – einen kleinen Zeitschriftenverlag.

besser

Azubis als Un ernehmer

Azubis die Chance geben, Unternehmer zu sein
= Produkt herstellen, verkaufen, Ergebnis verantworten

Warum?

- Azubis eigenständig handeln lassen
  => fühlen sich verantwortlich
- Azubis in realistischen Situationen fordern
  => spüren und überwinden eigene Grenzen
- Firmeninteresse:
  Qualifikation und Qualitäten der Azubis erkennen
- Verantwortung motiviert

Beispiel Hennes & Mauritz:
Gruppe von Azubis als Filialleiter
→ Ware organisieren
→ Personal führen
→ Einnahmen abrechnen
„normale“ Leiter nicht da, geben aber Hilfestellung

G+J sollte Azubis eine Chance als Unternehmer geben:
3. Lehrjahr produziert Zeitschrift zum Hafengeburtstag
eigene Firma!
mit Journalistenschule zusammenarbeiten

Wenn Azubi sich **trauen** soll,
Verantwortung zu übernehmen,
müssen Sie zunächst ihm **vertrauen**,
ihm etwas **anvertrauen** – einen kleinen Zeitschriftenverlag.

1.4

Abb. 6.11. Seite 8 der Teilnehmerunterlagen der 1. Lerneinheit

Manchmal ist es sinnvoll, in einem Arbeitsblatt eine Zusammenfassung des Leittextes zu geben

Die Anwendung von Standpunktformel und Notizzetteln üben die Teilnehmer wieder in einem Kurzvortrag, den sie in 15 Minuten vorbereiten sollen. Damit sie nicht während der Einzelarbeit im Leittext nachschlagen müssen, sind die Standpunkt- und die Problemlösungsformel im Arbeitsblatt noch einmal aufgeführt. Die Themen sind in dieser zweiten Übung schon sachlicher gehalten und beziehen sich auf unterschiedliche Aspekte des beruflichen Alltags. Wo die Wahl des Themas nicht so wichtig für Übung ist, kann es sinnvoll sein, auch eigene Themen zuzulassen, wie unten zu sehen.

Vorträge vorbereiten **Präsentation**

Arbeitsblatt

S andpunk vor rag

Bitte bereiten Sie einen kleinen Vortrag von etwa 5 min Dauer vor, der eines der unten aufgeführten Themen behandelt. Setzen Sie die Standpunkt- oder die Problemlösungsformel als Gliederung ein.
Zur Vorbereitung haben Sie 15 min Zeit. Danach hält jeder seinen Vortrag und hört direkt im Anschluss die Eindrücke der anderen. Dafür nutzen Sie bitte den Rückmeldebogen.

Standpunktformel

❶ Standpunkt
❷ Begründungen
❸ Beispiele
❹ Schlussfolgerung
❺ Aufforderung, Appell

Problemlösungsformel

❶ Ist-Zustand (Missstand)
❷ Ursachen
❸ Soll-Zustand (Ziel)
❹ Lösungsweg
❺ Aufforderung, Appell

Themenvorschläge

Warum ist meine Abteilung für die Firma wichtig?

Organisierte Arbeit oder kreatives Chaos – wie sieht mein Schreibtisch aus?

Wenn ich Unternehmer wäre, würde ich...

Computer – Spielzeug, Werkzeug oder Belästigung?

Wie sollen Mitarbeitergepräche geführt werden?

Nützen Frauenförderprogramme?

Plädoyer für meine Berufsausbildung – was hat sie mir gebracht.

Alkohol am Arbeitsplatz – wie soll das geregelt werden?

Ausbau des öffentlichen Nahverkehrs

(Ein eigenes Thema)

1.5

Abb. 6.12. Seite 9 der Teilnehmerunterlagen der 1. Lerneinheit

Der Rückmeldebogen ist in seiner Grundstruktur identisch mit dem aus der ersten Übung. Nur soll hier rückgemeldet werden, ob es dem Lernenden geglückt ist, seinen Kurzvortrag klar zu gliedern. Außen vor bleibt bei dem Rückmeldebogen der zweite Aspekt des vorangegangenen Leittextes: das Erstellen eines Stichwortzettels. Da das nicht im Plenum beobachtbar war, wurde es nicht mit in den Rückmeldebogen aufgenommen. Auch hier schließt der Rückmeldebogen wieder mit der Möglichkeit, indviduelle Beobachtungen als Stärken und Schwächen zu notieren.

Rückmeldebögen können auch nur Teilaspekte eines Leittextes abbilden

Vorträge vorbereiten **Präsentation**

Rückmeldung

S andpunk vor rag

Mit diesem Bogen können Sie in strukturierter Form Vorträge bzgl. ihrer Gliederung beurteilen. Eine solche Rückmeldung an den/die Referenten ist immer dann besonders hilfreich, wenn deutlich wird, aus welchen Beobachtungen sich Ihre Beurteilung ergibt. Bitte füllen Sie den Bogen während des Vortrages aus, und teilen Sie nach dem Vortrag Ihre Beobachtungen den Referenten noch einmal in mündlicher Form mit.

Rückmeldung von: **an:**

Gliederung

Standpunkt / Ist-Zustand
klar dargestellt ①–②–③–④–⑤–⑥–⑦ unklar, diffus
Begründungen / Ursachen
klar dargestellt ①–②–③–④–⑤–⑥–⑦ unklar, diffus
Beispiele / Soll-Zustand
klar dargestellt ①–②–③–④–⑤–⑥–⑦ unklar, diffus
Schlussfolgerung / Lösungsweg
klar dargestellt ①–②–③–④–⑤–⑥–⑦ unklar, diffus
Aufforderung, Appell
klar dargestellt ①–②–③–④–⑤–⑥–⑦ unklar, diffus

Anmerkungen

Ich fand gut ...	Ich würde verbessern ...

1.6

Abb. 6.13. Seite 10 der Teilnehmerunterlagen der 1. Lerneinheit

Nach der ersten Lerneinheit geht es beim Selbstlernen im Team (SLT) in den nächsten Lerneinheiten weiter um Basistechniken: Verständlich reden und schreiben, Körpersprache einsetzen, Stress vermeiden, ansprechend visualisieren und Medien gezielt einsetzen lauten die Titel der Lerneinheiten zwei bis sechs. In den Lerneinheiten sieben und acht geht es vertiefend um Argumentationstechniken. Wie gehe ich mit Einwänden um und wie entwickle ich eine Dramturgie für meinen Vortrag, lauten die Themen. In der neunten Einheit präsentieren sich die Teilnehmer gegenseitig einen Vortrag aus ihrem Arbeitsgebiet. Dabei sollen sie die Lerninhalte aus allen acht Lerneinheiten anwenden. Das Feedback für die Vorträge fällt besonders intensiv aus. Neben einem umfangreichen Rückmeldebogen werden die Vorträge auch auf Video aufgezeichnet. Manche Lerngruppen setzen Videoaufzeichnungen auch in allen Lerneinheiten ein. Dann zeichnet jeder Lerngruppenteilnehmer seine Übungsvorträge auf einer persönlichen Videocassette auf. Die Videos können zwar aus Zeitgründen nicht während der Lerneinheiten ausgewertet werden. Die SLT-Teilnehmer können aber individuell anhand der kontinuierlichen Videoaufzeichnung ihren Lernfortschritt überprüfen.

Das Feedback wird im Verlauf der Lerneinheiten immer intensiver und kann mit Videoaufnahmen unterstützt werden

Über die Einschätzung des Lernerfolges durch die Lernenden selber und die Lernberater wurde in Kapitel 5 berichtet. An dieser Stelle möchte ich noch einige persönliche Eindrücke ergänzen. Im Stoffumfang entspricht das SLT „Erfolgreich Präsentieren" einem Grund- und Aufbauseminar in Präsenzform von etwa fünf Tagen Dauer. Die von den SLT-Teilnehmern aufgewendete Zeit ist mit 27 Stunden in etwa gleich. Ich war auf einer ganzen Reihe von Abschlusslerneinheiten anwesend. Da ich auch seit vielen Jahren Präsenzseminare zum gleichen Thema gebe, liegt also ein – zugegebenermaßen subjektiver – Vergleich der beiden Lernformen nahe. Nach meinem Eindruck war die Präsentationsleistung der SLT-Teilnehmer mindestens gleichrangig mit denen von Teilnehmern an Präsenzseminaren. Es gab aber zwei deutliche Unterschiede: Die SLT Teilnehmer besaßen deutlich größere Beobachtungs- und Beschreibungsfähigkeiten von Präsentationsverhalten und die Präsentationsmethoden wirkten mehr verinnerlicht als bei Präsenzseminarteilnehmern.

SLT-Trainings fördern die Beobachtungsfähigkeit und das Verinnerlichen der Lerninhalte

Ich führe das auf die kontinuierlichen Rückmeldungen in der Lerngruppe und die längere Laufzeit des SLT-Trainings zurück. In Präsenzseminaren beschäftigen sich die Teilnehmer kurz und intensiv mit einer Thematik. Beim SLT-Training mit seiner Laufzeit von zwei bis drei Monaten bleibt das Thema über einen langen Zeitraum virulent. Das Wissen kann sich dadurch vermutlich besser festigen.

6.3 Das SLT-Training „Effiziente Besprechungen"

Das SLT-Training „Effiziente Besprechungen" ist deutlich kompakter gestaltet als das SLT-Training „Erfolgreich Präsentieren". Es umfasst fünf Lerneinheiten von je drei Stunden Dauer. Zielgruppe sind Mitarbeiter in Organisationen, die öfter selber Besprechungen leiten und die Arbeits- und Steuerungsmethoden für Besprechungen erlernen wollen.

Das SLT „Effiziente Besprechungen" enthält ein inhaltliches Grundkonzept, an dem alle fünf Lerneinheiten ausgerichtet sind

Anders als beim SLT „Erfolgreich Präsentieren" gibt es bei diesem SLT-Training ein inhaltliches Grundkonzept, das die Gliederung aller Lerneinheiten bestimmt. Danach lassen sich die Themen, die auf Besprechungen bearbeitet werden, einem von vier Aktivitätstypen zuordnen: Die Teilnehmer sollen informiert werden, es sollen Themen gemeinsam bearbeitet werden um z.B. Problemlösungen zu erarbeiten, die Teilnehmer sollen Entscheidungen treffen oder sie sollen gemeinsam planen. Effiziente Besprechungen lassen sich organisieren, indem für jedes Thema zunächst der Aktivitätstyp festgelegt und dann die zur Aktivität passenden Arbeitsmethoden genutzt werden. Zusätzlich wird in dem SLT eine Philosophie der kontinuierlichen Verbesserung der Besprechungsqualität vermittelt. Die Gliederung der fünf Lerneinheiten folgt diesem inhaltlichen Ansatz:

Die inhalte der fünf Lerneinheiten

1. Informationen vermitteln und aufnehmen
   In der ersten Stunde der ersten Lerneinheit führt der Lernberater die Gruppe in das selbstgesteuerte Lernen im Team (SLT) ein. Danach sehen die Teilnehmer zunächst ein Video mit einer typischen schlechten Besprechung. Danach liest jeder für sich einen Leittext, der erklärt, wie er Informationen verständlich formulieren kann. In einer Übung bereitet jeder für sich einen kurzen Text möglichst verständlich auf. In der Austauschphase hält die Lerngruppe eine Besprechung ab, auf der jeder sein Thema vorträgt und mittels eines Rückmeldebogens ein Feedback von der Gruppe erhält. Anschließend üben jeweils zwei Lerngruppenmitglieder, Informationen möglichst aktiv aufzunehmen. Sie diskutieren ein Thema und fassen jeweils gegenseitig das Gehörte zusammen, bevor sie neue Argumente einbringen. Bevor sie starten, lesen sie auf dem zugehörigen Arbeitsblatt Tipps für aktive Zuhörer durch.
   In einem zweiten Durchlauf durch die Lernschleife üben sie anschließend das Visualisieren von Inhalten. Sie lesen einen Leittext und machen danach eine Besprechung mit einem Leiter, der die Visualisierung übernimmt. Jeder Teilnehmer erhält vor Besprechungsbeginn einige individuelle Informationen, die teils notwendig, teils überflüssig und teils ungewöhnlich formuliert sind. Die Gruppe hat die Aufgabe, die Informationen zusammenzutragen, zu sichten und so zusammenzufügen, dass sie gemeinsam eine Frage beantworten können.
2. Themen gemeinsam bearbeiten
   Die zweite Lerneinheit sei hier nur kurz skizziert, weil sie im weiteren Kapitel mit allen Materialien im Detail dargestellt wird. Jeder liest für sich einen Leittext , in dem die vier Aktivitätstypen bzw. Phasen einer Besprechung vorgestellt werden. Danach sieht die Gruppe ein Video mit

unklaren Besprechungsphasen. Jeder listet Kritikpunkte auf, die nach dem Anschauen des Videos in der Gruppe besprochen werden.
Im zweiten Teil der Einheit beschäftigt sich die Gruppe mit dem gemeinsamen Erarbeiten von Themen. Sie lernen das Steuern der Gruppe mit Leitfragen kennen. Im dritten Teil lernen sie eine Methode kennen, um in einer Gruppe strukturiert Probleme bearbeiten zu können und wenden diese bei einem Fallbeispiel an.

3. Entscheiden und planen
In dieser Einheit werden zwei Aktivitätstypen behandelt. Zunächst geht es darum, zwei Entscheidungsmethoden kennenzulernen: Mehrpunktfragen und eine Entscheidungsmatrix. Dazu teilt sich die Lerngruppe in Halbgruppen. Jede Kleingruppe liest einen Leittext zu einer der Entscheidungsmethoden, bereitet an Hand eines Fallbeispiels eine Entscheidung vor und führt sie nacheinander in der Gesamtgruppe durch. Dafür bekommt sie eine Rückmeldung.
Anschließend plant die Gruppe, wie sie ihre Beschlüsse aus dem Fallbeispiel umsetzen kann. Dafür nutzt sie einen Maßnahmenplan als Methode, der ihr in einem Arbeitsblatt vorgestellt wird. Als zweite Planungsmethode soll die Selbstlerngruppe den Ablauf einer Besprechung planen. Zunächst sehen sie gemeinsam ein Video, in dem die Beteiligten nacheinander ihre Ziele und Interessen bei einer startenden Projektgruppe darstellen. Anschließend plant die Gruppe gemeinsam den Ablauf der ersten Projektsitzung und vergleicht ihre Planung mit einer Musterlösung. Zum Abschluss liest jeder einen Leittext, in dem Methoden dargestellt werden, mit denen ein Leiter eine Besprechung steuern kann. Jeder beantwortet für sich einige Reflexionsfragen und diskutiert diese danach mit den anderen Gruppenmitgliedern.

4. Besprechnungsqualität verbessern
Auch diese Lerneinheit beinhaltet zwei Themen. Zunächst sieht sich die Gruppe ein Video mit einer klonfliktreichen Besprechung an. Sie stoppt das Video an Konfliktpunkten, diskutiert Lösungsmöglichkeiten und vergleicht ihre Ideen am Schluss mit einer Musterlösung. Danach testen Zweiergruppen die Wirkung von konfliktverschärfenden Äußerungen aus. Anschließend liest jeder sich einen Leittext zum Umgang mit Konflikten durch. Im zweiten Teil der Lerneinheit ist der Lernberater anwesend. Die Gruppe führt in einem Rollenspiel mit vorgegenen Rollen eine Besprechung durch, bei der ein Konflikt auftritt. Ein Lerngruppenteilnehmer versucht als Besprechungsleiter den Konflikt kooperativ zu klären. Anschließend analysieren alle gemeinsam den Ablauf. Das zweite Thema betrifft die Qualitätsverbesserung von Besprechungen. Dazu sind die Methoden der vier Lerneinheiten in einer Checkliste zusammengefasst. Die Gruppe diskutiert, wie jeder die Ideen in seiner Abteilung umsetzen kann. Zum Schluss plant die Gruppe die Abschlusseinheit.

Die Abschlusseinheit dient dazu, alles Gelernte noch einmal gemeinsam anzuwenden

5. In der Abschlusseinheit führt die Gruppe eine große Besprechung durch. Jeder Teilnehmer leitet die Besprechung zu einem Thema, das er vorbereitet hat. Dabei soll er die gelernten Methoden anwenden und erhält für seine Leitung eine Rückmeldung.

Auf den folgenden Seiten wird die zweite Lerneinheit mit allem Material im Detail dargestellt, um ein zweites Beispiel für die Umsetzung der Methoden des selbstgesteuerten Lernens im Team zu geben. Die Methoden und die äußere Form sind nahezu identisch mit dem SLT „Erfolgreich Präsentieren“. Allerdings gibt es beim SLT „Wege zu effizienten Besprechungen“ mehr Lerndende, die über Probleme mit Lernform und-inhalten berichten. Woran das liegen könnte, wird am Ende dieses Kapitels diskutiert. Die Abbildung unten zeigt den Ablauf der zweiten Lerneinheit.

Die zweite Lerneinheit zeigt exemplarisch die Umsetzung

Themen bearbeiten **Besprechung**

Organisation

Themen gemeinsam bearbeiten

Überblick

In der zweiten Einheit lernen Sie vier verschiedene Arbeitsmethoden und -arten für Besprechungen kennen. Tipps für das Vermitteln von Informationen haben Sie bereits in der ersten Einheit erhalten. In dieser geht es darum, Besprechungen zu leiten, auf denen ein Thema gemeinsam bearbeitet werden soll. Sie werden die Gruppe mit Leitfragen steuern und so Ideen und Vorschläge sammeln. Anschließend entwickeln Sie für ein Vermarktungsproblem eine Problemlösung. Die anderen beiden Methoden – Entscheidungen treffen und Maßnahmen planen – üben Sie in der dritten Einheit.

Ablauf	**Zeit**	**Inhalt**	**Ziel**	**Material**
orientieren	1	Jeder liest für sich den Leittext zum Thema „Arbeitsmethoden einsetzen“.	Arbeitsmethoden für Besprechungsphasen kennenlernen	Leittext (L2.1 - 2.2)
	2	Alle sehen ein Video von einer Besprechung, die nicht effizient verläuft. Jeder listet Kritikpunkte und Verbesserungsideen auf, die dann in der Gruppe diskutiert werden.	Ineffizientes Besprechungsverhalten beobachten Fehler in der Besprechung erkennen	Video „Besprechungsphasen geraten durcheinander“, Arbeitsblatt (2.3)
	15	Alle sehen ein Video mit einer verbesserten Besprechung.		Video „Arbeitsmethoden passend eingesetzt“
orientieren	5	Jeder liest den Leittext „Themen gemeinsam bearbeiten“.	Leitfragen kennenlernen	Leittext (L2.3)
erleben	1	In 3 Kleingruppen erarbeiten die Teilnehmer eine Leitfrage.	Das Formulieren von Leitfragen üben	Arbeitsblatt (2.4)
	6	In einer Besprechung üben alle das gemeinsame Bearbeiten von Themen. Ein Teilnehmer jedes Paares bearbeitet sein Thema (je 1 ').	Als Leiter Ideen sammeln, zusammenfassen und visualisieren üben	
austauschen		Danach bekommt er Rückmeldung.		Rückmeldebogen (2.5)
orientieren	1	Jeder liest für sich den Leittext zum Thema „Eine Problemlösung gemeinsam erarbeiten“.	Leitfragen für Problembearbeitungen kennenlernen	Leittext (L2.4 - 2.5)
erleben	4	Die Gruppe erarbeitet in einer Besprechung zu einem Thema Problemlösungsvorschläge. Je ein Teilnehmer leitet die Gruppe in den 3 Schritten der Problemlösung.	Die Leitfragensequenz anwenden	Arbeitsblatt (2.6)
austauschen	1	Jeder füllt zunächst den Rückmeldebogen für sich aus. Dann tauscht sich die Gruppe über ihre Einschätzung des Ablaufs aus.		Rückmeldebogen (2.7)

2.1

Abb. 6.14. Seite 1 der Teilnehmerunterlagen der 2. Lerneinheit

Das Organisationsblatt weist auf die doppelte Funktion der Lerngruppe hin

Die zweite Seite der Organisationsblätter widmet sich unter anderem möglichen Stolpersteinen. Neben dem Zeitmanagement geht es um Probleme, die in der Austauschphase der Lernschleife entstehen können. Im Gegensatz zum SLT „Erfolgreich Präsentieren" sind die Lernenden in dieser Phase nicht nur passive Rezipienten eines fertigen Vortrages sondern Beteiligte eines Gruppenprozesses, der das Lernergebnis teilweise erst herstellt. Im Anschluss daran sollen sie die Rolle wechseln und Rückmeldung über den Lernerfolg geben. Dieser Rollenwechsel ist für einige Teilnehmer nicht einfach.

Themen bearbeiten **Besprechung**

Organisation

Stolpersteine	✗ Die Zeit für die Kritik des 1. Videos ist mit 1 Minuten sehr kurz. ➡ Diskutieren Sie nicht alle Kritikpunkte aus, sondern erzählen Sie sich gegenseitig Ihre Einschätzungen. Es geht darum, von den anderen Anregungen zu bekommen. Sie müssen kein Gruppenergebnis bekommen. ✗ In der Übung mit der Leitfrage fließen die Ideen nur spärlich. ➡ Es kann sein, dass die Frage nicht ansprechend formuliert ist oder der Leiter keine anregende Atmosphäre schafft.	Teilen Sie ihm dies im Rückmeldebogen mit. Es könnte aber auch sein, dass Sie die Fragestellungen zu ‚theoretisch' finden. Probieren Sie dann trotzdem, Ideen zu produzieren, um dem Leiter die Chance zum Üben zu geben. ✗ In der Problemlösungsübung kann die Gruppe sich nicht einigen, zu welcher Leitfrage eine Information gehört. ➡ Gehen Sie pragmatisch vor: Es ist wichtiger, dass die Information am Flippchart steht, als unter welcher Leitfrage.
Materialien	- Leittext „Arbeitsmethoden einsetzen" (L2.1 - 2.2) - Arbeitsblatt „Besprechungsverhalten kritisieren" (2.3) - Leittext „Themen gemeinsam bearbeiten" (L2.3)	- Arbeitsblatt „Themen gemeinsam bearbeiten" (2.4)
weitere Infos	Zum Thema „Gemeinsames Erarbeiten" Klebert, Schrader und Straub: Kurzmoderation Windmühle Verlag, Hamburg 1987	Als Überblick Hedwig Kellner: Konferenzen, Sitzungen, Workshops effizient gestalten Hanser Verlag, München 1995
Vorbereitung	- Videorecorder bzw DVD-Spieler und Fernseher bereitstellen - Trainingsvideo bzw. DVD organisieren - Flippchart und Filzstifte bereitstellen - Rückmeldebogen „Themen gemeinsam bearbeiten" (2.5) kopieren: Anzahl = 3 x Teilnehmerzahl	- Wenn die Gruppe die Übungen mit Video aufnimmt: Camcorder und Kassette bereitstellen

2.2

Abb. 6.15. Seite 2 der Teilnehmerunterlagen der 2. Lerneinheit

Die Lerneinheit beginnt mit einem Leittext, den jeder für sich liest. Mit dem Text wird das Konzept der vier Arbeitsphasen eingeführt. Zunächst wird an einer kleinen Besprechungssequenz illustriert, warum ein strukturiertes Vorgehen hilfreich ist. Dann werden die vier Phasen nacheinander vorgestellt und passende Arbeitsmethoden empfohlen. Den Lernenden soll besonders nahe gebracht werden, dass Besprechungszeit teuer ist, weil die Arbeitszeit aller Beteiligten gebunden wird. Oft lohnt es sich deshalb zu prüfen, ob ein bestimmtes Thema überhaupt effizient in einer Besprechung

Der Leittext erklärt das Grundkonzept der Besprechungssteuerung

Arbeitsmethoden einsetzen **Besprechung**

Leittexte

Arbeitsmethoden einsetzen

Besprechungen beinhalten meist unterschiedliche Arbeitsphasen: die Besprechungsteilnehmer informieren sich, sie erarbeiten gemeinsam etwas, sie entscheiden über Lösungsalternativen oder planen Maßnahmen. Für jede dieser Arbeitsphasen sollten andere Arbeitsmethoden eingesetzt werden, um sie effizient zu nutzen. Sonst verläuft die Besprechung vielleicht wie links beschrieben.

> Ein Abteilungsleiter eröffnet die Sitzung. Er erzählt den Mitarbeitern den Stand eines Projektes. Für ein Problem braucht er Ideen. Er macht zunächst einige Vorschläge, bittet dann die Teilnehmer um Äußerungen und schreibt diese mit.
> Anschließend entwickelt sich eine Diskussion, welches die beste Idee sei. Der Vorgesetzte folgt der Diskussion, bricht sie irgendwann ab, verkündet seine Entscheidung und beendet die Sitzung.

Dass der Vorgesetzte in der Informationsphase so aktiv war, war sicherlich für die Teilnehmer hilfreich. Danach werden sie sich eher vom Vorgesetzten gebremst und behindert gefühlt haben. Auch das Arbeitsergebnis wird kaum optimal sein. Lassen sie uns betrachten, wie sie die vier Arbeitsphasen effizienter gestalten können:

die Teilnehmer informieren

Fragen Sie sich vorher, ob es wirklich notwendig ist, die Teilnehmer auf der Besprechung zu informieren. Sie könnten stattdessen z.B. einen Abteilungsumlauf oder einen Aushang machen.

Informationsphasen auf Besprechungen ermöglichen es Ihnen, zu überprüfen, ob die Information angekommen ist und mögliche Fragen sofort zu klären.

Besprechungszeit ist kostbar. Fangen Sie also nicht erst während der Sitzung an, Ihre Gedanken zu ordnen und zu überlegen, was Sie den anderen mitteilen wollen.

Formulieren Sie die Inhalte vor der Besprechung so, dass die anderen sie leicht aufnehmen können (s. 1. Einheit).

Informationen werden besser aufgenommen, wenn sie gehört und gesehen werden. Deshalb sollten Sie die wichtigsten Punkte vorher auf ein Flippchart, eine Folie oder ein Arbeitspapier geschrieben haben, so dass alle Teilnehmer sie mitverfolgen können.

Themen gemeinsam bearbeiten

Fragen Sie sich zunächst, ob die Besprechung wirklich der geeignete Rahmen für die Erarbeitung der Inhalte ist. Dieser Prozess ist sehr zeitaufwendig. Sie könnten

L2.1

Abb. 6.16. Seite 3 der Teilnehmerunterlagen der 2. Lerneinheit

behandelt werden kann. Denn möglicherweise lassen die Teilnehmer auch durch einen Aushang informieren, oder ein Mitglied der Abteilung kann einen Lösungsvorschlag erarbeiten, statt dass sich alle darum kümmern.

Der Leittext gibt eine Einführung in die Inhalte der weiteren Lerneinheiten

Der Leittext führt in die Philosophie der Besprechungsphasen ein und gibt schon einen Ausblick auf die Arbeitsmethoden, die die Lernenden in dieser und den nächsten Lerneinheiten kennenlernen werden, bzw. die sie in der ersten Einheit schon ausprobiert haben.

Arbeitsmethoden einsetzen **Besprechung**

stattdessen Einen oder Mehrere bitten, das Thema zu bearbeiten und die Ergebnisse der Gruppe vorzulegen. Gemeinsames Erarbeiten von Themen ist hilfreich, wenn die meisten Anwesenden über einen Teil des notwendigen Wissens verfügen oder hinterher an der Umsetzung beteiligt sein sollen.

Der Besprechungsleiter steuert die Gruppe am Besten, indem er eine Leitfrage stellt und die Antworten der Gruppe sammelt und visualisiert (s. 1. Einheit). Mit weiteren Fragen kann er dann das Thema vertiefen (z.B. Welche Probleme können bei dem Projekt auftreten? Wie können wir diese Probleme vermeiden?...).

Entscheidungen treffen

Bevor Sie in eine Entscheidung einsteigen, prüfen Sie, ob die Sache wirklich schon entscheidungsreif ist. Liegen die für die Entscheidung notwendigen Informationen vor, und ist allen klar, was entschieden werden soll, d.h., sind die Handlungsalternativen klar beschrieben? Im Zweifel beauftragen Sie besser einen Teilnehmer, eine Entscheidungsvorlage (siehe 3. Einheit) zu erarbeiten, als den Prozess der Entscheidungsvorbereitung gemeinsam im Team zu leisten.

Sie sollten darauf achten, dass der Aufwand, eine Entscheidung zu fällen und deren Tragweite in einem angemessenen Verhältnis zueinander stehen.

Gerade bei Entscheidungen mit großer Tragweite ist es wichtig, die Lösungsalternativen nicht nur von ihren Verfechtern verteidigen zu lassen, sondern gemeinsam alle Alternativen darauf zu überprüfen, was sie leisten und was nicht.

Maßnahmen planen

Oft wird auf Besprechungen beschlossen, dass etwas getan werden soll, aber nicht was. Auch wird nicht festgehalten, wer für die Umsetzung verantwortlich ist und bis wann sie erledigt sein soll. Gewöhnen Sie sich an, wenn Sie auf einer Besprechung eine Entscheidung gefällt haben, zu überprüfen, ob ein Maßnahmenplan sinnvoll wäre.

Später mehr...

Auf den nächsten Seiten erfahren Sie Genaueres darüber, wie Sie Themen gemeinsam bearbeiten, Entscheidungen treffen und Maßnahmen planen können.

L2.2

Abb. 6.17. Seite 4 der Teilnehmerunterlagen der 2. Lerneinheit

Nach dem Leittext sieht die Lerngruppe ein Video, in der die Phasen nicht beachtet und Arbeitsmethoden falsch eingesetzt werden. Jeder soll während des Films für sich Kritikpunkte notieren. Nach dem Anschauen des Videos soll die Gruppe anhand der drei unten abgebildeten Leitfragen Kritikpunkte diskutieren und sich Handlungsalternativen überlegen. Anschließend sehen die Teilnehmer ein Video, wo die Besprechungsphasen und -methoden gut genutzt werden. Ziel diser Sequenz ist es, die Lernenden für das Phasenmodell zu sensibilisieren und ihnen ein Modell für die Umsetzung zu geben.

Ein Video zeigt eine schlechte Besprechung; die Gruppe listet auf einem Arbeitsblatt Fehler auf

Themen bearbeiten **Besprechung**

Arbeitsblatt

Besprechungsverhalten kritisieren

In dem Video „Besprechungsphasen geraten durcheinander", gehen verschiedene Arbeitsphasen durcheinander. Deshalb verliert die Besprechung an Effizienz. Schreiben Sie bitte (ggf. schon während des Videos) auf, wo etwas durcheinandergerät. Ergänzen Sie im Anschluss was dazu geführt hat und welche Arbeitsmethode nach Ihrer Meinung richtig gewesen wäre. Wenn alle fertig sind, tauschen Sie sich aus und diskutieren Sie Ihre Ergebnisse. Sie haben für die Aufgabe insgesamt 2 Min. zur Verfügung.

In welchen Situationen gerațen Arbeitsphasen durcheinander?	Was hat dazu geführt, dass etwas durcheinandergerät?	Welche der vier Arbeitsmethoden wäre angebracht gewesen?

Im nächsten Video sehen Sie einen verbesserten Ablauf der Besprechung. Dort wird auch noch einmal erklärt, was in der ersten Besprechung falsch lief und wie es verbessert wurde.

2.3

Abb. 6.18. Seite 5 der Teilnehmerunterlagen der 2. Lerneinheit

Die Tipps im Leittext sind möglichst handlungsnah formuliert

Im zweiten Teil geht es um das gemeinsame Erarbeiten von Inhalten. Der Leittext ist eine Art Mini-Moderationsanleitung. Der Leiter steuert die Gruppe mit Leitfragen und visualisiert die Beiträge der Teilnehmer. Der Leitext ist wie ein Verhaltens- 'Kochrezept' ausgeführt. Es werden die einzelnen Arbeitsschritte vor und während der Besprechung beschrieben. Die Tipps sind möglichst handlungsnah formuliert, um in der Lerngruppe eine schnelle Umsetzung zu ermöglichen. Allerdings ist die Zusammenfassung auf nur einer Seite sehr kurz für eine so komplexe Methode.

Themen bearbeiten **Besprechung**

Leittexte

Themen gemeinsam bearbeiten

Während bei Informationsphasen die Redeanteile sehr unterschiedlich verteilt sind, sollten beim Erarbeiten alle Besprechungsteilnehmer zu Wort kommen. Der Besprechungsleiter ist hier Dienstleister für die Gruppe: Er stellt Leitfragen, ordnet den Gedankenaustausch, hält die Gedanken fest und steuert die Arbeitsgeschwindigkeit.

Wie formulieren Sie eine Leitfrage?

- Überlegen Sie, welches Ziel Sie mit der Frage erreichen wollen?
- Formulieren Sie eine offene Frage, mit der Sie das Ziel erreichen können.

Die Kunst, die richtigen Fragen zu stellen

offene Fragen	**geschlossene Fragen**
• geben Denkanstöße	• engen den Antwortspielraum ein (Ja - nein, entweder - oder)
• sprechen persönlich an	• drängen zu Entscheidungen
• regen dazu an, Stellung zu beziehen	• werten und polarisieren
• fördern Ideenreichtum	• schließen den Dialog ab
• sind oft W-Fragen (was, wie, warum...)	
Beispiele	
Was wollen wir mit dem Projekt erreichen?	Haben Sie die Projektziele erreicht?
Welche Erfahrungen haben Sie gemacht?	Halten Sie sich für einen guten Verkäufer?
Worauf müssen wir bei der Umsetzung des Projektes achten?	Sind Sie anderer Meinung als die Experten des Bereichs?

- Notieren Sie sich die Frage, und überlegen Sie sich, was die Teilnehmer antworten werden. Bei Leitfragen steuert jedes Wort die Gruppe. Unter Umständen müssen Sie die Frage konkreter fassen: Statt: „Wie kann man Besprechungen verbessern?" konkreter: „Wie können wir unsere Besprechung verbessern?"

Wie leiten Sie die Gruppe?

- Schreiben Sie die Leitfrage für alle sichtbar, z.B. auf ein Flippchart, auf. Erläutern Sie kurz die Frage.
- Fassen Sie die Antworten der Teilnehmer in einem Halbsatz zusammen (siehe 1. Einheit) und schreiben Sie sie unter die Frage.
- Steuern Sie die Geschwindigkeit der Gruppe: Wenn viele Ideen auf einmal kommen, zeigen Sie den Teilnehmern, dass Sie die Wortmeldung gesehen haben, und arbeiten Sie die Beiträge nacheinander ab.
- Wenn sich niemand mehr äußert, lesen Sie die Ideen noch einmal vor.
- Machen Sie ggf. mit der nächsten Leitfrage weiter...

L2.3

Abb. 6.19. Seite 6 der Teilnehmerunterlagen der 2. Lerneinheit

In der anschließenden Übung geht es darum, das Moderieren zu üben. Die Lerngruppe teilt sich in drei Kleingruppen, die sich jeweils eine Leitfrage zu einem von drei vorgegebenen Themen überlegen sollen. Es gibt ein gemeinsames Oberthema, das die Kleingruppen in unterschiedlicher Richtung konkretisieren sollen. Die Themen sind so gewählt, dass sie Mitarbeiter aus unterschiedlichen Unternehmen und Abteilungen ansprechen. Die kurzen Texte auf dem Arbeitsblatt sollen die Kleingruppen in das Thema einführen und ihnen Ideen für eine Moderationsfrage geben.

Ein Arbeitsblatt kann auch schon den Ablauf der anschließenden Austauschphase beschreiben

Besprechung

Arbeitsblatt

Themen gemeinsam bearbeiten

① Teilen Sie sich in der Gruppe bitte so auf, dass 3 Kleingruppen entstehen. Teilen Sie jeder Gruppe eines der drei unten näher beschriebenen Themen „Qualität", „Außenwirkung" und „Ablaufverbesserung" zu. Setzen Sie sich 1 Minuten in den 3 Kleingruppen zusammen.
② Bereiten Sie in der Kleingruppe eine Leitfrage zu Ihrem Text vor, mit der Sie anschließend die ganze Gruppe in einer Besprechung durch einen Tagesordnungspunkt führen sollen. Halten Sie sich dabei an die Vorgaben aus dem Leittext „Themen gemeinsam bearbeiten" (L2.3).
③ Kommen Sie wieder in der Gruppe zusammen. Simulieren Sie eine kleine Besprechung mit drei Tagesordnungspunkten zu den drei Leitfragen.
Ein Mitglied einer Kleingruppe führt die Gruppe mit seiner Leitfrage durch den ersten Tagesordnungspunkt. Dafür gibt es 1 Minuten Zeit. Anschließend füllt jeder den Rückmeldebogen 2.5 aus. Wenn alle fertig sind, teilen sie dem Leiter Ihre Einschätzungen mit.
Danach folgt ein Teilnehmer der zweiten Kleingruppe mit Tagesordnungspunkt 2...

Sie sind Mitglieder einer internen Projektgruppe, deren Aufgabe es ist, auf verschiedenen Gebieten Maßnahmen zur Qualitätsverbesserung vorzuschlagen und diese möglichst weit auszuformulieren. Sie treffen sich nun mit Ihren „Mitstreitern", um gemeinsam Vorschläge zu erarbeiten.

Qualität (A)
Sie sind für die Produktqualität verantwortlich. Auf der Besprechung möchten Sie mit den anderen Ideen sammeln, wie die Qualität eines bestimmten Produktes oder einer Dienstleistung verbessert werden kann. Die Ideen sollen möglichst konkret und handlungsorientiert sein.
Konzentrieren Sie sich auf ein Produkt oder eine Dienstleistung. Der Begriff Qualität kann auf ganz unterschiedliche Aspekte, wie z.B. Eigenschaften, äußeres Erscheinungsbild oder Funktionen angewandt werden. Sie müssen sich also einen Aspekt heraussuchen, den Sie behandeln wollen.

Außenwirkung (B)
Sie sind für die Öffentlichkeitsarbeit verantwortlich. Auf der Besprechung möchten Sie mit den anderen Ideen sammeln, wie Ihre Organisation in der Öffentlichkeit noch mehr in Erscheinung treten kann. Auch ist es wichtig, dass die Organisation ein positives Image hat und die Bevölkerung die Firma sympathisch findet. Eine positive Einstellung lässt sich ja auf sehr unterschiedlichen Wegen erreichen.
Deshalb sollten Sie festlegen, auf welchem Gebiet Sympathie erreicht werden soll. Die Ideen sollten möglichst so konkret sein, dass Sie hinterher wissen, was zu tun ist.

Ablaufverbesserung (C)
Sie sind für die Verbesserung der internen Abläufe verantwortlich. Auf der Besprechung möchten Sie mit den anderen Ideen sammeln, wie interne Abläufe so verbessert werden können, dass die Beteiligten Zeit und Aufwand sparen. Die Ideen sollen möglichst konkret und handlungsorientiert sein.
Deshalb sollten Sie sich einen Ablauf auswählen, an dem die anderen beteiligt sind oder den sie kennen. (z.B. Beantwortung von Telefonanfragen oder Essensausgabe in der Kantine)

2.4

Abb. 6.20. Seite 7 der Teilnehmerunterlagen der 2. Lerneinheit

Den unten abgebildeten Rückmeldebogen nutzt die Gruppe, um den drei Moderatoren Rückmeldung für ihre Leitung der Gruppe zu geben. Die Items beziehen sich auf den gesamten Prozess der Moderation. Ist die Frage gut formuliert, und wirkt sie orientierend? Nimmt der Leiter alle Antworten auf, oder überhört er einige bewusst oder unbewusst? Erfasst er die Inhalte richtig uind schafft er eine Atmosphäre, die zum Mitmachen einlädt? Die übrigen Elemente des Rückmeldebogens sind schon bekannt: die Einführung ins Feedback, das Namensfeld und die freie Rückmeldung am Schluss.

Der Rückmeldebogen bewertet das Moderationsverhalten in der Lerngruppe

Themen bearbeiten **Besprechung**

Rückmeldung

Themen gemeinsam bearbeiten

Mit diesem Bogen können Sie in strukturierter Form das Verhalten des Besprechungsleiters beim gemeinsamen Bearbeiten von Themen beurteilen. Eine solche Rückmeldung an den Leiter ist besonders hilfreich, wenn deutlich wird, aus welchen Beobachtungen sich Ihre Einschätzung ergibt. Bitte füllen Sie den Bogen nach der Besprechung aus, und teilen Sie dann Ihre Beobachtungen dem Leiter noch einmal in mündlicher Form mit.

Rückmeldung von: **an:**

Steuerung

Formulierung der Frage
einfach und motivierend ①–②–③–④–⑤–⑥–⑦ kompliziert und wenig ansprechend
Orientierung durch die Frage
mir war klar, worauf die Frage abzielte ①–②–③–④–⑤–⑥–⑦ mir war nicht klar, was ich antworten sollte
Aufnehmen der Antworten
alle Antworten sind visualisiert ①–②–③–④–⑤–⑥–⑦ es fehlen Antworten
Visualisierung der Antworten
gibt den Inhalt wieder, ist prägnant ①–②–③–④–⑤–⑥–⑦ Inhalte sind weggelassen oder verändert
Atmosphäre
war einladend und offen ①–②–③–④–⑤–⑥–⑦ kühl, distanziert

Anmerkungen

Mir hat besonders gefallen...

Ich würde verändern...

2.5

Abb. 6.21. Seite 8 der Teilnehmerunterlagen der 2. Lerneinheit

Im letzten Teil der zweiten Lerneinheit übt die Gruppe, mit einem Leitfaden gemeinsam Problemlöungen zu erarbeiten. Dazu liest zunächst jeder einen Leittext, in dem der Leitfaden vorgestellt wird. Typischerweise umfasst ein Problemlösungsprozess vier Schritte: Es muss die gegenwärtige Situation möglichst präzise beschrieben werden, weil sich nur so passgenaue Lösungen entwickeln lassen. Danach muss das Ziel festgelegt, Ideen gesammelt und die beste Lösung ausgewählt werden. Der Leitfaden strukturiert den Problemlösungsprozess mit sieben Leitfragen zu den vier Schritten.

Der Leittext zeigt zugleich eine Problemlösungsmethode und einen Moderationsfahrplan

Problemlösungen erarbeiten **Besprechung**

Leittexte

Eine Problemlösung gemeinsam erarbeiten

Wenn alle an der Besprechung Teilnehmenden Informationen zu einem Thema haben, ist es sinnvoll, gemeinsam eine Lösung zu erarbeiten. Der Besprechungsleiter sammelt Informationen, Meinungen und Vorschläge mit einer Sequenz von Leitfragen. Da Wege zu Problemlösungen meist eine sehr ähnliche Struktur besitzen, können Sie in der Regel folgendes Leitfragenraster nutzen:

Situation klären	Ziel festlegen	Ideen sammeln	Lösung auswählen
1. Was ist das Problem? 2. Wo tritt es auf? 3. Wann tritt es auf? 4. Wieviel (Umfang)?	5. Was wollen wir erreichen?	6. Wie können wir unser Ziel erreichen?	7. Welche Idee löst das Problem am Besten?

Sie sollten natürlich Fragen und Antworten auf einem Flippchart oder einer Pinnwand visualisieren.
Oft kommen zu einer Frage mehrere Antworten. Listen Sie diese einfach unter der Frage auf. Sortieren Sie nicht wichtige und unwichtige Informationen. Das lässt sich erst machen, wenn Sie das Problem gelöst haben – ist dann aber meist nicht mehr notwendig.

Die 7 Leitfragen zu einer Problemlösung

Was ist das Problem? Seien Sie so konkret wie möglich: Was genau ist das Problem? Worauf kommt es an?

Wo tritt es auf? Betrachten Sie je nach Problem das ‚wo' unterschiedlich:
- räumlich: Wo im Gebäude oder im Produkt?
- organisatorisch: In welcher Abteilung oder Position?
- prozessorientiert: Wo im Prozess bzw. Ablauf?

Wann tritt es auf? Benennen Sie Zeitpunkte (erstmaliges Auftreten, Häufigkeit des Auftretens, regelmäßiges Wiederkehren) und den zeitlichen Umfang des Problems.

Wieviel? – Welchen Umfang hat das Problem? Beschreiben Sie das Problem durch konkrete Zahlen (z.B. Stückzahlen, Häufigkeiten oder Kosten). Diese helfen, den Umfang des Problems abzuschätzen, denn danach richtet sich der Aufwand der Maßnahmen, die für die Problemlösung angemessen sind.

Was wollen wir erreichen? Beschreiben Sie nicht perfekte sondern erreichbare Ziele.

L2.4

Abb. 6.22. Seite 9 der Teilnehmerunterlagen der 2. Lerneinheit

Ein Leittext kann mögliche Stolpersteine aufzeigen

Zu jeder Frage gibt der Leittext Hinweise, was bei der Bearbeitung zu beachten ist und was mit der Frage erreicht werden soll. Teilweise werden auch Tipps für die Formulierung der Antworten gegeben. Die Tipps zum gemeinsamen Problemlösen am Ende des Leittextes dienen dazu, typische Stolpersteine beim Problemlösen zu vermeiden: Die Gruppe kommt zu falschen Schlussfolgerungen, weil sie Fakten und Vermutungen nicht unterscheidet, sie übersieht Lösungsmöglichkeiten, weil sie das bedenkt, was ihr schon bekannt ist und sie ist nicht kreativ, weil sie Ungewöhnliches zu schnell verwirft.

Problemlösungen erarbeiten **Besprechung**

Wie können wir unser Ziel erreichen?	Sammeln Sie auf Zuruf Lösungsideen. Achten Sie darauf, dass die Ideen den Lösungsweg verdeutlichen (Beispiel für schlechte Formulierung: „Zusammenarbeit verbessern", besser: „jeden Montag die Problemfälle der letzten Woche besprechen")
Welche Idee löst das Problem am besten?	Entscheiden Sie sich für die Lösung, die die Ziele am besten erfüllt. Kombinieren sie ggf. mehrere Lösungen, um eine noch bessere Lösung zu erhalten. Wenn Sie sich in der Gruppe nur schwer auf eine Lösung einigen können oder intensiv diskutieren, sollten Sie sich die Zeit nehmen, ein strukturierteres Entscheidungsverfahren zu nutzen, wie es im nächsten Leittext beschrieben wird.

Drei Tipps zum gemeinsamen Problemlösen

Unterscheiden Sie Fakten und Vermutungen	Für Fakten muss es Belege geben, die von allen überprüft oder nachvollzogen werden können. Vermutungen dagegen beruhen auf persönlichen Einschätzungen der Situation und sind somit weniger zuverlässig. Dennoch sind auch sie wichtig, nur muss allen klar sein, dass es um Vermutungen und nicht um Fakten geht. So ist beispielsweise die Information : „Der Lieferant X wird nicht liefern können" ein Fakt, wenn er Ihnen dies telefonisch mitgeteilt hat; und lediglich eine Vermutung, wenn Sie aufgrund seines Lieferverhaltens aus der Vorsaison zu diesem Schluss gekommen sind.
Vermeiden Sie Denkblockaden	Diese verhindern die Entwicklung neuartiger Ideen. Hat ein Weg einmal zum Ziel geführt, liegt es nahe, ihn immer wieder zu gehen und nicht mehr über Alternativen nachzudenken. So entstehen ‚geistige Trampelpfade' wie auf einer unberührten Wiese. Die Ersten suchen aktiv nach Wegen, alle Nachfolgenden gehen automatisch auf diesen Pfaden, auch wenn es abseits vielleicht viel interessanter wäre …
Seien Sie kreativ	Sammeln Sie auch ungewöhnliche Ideen. Diese können zwar komisch wirken, aber trotzdem interessante Aspekte enthalten. Vielleicht müssen Sie die Idee nur etwas verändern, um eine gute Lösung zu erhalten.

L2.5

Abb. 6.23. Seite 10 der Teilnehmerunterlagen der 2. Lerneinheit

Die Umsetzung der Problemlösungsmethode übt die Lerngruppe mit dem Fallbeispiel eines HiFi-Geschäftes, dessen Situation auf dem Arbeitsblatt geschildert wird. Die Lerngruppe arbeitet mit diesem Fall und nicht einer Situation aus ihrem Arbeitsalltag, um die Komplexität der Aufgabe zu begrenzen. Alle zur Problemlösung notwendigen Informationen befinden sich auf dem Arbeitsblatt und müssen nicht erfragt und gesammelt werden. Um der Lerngruppe die Arbeit zu erleichtern, ist auf dem Arbeitsblatt noch einmal das Problemlösungsschema mit den sieben Leitfragen abgebildet.

Das Arbeitsblatt gibt sehr kompakt alle Informationen zu einem Problemfall

Themen bearbeiten **Besprechung**

Arbeitsblatt

Eine Problemlösung gemeinsam erarbeiten

Erarbeiten Sie in einer Besprechung gemeinsam Lösungsvorschläge für das unten genannte Problem. Bestimmen Sie zuvor jemanden, der die Besprechung leitet. Er visualisiert die Leitfragen und Beiträge. Lesen Sie zunächst jeder für sich die Schilderung der Situation, und beginnen Sie dann mit der Besprechung. Sie haben insgesamt 45 Minuten Zeit.

Benutzen Sie für die Erarbeitung der Lösung die 7 Leitfragen:

Situation klären
1. Was ist das Problem?
2. Wo tritt es auf?
3. Wann tritt es auf?
4. Wieviel (Umfang)?

Ziel festlegen
5. Was wollen wir erreichen?

Ideen sammeln
6. Wie können wir unser Ziel erreichen?

Lösung auswählen
7. Welche Idee löst das Problem am besten?

Die Situation

Sie sind ein Team leitender Mitarbeiter eines großes Musikalien- und HiFi-Geschäfts. Ihre Filiale befindet sich in der Einkaufszone einer mittleren deutschen Stadt. Seit einiger Zeit haben sie einen deutlichen Umsatzrückgang bei aktuellen Pop- und Rock-CDs zu verzeichnen. Nun hat der Filialleiter zu einer Besprechung eingeladen, auf der das Problem analysiert und Lösungsvorschläge erarbeitet werden sollen. Der Leiter der CD-Abteilung berichtet:

„Also, schon seit längerer Zeit beobachten wir, dass es mit den CDs nicht mehr so gut läuft. Ein Drittel weniger als noch im letzten Quartal verkaufen wir inzwischen. Gott sei Dank wird ja nächste Woche die Einbahnstraßenregelung wegen der Sielbaustelle wieder aufgehoben; ich denke, dass wir dann wieder mehr Leute in den Laden bekommen. Es reicht halt nicht, einfach nur die Chart-CDs vorrätig zu haben und aufzubauen. Techno ist angesagt oder was weiß ich, was gerade „in" ist, da blickt ja kein Mensch mehr durch und die Frau Schulze und die Frau Mölleberg schon lange nicht mehr.

Aber insgesamt ist unsere Präsentation nicht mehr zeitgemäß; wenn ich mir anschaue, was schon früh morgens bei CD-World am Bahnhof los ist, dann kommen mir die Tränen. Mein Sohn sagt mir ins Gesicht, dass es da viel besser ist. Vielleicht wegen der vielen blauen Neonröhren? Wer bei uns reinkommt, der rennt ja auch zuerst mal gegen die Hauptkasse, da hätt' ich auch keine große Lust, mir als Kunde das als erstes anzuschauen.

Na ja, vielleicht kriegen wir ja wenigstens ein paar neue Kurzparkplätze, wenn jetzt die Straße wieder freigegeben wird. Auf jeden Fall kann ich Ihnen sagen, wenn nicht bald was passiert, dann können wir die CD-Abteilung irgendwann ganz zumachen. Eine Million Umsatzrückgang bedeutet das im Jahr, wenn das so weitergeht.

Bei den HiFi-Geräten läuft es doch auch gut, ich verstehe gar nicht, warum. Und die Klassikabteilung geht ja auch immer noch ganz prima, obwohl die nur ein Viertel unserer Menge verkaufen; die haben nicht die Probleme. Aber die haben da hinten ja auch eine frisch renovierte und super ausgestattete Ecke. So gesehen, braucht man sich nicht zu wundern, dass wir keinen mehr hinter dem Ofen hervorlocken. Na ja, vielleicht sind wir einfach schon zu alt, um 14-jährigen CDs zu verkaufen."

2.6

Abb. 6.24. Seite 11 der Teilnehmerunterlagen der 2. Lerneinheit

Der Rückmeldebogen bewertet sowohl das inhaltliche Vorgehen als auch das Leiterverhalten

Der Rückmeldebogen, den die Gruppe am Ende der Übung ausfüllt, berücksichtigt zwei Bereiche, welche die Qualität einer Problembearbeitung beeinflussen: Gelingt es der Gruppe, die Informationen gut zu strukturieren und qualitativ hochwertige Lösungen zu erarbeiten? Aktiviert und unterstützt der Leiter die Gruppe, und sorgt er für eine gute Ergebnissicherung? Auch bei diesem Rückmeldebogen ist zu sehen, dass die Gruppe teilweise eine Bilanz des eigenen Arbeitsverhaltens zieht und teilweise die Arbeit des Besprechungsleiters einschätzt.

Themen bearbeiten **Besprechung**

Rückmeldung

Eine Problemlösung gemeinsam bearbeiten

Mit diesem Bogen können Sie in strukturierter Form beurteilen, inwieweit und wie leicht Sie dem Besprechungserfolg nahegekommen sind. Eine solche Rückmeldung ist besonders für den Leiter hilfreich. Bitte füllen Sie den Bogen nach der gemeinsamen Besprechung aus, damit deutlich wird, woraus sich Ihre Einschätzung ergibt. Teilen Sie dem Leiter Ihre Beobachtungen noch einmal mündlich mit.

Rückmeldung von: **an:**

Inhalt

Informationen
vollständig, verständlich ①–②–③–④–⑤–⑥–⑦ unvollständig, unklar

Ideenausbeute
ausreichend, Beiträge von allen ①–②–③–④–⑤–⑥–⑦ wenig Beiträge, schleppend

Ideenqualität
neue und erfolgversprechende Ideen ①–②–③–④–⑤–⑥–⑦ langweilige oder unbrauchbare Ideen

Lösungsvorschläge
gute, fundierte Vorschläge ①–②–③–④–⑤–⑥–⑦ wenige, eher ungeeignete Vorschläge

Leiterverhalten

Die Art der Leitung war
aktivierend und unterstützend ①–②–③–④–⑤–⑥–⑦ gleichgültig, nicht auf die Gruppe eingehend

Koordination der Beiträge
Schweiger aktiviert, Vielredner gebremst ①–②–③–④–⑤–⑥–⑦ Beiträge laufen gelassen, keine Steuerung

Visualisierung
gibt die Inhalte wieder ①–②–③–④–⑤–⑥–⑦ Inhalte sind verändert oder weggelassen

Ergebnissicherung
Vorschläge zusammengefasst ①–②–③–④–⑤–⑥–⑦ offenes Ende, kein klarer Abschluss

Anmerkungen

Mir hat besonders gefallen…	Ich würde verändern…

2.7

Abb. 6.25. Seite 12 der Teilnehmerunterlagen der 2. Lerneinheit

Nach dieser zweiten Lerneinheit zum gemeinsamen Bearbeiten von Themen in Besprechungen geht es in den nächsten drei Einheiten um Entscheiden und Planen, die Verbesserung der Besprechungsqualität und in der Abschlusseinheit um die Anwendung aller Methoden in einer großen Besprechung. Im Vergleich zum SLT „Erfolgreich Präsentieren" sind die Themen im SLT „Effiziente Besprechungen" deutlich enger gepackt, und das Lerntempo ist höher. In den einzelnen Themenblöcken durchlaufen die Lerngruppen nicht alle drei Schritte der Lernschleife. Zum Teil werden auch zwei Themen in einer Lerneinheit behandelt. Beispielsweise beschäftigen sich die Lernenden in der dargestellten zweiten Lerneinheit mit den Themen Moderation und Problemlösen. Damit ließen sich durchaus auch zwei mehrtägige Seminare füllen. Darüber hinaus hat die Gruppe eine doppelte Funktion. Sie ist Lerngruppe, in der die Inhalte gemeinsam erarbeitet werden. Wenn aber in der zweiten Phase der Lernschleife Besprechungen simuliert werden, werden die Teilnehmer zu Rollenspielern, die anschließend aus der Rolle wieder aussteigen müssen, um den Lernerfolg überprüfen zu können. Dieser Rollenwechsel ist für manche schwer umsetzbar.

Lerneinheiten dürfen nicht zu viel Stoff beinhalten

Im Ergebnis stellt das SLT deutlich höhere Anforderungen an die Lernfähigkeit und die soziale Kompetenz der Teilnehmer. Insofern lotet dieses SLT aus meiner Sicht die maximalen Grenzen der Methode aus. Aus diesen Erkenntnissen lassen sich die folgenden Prinzipien für eine breite und stabile Einsatzfähigkeit von SLTs ableiten:

- Jede Lerneinheit sollte möglichst nur ein Thema behandeln und die erreichbare Lerngeschwindigkeit sollte vorher möglichst gut ausgelotet werden.
- Die Lernschleife gibt den Lernenden Orientierung, weil sie einen klaren Lernrhythmus vorgibt. Deshalb sollten die Themen auch in diesem Rhythmus abgehandelt werden.
- Rollenwechsel vom Beobachter zum Teilnehmer müssen klar erkennbar sein. Wenn es geht, sollten sie nicht innerhalb einer Übung stattfinden. Beispielsweise könnte ein Teilnehmer mit einen Teil der Gruppe eine Besprechung abhalten, während ein anderer Teil ihn dabei beobachtet und ihm hinterher Rückmeldung gibt.

Jede Lerneinheit sollte nur ein Thema behandeln und der Struktur der Lernschleife folgen

Rollenwechsel von der Übungs- zur Lerngruppe erfordern hohe soziale Kompetenz

Die Entwickler von Selbstlerntrainings müssen sich immer wieder vor Augen halten, dass nicht nur die Traingsinhalte sondern auch der Ablauf selbsterklärend sein müsssen, damit unterschiedliche Lerngruppen problemlos mit der Methode zurechtkommen.

6.4 Der Einsatz von Video im SLT

Video als abgefilmtes Training, Lehrfilm oder Beobachter

Geht es um Verhaltenslernen, liegt der Einsatz von Video nahe. Dabei kann Video unterschiedliche Rollen erfüllen: Es kann das Derivat eines Präsenztrainings sein, indem ein Referent den Zuhörern einen Sachverhalt erklärt oder vormacht. Die Kamera konserviert dann quasi den Blick des Seminarteilnehmers, um die Trainingsinhalte einem größeren Zuhörerkreis zugänglich zu machen. Neben dieser personifizierten Form gibt es auch die Möglichkeit, dass der Lerngegenstand im Zentrum steht. In dieser klassischen Form des Lehrfilms taucht der Trainer nur kommentierend und erklärend als Sprecher im Ton auf, während sich die Bilder fast ausschließlich dem Lehrgegenstand widmen. Eine dritte Rolle von Video als Lerninstrument ist die des Verhaltensspiegels. Dort wird dem Lernenden nicht zukünftiges sondern sein eigenes Verhalten im Rückblick gezeigt. Günstige trainingstaugliche Videokameras gibt es erst seit etwa 20 Jahren. Es ist schnell in Vergessenheit geraten, wie stark die Möglichkeit, mit Videokameras Lernsituationen aufzuzeichnen und zusammen mit dem Lernenden auszuwerten, die Seminare zum Verhaltenslernen verändert hat. Jeder Beoachter verändert eine Lernsituation mehr als eine unauffällig platzierte Videokamera, und kein Beobachter kann das Verhalten eines Lernenden so plastisch darstellen, wie es eine Videoaufzeichnung vermag. Allerdings lassen sich Atmosphäre und Emotionalität schwer transportieren und die Videokamera hat eine feste Perspektive, während ein Beobachter seinen Blick wandern lassen kann.

Video als Modellgeber in Verhaltenstrainings

Sollte nun also Video für das selbstgesteuerte Lernen im Team eingesetzt werden? Bei den bisher von uns entwickelten SLT-Trainings waren wir der Meinung, dass für die Themen Präsentation und Besprechungen unbedingt Video als Modellgeber notwendig war. Allerdings hat kein Aspekt der Selbstlernprogramme so viel kritsche Anmerkungen der Teilnehmer auf sich gezogen wie die Videos. Deshalb sollen zunächst Chancen und Probleme beim Videoeinsatz und anschließend Tipps für die Erstellung von Videos dargestellt werden.

Eine ganz wesentliche Chance, die sich durch den Einsatz von Video ergibt, ist das oben schon erwähnte Modelllernen. Nach Bandura (1986) fördern Verhaltensmodelle die Selbstaufmerksamkeit und die Lernmotivation. Lernvideos können einer Lerngruppe außerdem eine Außensicht verschaffen. Die Lernenden vergleichen nicht nur gegenseitig ihr Verhalten, sondern setzen es in Beziehung zu Modellen, die sie im Video betrachten können. Der Vergleich kann prospektiv oder retrospektiv erfolgen, indem die Lernenden entweder vor Beginn einer Übung ein Video mit einer modellhaften Umsetzung der geplanten Übung betrachten oder im Nachhinein ihre Umsetzung mit einer modellhaften Lösung im Video abgleichen.

Beim SLT ergänzt Video gut die textbasierten Lernunterlagen

Eine weitere Chance des Videoeinsatzes ist die Medienvielfalt, da SLT-Trainings überwiegend textbasiert sind. Leittexte, Übungsanleitungen, Rückmeldebögen und Musterlösungen liegen in Textform vor. Der Medienwechsel zu Video kann die Lernmotivation erhöhen. Auch können mit Videos visuelle Lerntypen angesprochen werden, die Informationen eher über das Sehen und Erleben als über das Lesen aufnehmen. Manche Teilnehmer lernen einfacher, wenn ihnen ein Trainer Inhalte erklärt als wenn sie die Erklärungen in einem Leittext nachlesen.

Video transportiert Alltagsnähe

Dass Relevanz von Lerninhalten für den beruflichen Alltag ein wichtiger Motivationsfaktor ist, hat die Evaluation der SLT Trainings (s. Kapitel 5) noch einmal deutlich gezeigt. Deshalb ist ein dritter wichtiger Pluspunkt von Videos die potentielle Alltagsnähe. Was zu beachten ist, wenn man vor anderen steht und referiert oder mit anderen in einer Besprechung diskutiert, lässt sich viel leichter im Video zeigen als in einem Leittext beschreiben. Allerdings muss der Kontext im Video auch so gestaltet sein, dass der innere Brückenschlag zur persönlichen Arbeitssituation gelingt. Die Videos müssen glaubhaft betriebliche Präsentations- oder Besprechungssituationen darstellen.

Unsere Sehgewohnheiten haben sich geändert

Es gibt aber auch eine Reihe potentieller Probleme beim Einsatz von Videos im Rahmen des selbstgesteuerten Lernens im Team. So sind unsere Sehgewohnheiten bei Videos stark geprägt vom Fernsehen. Die Art der Filmdarstellung hat sich dort in den letzten Jahren immens gewandelt. Die meisten Filme weisen eine sehr schnelle Schnittfolge auf. In unserer Wahrnehmung steigen dann Tempo und Intensität eines Films. Beim Modelllernen ist es aber notwendig, das Modell bei seinem Handeln genau zu beobachten und auf Details zu achten. Das erfordert lange Einstellungen und wenige Schnitte. Diese Art von Videos kann auf fernseh-sozialisierte Betrachter schnell langweilig und langatmig wirken.

Video wird schnell oberflächlich

Video ist außerdem ein eher oberflächliches Medium. Die Lerninhalte sind leicht konsumierbar, aktives geistiges Erschließen und Konstruieren der Lerninhalte ist kaum notwendig. Video als Wissensvermittlung wird zwar von den Lernenden geschätzt, es nützt ihnen aber oft wenig, weil sie wenig behalten. Eine aktive geistige Verarbeitung ist Voraussetzung für ein dauerhaftes Behalten von Inhalten. Darüber hinaus besteht – wie bereits erwähnt – die Schwierigkeit, Atmosphäre und Emotionen per Video zu transportieren. Hier sind schnell Grenzen erreicht, wenn man nicht mit ausgefeiltem Drehbuch, professionellen Schauspielern und sehr variabler Bildführung arbeiten will. Denn ohne auch den emotionalen Gehalt, z.B. der Einwandbehandlung in einer Präsentation, zu transportieren, wird ein Trainingsvideo aber schnell oberflächlich und künstlich erscheinen.

Videoproduktion ist sehr aufwendig

Ein drittes Problem von Video als Lernmedium ergibt sich fast automatisch aus den vorherigen Ausführungen. Videoproduktionen neigen dazu, sämtliche Budgets für ein Selbstlerntraining zu sprengen, weil der notwendige personelle und technische Aufwand bei steigenden Ansprüchen schnell explodiert. Selbstlerntrainings müssen aber in der Regel preislich konkurrenzfähig gegenüber anderen Lernformen sein. Messlatte sind hier meist trainergeleitete Präsenzseminare. Nach unseren Erfahrungen erfordert eine Stunde mit Trainingsvideos bei effizienter Produktionsweise einen Aufwand von 20 bis 30 Tagen. Ob sich ein Selbstlerntraining dann gegenüber einem Präsenztraining rechnet, hängt bei solchen Dimensionen sehr stark von der Anzahl erwarteter Teilnehmer ab, auf welche die Kosten für die Videoerstellung umgelegt werden können (mehr zur Kalkulation von Selbstlerntrainings in Kapitel 8).

Wie lässt sich nun die Herstellung und der Einsatz von Video effektiv gestalten? Nach unserer Erfahrung kann man Video in allen drei Phasen der Lernschleife produktiv einsetzen. In der ersten Phase der Orientierung kann es Wissen vermitteln. Sowohl der abgefilmte Trainervortrag als auch der klassische Lehrfilm sind dabei nützliche Settings.

Video beim SLT statt eines Leittextes, als Ersatz Ergänzung zu einem Arbeitsblatt oder als Musterlösung

In der zweiten Phase des Erlebens ersetzt oder ergänzt das Video ein Arbeitsblatt. Wir haben Videos für diese Phase so eingesetzt, dass sie entweder die Aufgabenstellung oder Informationen zur Aufgabenbearbeitung transportierten. Für ersteres kam ein „Was tun,wenn" - Szenario zum Einsatz. In einer Einheit zum Umgang mit Einwänden bei Präsentationen sehen die Lernenden beispielsweise einen Referenten. Im Laufe seines Vortrages wird er mit einer Reihe von Fragen konfrontiert. Nachdem ein Zuhörer eine Frage gestellt hat, stoppt die Lerngruppe das Video und diskutiert, wie sie an Stelle des Referenten reagieren würde. Würde sie die Frage beantworten, zurückstellen oder zurückweisen? Anschließend läuft das Video weiter und der Referent reagiert auf die Frage. Nach seiner Antwort erklärt ein Sprecher, warum er so reagiert hat und dann wird der Vortrag fortgesetzt. Ein Beispiel für Video als Informationsquelle zu einem Arbeitsblatt findet sich beim Thema „Besprechungen planen". Dort sehen die Lernenden im Video die Teilnehmer eines startenden Projektes. Nacheinander treten die Beteiligten auf und erläutern ihre offenen und verdeckten Ziele für das Projekt. Nach dem Video hat die Lerngruppe die Aufgabe, den Ablauf der Startsitzung für das Projekt so zu planen, dass alle Beteiligten eingebunden werden. In der dritten Phase der Lernschleife – dem Austauschen – kann ein Video der Gruppe den Vergleich ihrer Gruppenarbeit mit einer Musterlösung ermöglichen.

Videos mit Laienschauspielern aus dem darzustellenden Arbeitsfeld produzieren

In den Videos mit Laienschauspielern zu arbeiten hat nach unserer Erfahrung zwei gravierende Vorteile: Es ist billiger und man kann sie aus dem darzustellenden Berufs- bzw. Arbeitsfeld gewinnen. Dadurch lässt sich ein betrieblicher Kontext viel leichter als mit professionellen Schaupsielern herstellen. Laien müssen nur in etwa so spielen, wie sie sich sonst in ihrem Arbeitsalltag verhalten. Für die Referentenrollen haben wir mit professionellen Trainern gearbeitet, die es gewohnt sind, vor Gruppen zu sprechen. Allerdings gehen Laienschauspieler in der Regel mit auswendig gelernten Texten eher steif um. Die Dialoge klingen dann schnell künstlich und gestellt. Wir sind bei unseren Produktionen dazu übergegangen, nur noch die Kerninformationen und den Ablauf eines Videos vorher zu fixieren und die an einer Szene Beteiligten ansonsten ihre eigenen Worte finden zu lassen. Auf der gegenüberliegenden Seite ist ein Ausschnitt aus einem 'Drehbuch' für ein Besprechungsvideo dargestellt, um die Vorgehensweise zu illustrieren. Die Schauspieler finden in ihre Rollen, indem alle gemeinsam den gesamten Ablauf mehrere Male durchspielen. Um es den Schaupsielern leichter zu machen, sollte die gesamte Videosequenz auf einmal abgedreht werden. So müssen die Beteilgten sich keine Gedanken über die Anschlüsse zwischen Einzelszenen machen. Nach zwei- bis dreimaligem Üben haben bei unseren Aufnahmen in der Regel zwei Aufnahmedurchgänge gereicht, um ansprechende Videos herstellen zu können. Nur Detailaufnahmen wie

Nur Handlungssequenzen und keine Dialoge festschreiben

Video 1	**Einheit**	Informationen vermitteln und aufnehmen	1
	Thema	Typische Stolpersteine in Besprechungen	

Szene/Inhalt	Einstellung	Dauer	Bemerkungen
1 Titelblätter Gesamtprogramm/ mit Musik unterlegt.	4 * Standbild mit Überblendungen	je 5″	
2 Ein Tablett mit Kaffee und Kaltgetränken auf einem Besprechungstisch./ Der Titel der Lerneinheit rollt von rechts horizontal durch das untere Bilddrittel und kommt in der Bildmitte zum stehen./ Im Hintergrund hört man Stimmen und sieht undeutlich, wie einige Bespechungsteilnehmer Platz nehmen./ Eingangsmusik läuft leise weiter.	Großaufnahme	15″	Titel einige Sek. stehen lassen.
3 Die gesamte Runde der Bespechungsteilnehmer wird sichtbar./ Smalltalk dauert als Hintergrundgeräusch an. /Musik wird langsam ausgeblendet.	Nahaufnahme Getränke -> Zoom auf Totale (Endposition: Besprechungstisch von schräg oben)	5″	Grabert (GF), Müller (Ltr. Innenverwaltung), Nehmertshagen (Ltn. Vertrieb, Holstein (Ltn. Auftragsabwicklung)
4 Herr Grabert (Abteilungsleiter) weist auf die knappe Besprechungszeit hin. Mit Blick auf die rechts von ihm sitzende Frau Holstein bittet er darum, schnell „zur Sache zu kommen“./ Hintergrundgemurmel der anderen Besprechungsteilnehmer verebbt nur langsam.	Nahaufnahme Grabert -> Zoom auf Halbtotale -> Rechtsschwenk auf Holstein (Endposition:Holstein und Grabert , halbnah mit Blickkontakt)	1 ″	
5 F... ner hektischen ... der letzten	ein aus ... ert	2 ″	

Abb. 6.26. Ausschnitt aus einem Drehbuch

z.B. Fragen, Einwände oder spezielle Aktionen eines Referenten müssen dann im Nachhinein mit einer anderen Kameraposition zusätzlich gedreht werden.

Der Ton ist entscheidend für die Qualität von Videos

Ein Aspekt ist bei der Produktion von Lernvideos ganz wichtig: Zuschauer verzeihen viel eher Bild- als Tonfehler. Ist der Ton schlecht zu verstehen oder gibt es Tonaussetzer und Brüche, steigen Zuschauer viel eher aus einem Video aus als wenn ein Schnitt nicht stimmt, das Bild wackelt oder unscharf ist. Entwickler von Videokompressions- und Streamingverfahren berücksichten das, indem der Ton weniger stark komprimiert wird als die Bilder und der Ton bei der Wiedergabe Priorität vor den Bildern hat. Häufiger setzt allerdings die Software zur Wiedergabe auf dem Computer die Bildrate herunter als dass es zu Tonaussetzern kommt. Für die Produktion von Lernvideos bedeutet dies, dass die Videos zwar mit Consumer-Videokameras gefilmt, der Ton jedoch nicht mit den integrierten Mikrophonen aufgenommen werden kann. Diese sind mesit zu weit von den Akteuren entfernt, und der Ton kann deshalb nicht prägnant genug aufgezeichnet werden. Externe Mikrophone, die möglichst dicht an den Akteuren platziert werden, sind deshalb Pflicht. Wie mit den anderen Qualitätsaspekten bei der Videoerstellung kann man den Aufwand fast beliebig weiter steigern: Man kann mehr als zwei Mikrofone einsetzen und zusammenmischen, drahtlose Ansteckmikrofone nutzen oder den Ton gesondert vom Bild aufzeichnen. Die größte und wichtigste Qualitätssteigerung bleibt aber der Einsatz von externen Mikrofonen.

Gleichzeitiges Filmen mit zwei Kameras spart Drehzeit

Um mit geringem Aufwand eine variable Bildführung zu erreichen, empfiehlt es sich, die Szenen mit zwei Videokameras (möglichst gleicher Bauart wegen des Farbabgleichs) gleichzeitig aufzunehmen. Eine Kamera filmt dann das Geschehen im Überblick, der Totale und die andere Kamera nimmt Details der Akteure auf. So stehen für den Bildschnitt von jeder Szene immer zwei verschiedene Perspektiven zur Verfügung, ohne dass mehrfach gefilmt werden muss.

Wie oben bereits berichtet werden Videos von den Lernenden in SLT-Trainings gerne angesehen aber schlecht in Erinnerung behalten. Um dem zu begegnen, sollten die Videos möglichst kurz und kompakt gehalten werden. Eine maximale Dauer von zehn Minuten ist sinnvoll; wenn auch nicht immer einhaltbar. In den Videos, die wir für die bisherigen Selbstlerntrainings erstellt haben, haben wir Kernaussagen zusätzlich als Text in die Videobilder eingeblendet. Mit diesem zusätzlichen Wahrnehmungskanal wollen wir die Behaltensleistung steigern. Allerdings ist diese Annahme noch nicht systematisch überprüft worden.

Möglichst kein Video mit mehr als 10 Minuten Dauer

Der Schnitt und die Nachproduktion von Lernvideos ist durch die Leistungssteigerung der Computer an jedem PC mit handelsüblicher Softwareaussstattung zu bewerkstelligen. Dieser Leistungssprung in den letzten Jahren verbunden mit der günstigen Verfügbarkeit qualitativ hochwertiger Videokameras hat es eigentlich erst ermöglicht, kostengünstig Lernvideos erstellen zu können. dennoch bleibt der Prozess der Videoproduktion bei allen Ideen zur Effizienzsteigerung aufwendig. Bei den bisherigen Selbstlernprogrammen decken Videos etwa fünf Prozent der Lernzeit ab. Sie haben aber 20% des Gesamterstellungsaufwandes gebunden.

Ist nun der Einsatz von Video für das selbstgesteuerte Lernen im Team (SLT) unbedingt notwendig? Ich denke nein. Er ist aber sinnvoll, wenn es um Verhaltenslernen geht, weil Videosequenzen das Lernen am Modell fördern können. Dieses Kapitel hat allerdings hoffentlich vor Augen geführt, dass Videoproduktionen eine Menge potentieller Stolpersteine bereithalten. Bei der Erstellung von Selbstlerntrainings bedarf die Videoproduktion sehr guter Planung und Steuerung, um das geplante Budget und die gewünschte Qualität einhalten zu können.

6.5 Die Einführung der Teilnehmer in die Methode des SLT

Beginnen die Teilnehmer ein Selbstlerntraining, werden sie mit einer neuen Lernform konfrontiert, mit der sie meist noch keine Erfahrung haben. Wie kann das gehen, gemeinsam in einer Gruppe zu lernen? Geht es nur um das passive Konsumieren von Informationen, oder kann man selber Dinge ausprobieren? Ist die Gruppe sich selbst überlassen, oder wird sie begleitet? Das sind typische Fragen, die Teilnehmern an SLT-Trainings vor dem Start durch den Kopf gehen. In ihrer ersten Lerneinheit werden die SLT-Teilnehmer vom Lernberater in die Lernmethode eingeführt. Zunächst gibt er ihnen in einer Stunde einen Überblick und regelt die Organisation. Danach fungiert er in der dreistündigen Lerneinheit als Lernberater. So geleitet er die Gruppe durch die Elemente der Lernschleife und bietet gleichzeichtig ein Modell für die Rolle des Organisators.

Die erste Lerneinheit beginnt mit der Klärung der Organisation

Wenn die Gruppenteilnehmer sich noch nicht kennen, beginnt die Selbstlerneinheit mit einer Vorstellungsrunde, in die auch die persönlichen Lernziele einfliessen könnten. Die Lernenden müssen sich auch zwischen den Lerneinheiten gegenseitig erreichen, um Absprachen treffen zu können. Deshalb sollten alle die Telefonnummern oder Email Adressen der anderen notieren. Im Gegensatz zu einem Präsenztraining, wo mit der Ausschreibung oder Einladung der Termin fixiert ist, steht bei einem Selbstlerntraining meist nur der Termin für die erste Einheit fest. Die Termine für die weiteren Lerneinheiten müssen dann in der ersten Lerneinheit beraten und beschlossen werden. Dieser Prozess kann schnell einmal 15 Minuten dauern. Die Lernenden nehmen diese individuelle Terminbestimmung durchaus als Freiheit wahr. Manchmal ist die Terminsuche allerdings so mühsam, dass es besser wäre, bei der Ausschreibung des SLT-Trainings feste Termine vorzugeben. Dann wäre mit der Anmeldung die Terminfrage geklärt. Auch für den Lernberater wäre das praktischer, weil die Betreuung der Gruppen für ihn besser vorplanbar wäre. Ob individuelle Gestaltungsfreiheit oder Planbarkeit wichtiger ist, sollte jede Organisation vor Einführung des selbstgesteuerten Lernens im Team (SLT) klären. Die Termine für die Selbstlerneinheiten sollten möglichst am Rand des Arbeitstages liegen, also morgens vor Beginn der Arbeit oder abends nach Abschluss der Arbeit. Im Gegensatz zum Präsenztraining, wo sie mehrere Tage nicht am Arbeitsplatz sind, müssen die Lerngruppenteilnehmer sich bei jeder Gruppensitzung wieder entscheiden, ihren Arbeitsplatz zu verlassen und sich dem Lernen zu widmen. Unter Umständen warten wichtige angefangene Arbeiten auf sie oder die Kollegen beobachten arwöhnisch oder spöttelnd das Verlassen des Arbeitsplatzes. Um den Lernenden die Entscheidung für die Teilnahme an der jeweiligen Lerneinheit zu erleichtern, sollte sie deshalb nicht während der Kernarbeitszeit stattfinden.

Der Lernberater führt die Gruppe in die Lernform ein

Nachdem die Organisation geklärt ist, stellt der Lernberater den Gruppenmitgliedern die Elemente des selbstgesteuerten Lernens im Team (SLT) dar. Er erklärt die Prinzipien des SLT, klärt die Spielregeln des Lernens in der Gruppe, sichtet mit den Lernenden die Unterlagen und erläutert die Rolle des Organisators.

Die 7 Prinzipien, nach denen das SLT organisiert ist

Prinzipien des Selbstlernprogramms

1. Sie lernen den Stoff in einer kleinen Gruppe mit 4-6 Teilnehmern. Gemeinsames Lernen macht mehr Spass, als wenn man allein vor dem Stoff sitzt. Außerdem können Sie sich gegenseitig anregen.
2. Es gibt ein festes Programm für jede Lerneinheit. So haben Sie einen guten Leitfaden durch den Stoff. Wenn Sie das Thema einer Einheit nicht interessiert, können Sie in der Gruppe beschließen, diese Einheit auszulassen. Den Ablauf einer Einheit sollten Sie nicht ändern, weil es viel Zeit in der Gruppe kostet, sich auf einen anderen Ablauf zu einigen.
3. Selbstlernen erfordert eine hohe Eigenmotivation. Nach unserer Erfahrung werden Sie am meisten lernen und die größte Motivation haben, wenn Sie die Übungen in den Einheiten intensiv durchgehen. Sie sammeln Erfahrungen und bekommen von den anderen Teilnehmern Rückmeldung. Und Sie werden merken, wie Sie immer besser werden.
4. Jede Lerneinheit umfasst drei Phasen: orientieren, erleben und austauschen.
   Sie orientieren sich zunächst im Thema der Lerneinheit, indem Sie einen Leittext lesen, einen Videofilm sehen oder gemeinsam Arbeitsblätter durchgehen.
   Danach probieren Sie das Gelernte in einer Übung aus. Sie erleben also den Lernstoff.
   In der dritten Phase tauschen Sie sich über die gemachten Erfahrungen aus und geben sich gegenseitig Rückmeldung. Meistens folgt dann eine Übung zum „Verdichten" des Themas, in der Sie noch einmal diskutieren oder Musterlösungen ansehen.
5. Sie bestimmen für jede Lerneinheit einen Organisator, der für den Ablauf verantwortlich ist. Wenn einer sich darum kümmert, dass alles nach Plan läuft, kann eine Gruppe leichter und schneller arbeiten.
6. Sie werden in der 1., 4., 7. und 9. Einheit von einem Lernberater begleitet. Er ist ein inhaltlicher Fachmann, von dem Sie weiterführende Informationen bekommen und der Ihnen Rede und Antwort steht, wenn Sie etwas nicht verstehen oder anderer Meinung sind.
7. Sie können sich für eine Kurzform oder eine Langform des Selbstlernprogramms entscheiden. Diese Entscheidung treffen Sie zusammen mit dem Lernberater in der 4. Sitzung. Kurzform bedeutet: Sie bearbeiten die 1. bis 6. Sitzung und schliessen dann mit der 9. Sitzung ab. Langform bedeutet: Sie bearbeiten alle neun Lerneinheiten.

Nach unserer Erfahrung ist es hilfreich, wenn der Lernberater die Einführung nicht nur mündlich gibt, sondern einen Leitfaden nutzt, den die Lerngruppenmitglieder auch im weiteren Verlauf des SLT-Trainings nachlesen können. Auf den nächsten Seiten ist der Informationsleitfaden abgebildet, den wir im SLT „Erfolgreich Präsentieren" nutzen. An diesen Seiten soll im folgenden erläutert werden, worauf es in dieser Orientierungsphase der Selbstlerngruppe ankommt.

Der Lernberater erklärt die Prinzipien

Zunächst werden den Lerndenden die sieben Prinzipien des SLT erklärt. Beim ersten Prinzip, dem Gruppenlernen, wird der Motivationsaspekt hervorgehoben. Das zweite Prinzip ist der vorgeplante Ablauf. Die Lerngruppe sollte möglichst nicht den Ablauf einer Einheit ändern. Die Vorstrukturierung des Lernweges ist ja gerade dazu da, gemeinsames Planen in der Lerngruppe obsolet zu machen, weil es sehr zeitaufwendig ist und deshalb oft eher die Lernmotivation senkt. Als Alternative wird der Lerngruppe vorgeschlagen, eine Lerneinheit auszulassen, wenn die Inhalte sie nicht interessieren. In der Praxis kommt dies aber so gut wie nie vor. Eher reduziert eine Gruppe ihre Lernintensität und steigert die Bearbeitungsgeschwindigkeit, wenn sich ein Thema aus ihrer Sicht als uninteressant herausstellt.

Gruppenlernen

Vorgeplanter Ablauf

Das dritte Prinzip ist die Intensität. Nur wenn die Lernenden sich auf die Übungen einlassen und aktiv die Tipps aus den Leittexten umzusetzen versuchen, werden sie vom SLT profitieren. Da kein Trainer anwesend ist, der für Intensität sorgen kann, müssen die Lernenden selbst die nötige Motivation entwickeln. Im SLT wird durch die kontinuierliche Rückmeldung des Lernfortschritts mit der dritten Phase der Lernschleife versucht, die Selbstaufmerksamkeit der Lernenden zu erhöhen und damit die Lernmotivation zu steigern (vgl. Kapitel 2.3.1).

Intensität

Das vierte Prinzip ist das Arbeiten in der Lernschleife „Orientieren - Erleben - Austauschen". Das fünfte Prinzip ist die Steuerung des Ablaufs einer Lerneinheit durch einen Organisator. Er soll Taktgeber sein aber gleichzeitig auch bei den Übungen mitmachen. Dazu später mehr.

Lernschleife

Das sechste Prinzip ist die Begleitung der Lerngruppe durch einen Lernberater. Er ist quasi ein Sicherheitsnetz für die Lerngruppe. Er soll die Gruppe unterstützen, wenn die Motivation schwindet, Inhalte nicht verstanden bzw. falsch interpretiert werden oder wenn die Gruppendynamik das Lernen zu behindern beginnt. Die Arbeit des Lernberaters wird im nächsten Kapitel noch einmal genau dargestellt.

Lernberater

Das siebte Prinzip stellt die Möglichkeit dar, im Notfall das SLT-Training verkürzen zu können. Das kann bei längeren Selbstlerntrainings wichtig sein, um auch schwächelnden Selbstlerngruppen ein geordnetes Ende zu ermöglichen. Schließlich entspricht die Laufzeit des hier vorgestellten SLT-Trainings „Erfolgreich Präsentieren" etwa einem fünftägigen Präsenzseminar. Die Inhalte des SLT-Trainings sind so aufgebaut, dass in den ersten sechs Lerneinheiten die Grundlagen und in den Einheiten sieben und acht vertiefende Aspekte vermittelt werden. So ist es für eine Lerngruppe möglich, direkt nach der sechsten Einheit die Abschlusseinheit zu absolvieren. Diese Option ist sicherlich nur sinnvoll bei längeren Selbstlerntrainings. Sie wird in der Praxis kaum genutzt, stellt aber eine Sicherheitsreserve dar, mit der abnehmende Selbstlernmotivation aufgefangen werden könnte.

Möglichkeit der Verkürzung

Spielregeln sollen die Zusammenarbeit in der Gruppe sichern

Nachdem die SLT-Teilnehmer die Prinzipien des Selbsternens im Team kenngelernt haben, geht es in der Einführung um die Zusammenarbeit in der Lerngruppe. Nur in funktionierenden Gruppen kann bei dieser Lernmethode effektives Lernen stattfinden. Der Lernberater diskutiert deshalb mit der Lerngruppe die unten dargestellten Spielregeln. Damit sollen gegenseitige Verbindlichkeit, das Einhalten des äußeren Rahmens, das gemeinsame Achten auf Qualität und die Intensität des Lernens sowie die Integration der individuellen Arbeitserfahrungen in die Lerngruppe gesichert werden. Die jeweilige Lerngruppe ergänzt die Regeln unter Umständen um weitere, die sich aus der Diskussion ergeben. Am Ende dieser Phase sollten die Gruppenmitglieder die Spielregeln miteinander vereinbaren. Das garantiert natürlich nicht deren Einhaltung, sensibilisiert die Lernenden in der Regel aber dafür, dass der individuelle Lernerfolg zum Teil vom gemeinsamen Handeln abhängt. Im dritten Teil der Einführung sichtet der Lernberater gemeinsam mit der Gruppe die Unterlagen. Jeder hat zum Start der Selbstlerngruppe seinen persönlichen Lernordner erhalten. Nun blättern alle

Spielregeln

- Wir treffen uns innerhalb von 3 Monaten zu neun Lerneinheiten von je drei Stunden Dauer. Wir legen die Termine selber fest und stimmen die Raumplanung mit dem Ansprechpartner für Organisationsfragen ab.
- Wir nehmen an jeder Sitzung teil, weil die Inhalte aufeinander aufbauen.
- Wir beginnen und beenden die Lerneinheiten pünktlich.
- Jeweils einer von uns ist als Organisator für eine Lerneinheit verantwortlich. Er bereitet die Einheit vor und achtet auf den Ablauf.
- Wir lernen, indem wir uns Wissen aneignen, gemeinsam üben und uns über die gemachten Erfahrungen austauschen.
- Wir achten darauf, unsere Praxiserfahrungen mit in das Training zu integrieren. Deshalb tauschen wir uns z.B. zu Beginn der Lerneinheiten darüber aus, wie wir das Gelernte im Arbeitsalltag ausprobiert haben.
- Wir geben uns gegenseitig Rückmeldung, um unsere Fähigkeiten zu verbessern. Die Rückmeldung ist offen und konkret, aber nicht verletzend.
- Wir sind gemeinsam für Qualität und Intensität unseres Lernens verantwortlich. Wir überprüfen diese am Ende jeder Lerneinheit.
- Ein Lernberater nimmt in regelmäßigen Abständen an unseren Lerneinheiten teil. Wir klären mit ihm Fragen, die sich während der Einheiten ergeben haben und vertiefen Themen, die uns besonders interessieren.

eine Lerneinheit durch und der Lernberater stellt die einzelnen Elemente vor: Leittexte, Organisationsblätter, Arbeitsblätter und Rückmeldebögen. Da die Lernenden im Anschluss an die Einführung ja vom Lernberater durch die erste Lerneinheit geführt werden und dort die Handhabung der Unterlagen direkt erleben, kann diese Phase der Einleitung kurz gehalten werden. Zum Nachlesen ist der Aufbau der Unterlagen dokumentiert.

Der Lernberater geht mit der Gruppe die Lernunterlagen durch

Wie sind die Unterlagen aufgebaut?

Die Unterlagen zum Selbstlernen bestehen aus zwei Teilen: dem Arbeitsordner und dem Leittextordner. Der Leittextordner ist, der Einfachheit halber, hinten in den Arbeitsordner eingeheftet. Sie können ihn herausnehmen.

Der Leittextordner enthält zu den ersten acht Lerneinheiten jeweils einen Leittext. Was Sie mit den Leittexten machen sollen, wird im Arbeitsordner beschrieben. Der Leittextordner ist wie ein Handbuch zum Thema „Präsentation“ aufgebaut. Wahrscheinlich werden Sie ihn später, nach dem Training, öfter zur Hand nehmen, wenn Sie etwas nachschlagen wollen.

Im Arbeitsordner ist der Ablauf der neun Lerneinheiten beschrieben. Er ist zum schnellen Auffinden der jeweiligen Lerneinheit mit einem Register versehen. Im Arbeitsordner finden Sie:

2 Organisationsblätter pro Einheit mit folgendem Aufbau:
- ein Zitat zur Einstimmung,
- den Ablauf der Einheit mit Phasen, Zeiten, Inhalt, Ziel und Material,
- mögliche Stolpersteine, die bei der Durchführung der Einheit auftreten können; es folgen Vorschläge zur Vermeidung bzw. Beseitigung,
- Arbeitsblätter und Rückmeldebögen, die für die Einheit benötigt werden,
- weitere Informationen für die, die sich mit dem Thema weiterführend beschäftigen wollen,
- eine Aufgabenliste für die Vorbereitung, die der Organisator übernimmt.

Ein Arbeitsblatt beschreibt auf ein oder mehreren Seiten eine Aufgabe, die Sie allein oder gemeinsam bearbeiten sollen. Die Arbeitsanweisung finden Sie immer zu Beginn des Blattes, dann folgen weitere Informationen. Nach Übungen geben Sie sich gegenseitig Rückmeldung. Die Rückmeldebögen sind dafür die Grundlage. Die Bögen beinhalten Skalen zum Ankreuzen und Antwortfelder. Am besten heften Sie die Bögen, die Sie nach einer Übung erhalten, im Arbeitsordner ab.

Die Aufgaben des Organisators werden besprochen

Im vierten und letzten Teil der Einführung erklärt der Lernberater der Gruppe die Rolle des Organisators. Er beschreibt die Aufgaben des Organisators vor und während einer Lerneinheit und etabliert zwei Prinzipien in der Lerngruppe:

Aufgaben des Organisators

Der Organisator wird von der Gruppe am Ende einer Lerneinheit für die nächste Einheit bestimmt. Er übernimmt die Vorbereitung und die Steuerung der Sitzung. Aber er ist weder für die Vermittlung der Lerninhalte noch für die Arbeitsqualität der Gruppe verantwortlich. Er ist eben Organisator und kein Trainer! Aber unterschätzen Sie nicht seine Wichtigkeit. Es kann eine Gruppe unglaublich aufhalten, wenn alles Organisatorische gemeinsam besprochen und erledigt werden muss.

Vorbereiten der Lerneinheit

- Prüfen Sie, ob der Raum verfügbar ist.
- Lesen Sie den Ablauf der Einheit im Organisationsblatt nach. Sie müssen verstehen, was die Gruppe wann, wie und mit welchem Ziel machen soll. Wenn Sie etwas nicht verstehen, fragen Sie bitte den Lernberater.
- Lesen Sie im Organisationsblatt nach, welche Stolpersteine auftreten können und was Sie dagegen unternehmen können.
- Organisieren Sie die Materialien, die im Punkt Vorbereitung im Organisationsblatt aufgeführt werden. Das sind z.B. Unterlagen, die Sie kopieren müssen, Medien wie Overheadprojektor, Flippchart oder Visualisierungsmaterial wie Folien und Filzschreiber.

Steuern der Lerneinheit

- Geben Sie der Gruppe zu Beginn der Lerneinheit einen Überblick über den Ablauf. Benutzen Sie ruhig den Ablaufplan auf dem Organisationsblatt.
- Leiten Sie jeden Arbeitschritt ein, indem sie sagen, wer was machen soll, was das Ziel ist, welches Material er benötigt und wieviel Zeit er zur Verfügung hat.
- Sie arbeiten jeden Arbeitsschritt ganz normal mit durch.
- Achten Sie auf die Zeit. Geben Sie der Gruppe nach etwa der Hälfte der geplanten Zeit eine Information, wieviel Zeit noch zur Verfügung steht.
- Wenn die Gruppe aus dem Zeitraster fällt, beraten Sie gemeinsam, was Sie tun wollen. Meistens ist es besser, lieber mit „halbfertigen" Ergebnissen weiterzumachen als den Zeitplan umzustoßen.
- Sammeln Sie offene Fragen, um sie in den Einheiten mit dem Lernberater besprechen zu können.

1. Die Rolle des Organisators übernimmt im Wechsel jeder aus der Lerngruppe. Das verhindert ungleiche Machtverhältnisse in der Gruppe.
2. Der Organisator ist nur der Taktgeber der Gruppe und nicht inhaltlich verantwortlich für die Lerneinheit, die er steuert. Er macht alle Lernschritte während der Lerneinheit selber mit. So bindet die Organisatorentätigkeit möglichst wenig Kapazität.

Der Lernberater ist in der ersten Lerneinheit der Organisator

Die Einführung der Lerngruppe in das SLT dauert etwa eine Stunde. Direkt im Anschluss an die Einführung beginnt die erste Lerneinheit, die der Lernberater als Organisator steuert. Diese erste Einheit ist in zweierlei Hinsicht modellgebend: Sie setzt den Standard, wie die Gruppe selbstgesteuert lernt und sie zeigt der Gruppe, wie der Organisator vorgehen sollte. Der Lernberater sollte eine möglichst freundliche, spannungsfreie Atmosphäre schaffen, um ein gutes Lernklima zu ermöglichen. Gerade am Anfang müssen sich die Lernenden oft überwinden, der Gruppe ihre Arbeitsergebnisse zu präsentieren und sich ihrer Begutachtung zu stellen. Neben der Atmosphäre ist hier die Regel wichtig, dass jeder präsentiert und nicht nur diejenigen, die es sich zunächst zutrauen. Nach ein, zwei Durchläufen ist bei den Lernenden meist die Scheu überwunden und das Prinzip verinnerlicht.

Ein wichtiger Aspekt für das Funktionieren des SLT ist die Zeiteinhaltung. Der Zeitplan ist sehr eng gesetzt und anspruchsvoll. Dies soll eine abwechslungsreiche Behandlung der Themen sichern. Nach unserer Erfahrung stellen die Phasen zwei und drei der Lernschleife – das Anwenden des Wissens und die Rückmeldung über den Lernerfolg – die größten Zeitklippen dar. Wenn die Lernenden z.B. einen Vortrag entwickeln sollen und nicht in der vorgegebenen Zeit fertig werden, kann der Lernberater sie ermuntern, auch mit unperfekten Lösungen zu leben. Es geht ja in der Phase um das Ausprobieren, und das gelingt auch mit halbfertigen Lösungen.

In der ersten Lerneinheit werden die Standards für gute Rückmelderunden gesetzt

In den Rückmelderunden neigen die meisten Teilnehmer zunächst dazu, allgemeine und grundsätzliche Rückmeldungen zu geben. Das kostet viel Zeit und erschwert es dem jeweiligen Feedbacknehmer, seinen Lernerfolg zu überprüfen. Die Rückmeldebögen beziehen sich zwar auch die Lerninhalte der jeweiligen Übung. In den ersten Rückmelderunden ergänzen die Lernenden den Bogen aber meist um die Aspekte, die ihnen noch aufgefallen sind. Hier sollte der Lernberater die Gruppe immer wieder zu den Inhalten des jeweiligen Rückmeldebogens zurückführen, um das Prinzip des kurzen und spezifischen Feedbacks zu etablieren.

Das Prinzip der doppelten Einführung der Lernenden in ein SLT-Training hat sich sehr bewährt. Es sichert einen stabilen Ablauf des weiteren Trainings. Zunächst führt der Lernberater die Gruppe in das Selbstlernen im Team (SLT) ein, indem er ihnen Prinzipien, Spielregeln, Unterlagen und die Rolle des Organisators erklärt. Danach zeigt er mit der ersten Lerneinheit, wie die anderen Einheiten ablaufen sollten.

6.6 Schulung und Arbeit der Lernberater

Der Lernberater spielt eine wichtige Rolle beim selbstgesteuerten Lernen im Team (SLT). Er fördert das Lernen und stabilisiert die Lerngruppen. In der Evaluationsstudie des SLT (Berg 2003, S. 122ff) konnten beispielsweise deutliche positive Effekte des Lernberaters auf die Einschätzung des individuellen Lernerfolgs, der Selbststeuerung, der Lernmotivation sowie der Zusammenarbeit in der Gruppe nachgewiesen werden. In Interviews nach Abschluss des SLT wurden die Lernenden gebeten zu beschreiben, was der Lernberater in ihrer Gruppe gemacht habe. Im Wesentlichen nannten sie die folgenden Tätigkeitsfelder (Berg 2003, S. 148):

Die Lernberater stabilisieren die Lerngruppen

- den Lernprozess zu beobachten;
- Feedback mit Außensicht zu geben;
- die Gruppe in die Lernform einzuführen;
- Ideen und Erfahrungsberichte zu geben;
- und das Lernen zu intensivieren.

Die Lernberater ihrerseits gaben zusätzlich noch an, dass sie die Gruppe auf das jeweilige Thema fokussiert und die Lernmotivation in der Gruppe wieder gestärkt hätten. So positiv die Wirkungen von Lernberatern auf das SLT ist, so schwierig ist es oftmals in Organisationen, eine geeignete Lernberaterstruktur aufzubauen. Vier Voraussetzungen müssen die Lernberater erfüllen. Sie müssen:

Lernberater sollten mit Lernprozessen vertraut sein, über Wissen aus dem Trainingsthema verfügen sowie zeitlich und räumlich flexibel sein

- Erfahrung in der Anleitung von Lernprozessen haben;
- über Kenntnisse der Inhalte des jeweiligen SLT verfügen, um die Lerngruppen inhaltlich beraten zu können;
- ihre Zeit flexibel planen können, um sich dem Lernrhythmus der Gruppen anpassen zu können und
- in der Nähe der Lernenden tätig sein, wenn das Lernen dezentral stattfinden soll.

Am leichtesten lassen sich diese Voraussetzungen nach unseren Erfahrungen in der betrieblichen Ausbildung erfüllen. Größere Betriebe verfügen in der Regel über ein breites Netz an haupt- und nebenamtlichen Ausbildern, die leicht die Rolle eines Lernberaters übernehmen können. Soll ein SLT-Training in der Weiterbildung eingeführt werden, ist die Lage meist komplizierter. Am schwierigsten ist die Frage der Lernberater in der Weiterbildung von Organisationen zu klären, die lediglich eine kleine zentrale 'Einkaufsabteilung' von Traningsleistungen besitzen. Eine solche Abteilung verfügt meist nicht über die Zeit und die örtliche Nähe, um Lerngruppen begleiten zu können. Leichter gestaltet sich der Aufbau einer Lernberaterstruktur für Organisationen, die bereichsbezogene Personalentwickler haben. Diese lassen sich meist ähnlich schnell wie Ausbilder in die Rolle einführen.

Der Aufbau einer geeigneten Lernberaterstruktur kann schwierig sein

Soll SLT in einer Schule eingeführt werden, ist meist das größere Problem, dass Dauer und Rhythmus der Lerneinheiten nicht kompatbel mit der Schulstundenstruktur sind. Darüber hinaus haben sich Lehrer bei der Rollenfindung als Lernberater in den bisherigen Projekten am schwersten getan. Ich vermute, dass das eigene Rollenbild der Lehrer sehr davon geprägt ist, anzuleiten. Der Lehrer gibt in diesem Rollenmodell Lernweg und -inhalte vor und steuert den Lernprozess. Im Gegensatz dazu sollte das Handlungsmodell eines Lernberaters das Prinzip der minimalistischen Intervention sein. Er beobachtet und begleitet den Lernprozess der Gruppe und interveniert nur dort, wo der Lernerfolg gefährdet zu sein scheint. Der Lernberater fokussiert und intensiviert das Lernen der Gruppe, so beschrieben es die Lernberater ganz treffend in den Interviews der Evaluationsstudie. Diese Art der Lernbegleitung und nicht -anleitung scheint betrieblichen Aus- und Weiterbildnern momentan vertrauter als Lehrern zu sein.

Wie nun können Lernberater auf ihre Aufgabe vorbereitet und qualifiziert werden? In den bisherigen Projekten haben wir drei Qualifizierungsinstrumente eingesetzt:

Qualifizierung durch Schulung und Co-Training

- In eintägigen Schulungen wurden den Lernberatern die Inhalte aller Lernmodule vorgestellt.
- Ein Leitfaden gab ihnen konkrete Handlungsanleitungen für die Lerneinheiten, bei denen sie in den Lerngruppen anwesend sind.
- Die konkrete Einführung in die Rolle erfolgte nach dem Kaskadenprinzip, in dem sie zunächst bei einer Lerngruppe als Co-Lernberater mitarbeiteten, danach eine Lerngruppe alleine begleiteten und im dritten Schritt den nächsten Lernberater qualifizierten.

Die einführende Schulung war so aufgebaut, dass die zukünftigen Lernberater am Schluss einen Überblick über den Ablauf, die erwarteten Ergebnisse und mögliche Probleme jeder Lerneinheit gewonnen hatten. Um die Prinzipien des SLT zu verstehen, hat es sich als hilfreich erwiesen, dass die Lernberater sich selber in die Rolle von Lernenden hineinversetzten und beispielhaft alle drei Schritte einer Lernschleife gemeinsam als Lerngruppe durcharbeiteten.

Die Aufgaben des Lernberaters in der ersten Lerneinheit wurden im letzten Kapitel schon beschrieben. Im weiteren Verlauf des SLT kommt der Lernberater alle zwei bis drei Lerneinheiten in vorher festgelegten Abständen zu der Lerngruppe hinzu. Er ist dann jeweils in den zweiten 90 Minuten der Lerneinheit anwesend. Zunächst sollte er sich nur zur Gruppe gesellen, die Atmosphäre in der Gruppe aufnehmen und den Lernprozess der Gruppe beobachten. Für die letzten 60 bis 75 Minuten der jweiligen Lerneinheit gibt es in den Unterlagen der Gruppe kein vorgeplantes Programm. Der Lernberater beginnt mit einer Abfrage, ob es offene Punkte aus den vorherigen Lerneinheiten gibt. Die Lerngruppe wird in den Unterlagen dazu ermuntert, am Ende jeder Lerneinheit offene Fragen zu den Lerninhalten und dem Lernprozess für die nächste Sitzung mit dem Lernberater zu sammeln. Sind die Fraggen beantwortet, fragt der Lernberater nach der Zufriedenheit mit dem Lernprozess und bespricht unter Umständen mit der Lerngruppe Änderungen in ihrem Lernverhalten. Meist dauert diese Phase nur etwa 10 - 15 Minuten und es bleibt genügend Zeit, gemeinsam die Inhalte der jeweiligen Lerneinheit zu vertiefen. Wir haben in den bisherigen Selbstlernprogrammen bewusst Lerninhalte, die für die Lerngruppen alleine schwierig

Nach der ersten Lerneinheit ist der Lernberater nur punktuell anwesend und muss flexibel auf die Gruppe reagieren

zu bewältigen sind, in die Lerneinheiten mit dem Lernberater platziert. Beispielsweise ist zwar Stress bei Vorträgen für die meisten ein wichtiges Thema. Oft bleibt die Bearbeitung in der Lerngruppe aber oberflächlich, weil es eben auch ein sehr persönliches Thema und damit schwierig in der Gruppe zu besprechen ist. Der Lernberater kann hier die Gruppe unterstützen und die Themenbearbeitung intensivieren.

Ein Leitfaden gibt dem Lernberater Handlungsvorschläge

Um dem Lernberater die Arbeit zu erleichtern, bekommt er einen Leitfaden mit konkreten Handlungsvorschlägen für jede Lerneinheit, in der

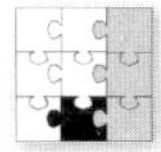

4. Lerneinheit **Präsentation**

Die vierte Lerneinheit

Die allermeisten Teilnehmer an Präsentationstrainings halten das Thema Stressabbau bei Vorträgen für persönlich wichtig. Gleichzeitig ist es oft für die Lerngruppen in dieser Lerneinheit schwierig, sich intensiv mit den Übungen und Texten zu beschäftigen. Es kann sein, dass das Thema blass erscheint und die Lernmotivation nachlässt.

Das liegt meistens daran, dass das Thema sehr psychologisch und damit für manche schwer fassbar erscheint. Der Lernberater hat dann die wichtige Aufgabe, den Teilnehmern einen Zugang zu dem Thema zu ermöglichen und ihre Lernmotivation zu stabilisieren.

Tipps für die Steuerung

- Kommen Sie 15 Minuten eher als im Zeitplan vorgesehen. Begrüßen Sie die Teilnehmenden, setzen Sie sich zur Gruppe und bitten Sie sie, im Programm fortzufahren. Diese Vorgehensweise hat zwei Vorteile: Zum einen muss die Gruppe nicht auf Sie warten, wenn sie eher fertig geworden ist. Zum anderen haben Sie die Gelegenheit, etwas Gruppenatmosphäre aufzunehmen, bevor Sie die Steuerung übernehmen.
- Fragen Sie die Gruppe als Erstes, wie sie mit den Themen der 2., 3. und 4. Einheit zurechtgekommen ist.
- Sammeln Sie Verständnis- und Vertiefungsfragen, die sich in den Einheiten ergeben haben. (In der Regel kommen die meisten Fragen zur gegenwärtigen Einheit).

Wenn die Gruppe das Thema Stressabbau vertiefen will, bieten Sie eine Stresssimulation an. In dieser hält jeder Teilnehmer einen kleiner Vortrag aus einer der letzten Übungen. Zur Vorbereitung verlässt er den Raum und die anderen Teilnehmer verabreden unverhoffte Ereignisse, die den Referenten unter Druck setzen. Dann bitten Sie den Referenten herein und lassen den Vortrag starten und beginnen mit den Stressoren. Jeder Teilnehmer sollte etwa 1 Minuten Zeit haben.

Mögliche Stressoren

- Desinteresse signalisieren
- bei bestimmten Wörtern (z.B. Mengenangaben) starkes Interesse signalisieren
- Nebengespräche führen
- Aufstehen und selber etwas erzählen
- Telefonate und andere Störungen von außen inszenieren
- Die Sitzordnung so verändern, dass der Referent nicht zu allen sprechen kann
- den Referenten mit Möbeln so einmauern, dass er kaum Platz zum Stehen hat
- Medien verstellen oder verstecken
- Stecker, z.B. vom Overheadprojektor, aus der Steckdose ziehen (Nicht beim Beamer!)

...

Abb. 6.27. Beispiel für Handlungsvorschläge an den Lernberater

er anwesend ist. Die Abbildung links zeigt beispielhaft den Leitfaden für die genannte Lerneinheit zum Stressabbau. Nach der Abfrage der offenen Punkte kann er mit der Gruppe eine Übung machen, in der extremer Stress bei Vorträgen simuliert wird und die Lernenden probieren sollen, diese Situation zu bewältigen. Das Konzept hinter dieser Übung ist, dass die Lernenden im Präsentationsalltag weniger Stress erleben werden, wenn sie in der Übung eine extreme Situation erfolgreich bewältigt haben.

Ein Kaskadentraining der Lernberater ist erfolgreich, verlangsamt aber die Einführung von SLT

Das bereits erwähnte Kaskadentraining als Einführung der Lernberater in ihre Rolle hat sich in unseren bisherigen Projekten sehr bewährt. Allerdings verlangsamt es den Einführungsprozess und ist manchmal nicht umzusetzen, wenn die Organisation sehr dezentral organisiert ist. In diesem Fall stellt ein erweitertes Einführungstraining und ein Coaching während der Begleitung der Lerngruppen eine gute Alternative dar. Wenn das Training auf zwei Tage verlängert wird und eine ganze Gruppe von Lernberatern geschult werden soll, können im Training nach einer Einführung in die Methode die Lerneinheiten mit dem Lernberater simuliert werden. Ein Teilnehmer übernimmt dann seine Rolle als zukünftiger Lernberater und die übrigen arbeiten als Lerngruppe die jeweilige Einheit durch.

Das telefonische oder persönliche Coaching bietet die Möglichkeit, dass der Lernberater kritische Situationen in seiner Lerngruppe entweder vorbereitend mit einem Experten durchsprechen oder nachbereitend überprüfen kann, ob weitere Interventionen in der Lerngruppe erforderlich sind. Im Kaskadentraining übernimmt normalerweise der erfahrenere Lernberater diese Rolle.

Eine sorgfältige Einführung des Lernberaters in seine Rolle mit dem Überblickstraining, dem Leitfaden für die Durchführung der begleiteten Lerneinheiten und der Praxisbegleitung durch das Kaskadentraining oder dem Coaching stellt sicher, dass die Lernberater ihre wichtige Rolle im Lernprozess der Gruppen ausfüllen können.

6.7 Beispiele für die Einführung von SLT

Nachdem die Entwicklung und Evaluation von SLT-Trainings, der Einsatz von Video, die Einführung der Teilnehmer in das SLT und die Schulung der Lernberater in diesem Kapitel erörtert wurden, soll nun abschließend die Einführung des selbstgesteuerten Lernens im Team (SLT) an folgenden drei Beispielen geschildert werden:

- ein Versandunternehmen führte SLT-Trainings innerhalb des allgemeinen Bildungsprogramms ein,
- ein Pharmaunternehmen schult mit SLT Auszubildende und Managementassistenten und
- eine Berufschule setzt SLT im Unterricht für kaufmännische Auszubildende ein.

SLT in der Weiterbildung

Auslöser für den Einsatz von SLT bei dem Versandunternehmen war die Beobachtung der zentralen Personalentwicklung, dass die Mitarbeiter die an Seminaren teilnahmen, oft eine starke Konsumentenhaltung an den Tag legten und zu wenig für die Nachhaltigkeit des neu erworbenen Wissens taten. Aktivierende Lernmethoden sollten helfen, den Lerntransfer zu verbessern. Innerhalb von zwei Jahren wurden die beiden SLT Trainings „Erfolgreich Präsentieren“ und „Effiziente Besprechungen“ eingeführt. Zielgruppe waren Mitarbeiter, die in Absprache mit dem jeweiligen Vorgesetzten zur persönlichen Weiterentwicklung Seminare aus dem allgemeinen Bildungsprogramm buchten. Mit vier Maßnahmen förderte die Personalentwicklung die Nutzung der SLT-Trainings: In der Mitarbeiterzeitschrift erschien ein Bericht, in dem über die neue Lernform, deren Philosophie und die Umsetzung berichtet wurde. In der Weiterbildungsbroschüre, in der alle Lernangebote aufgeführt waren, wurde die neue Lernform ebenfalls ausführlich beschrieben. Außerdem warben die Personalentwickler in persönlichen Gesprächen mit Abteilungs- und Bereichsleitern für die neue Methode. Und schließlich war auch Geld ein wichtiger Hebel. Die Personalentwicklung war als Profit Center organisiert, die Seminare mussten also von den Abteilungen bezahlt werden. Da bei den Selbstlerntrainings keine externen Trainer-, Hotel- und Reisekosten anfielen, betrug der Preis für ein SLT-Training nur etwas mehr als ein Drittel im Vergleich zu einem externen Präsenztraining. Interessanterweise blieben die entsprechenden Präsenzseminare parallel zum SLT im Weiterbildungsprogramm. Die Teilnehmer hatten also die Wahl zwischen beiden Lernformen.

Nach etwa einem Jahr waren die Anmeldezahlen zwischen beiden Lernformen etwa gleich verteilt. Eine Befragung der Teilnehmer am SLT ergab drei Gründe für die Entscheidung zu dieser Lernform. Das SLT war besser in den Arbeitsablauf integrierbar, weil die Mitarbeiter nicht für drei Tage ihren Arbeitsplatz verlassen mussten, sondern neben der Arbeit lernen konnten. Auch der Preis spielte eine wichtige Rolle, und schließlich hatte sich in der Firma herumgesprochen, dass die Lernprogramme Spaß machten und die Lernenden ihren Lernerfolg positiv einschätzten. Bezüglich der Lerninfrastruktur gab es in der Organisation gute Startvoraussetzungen:

Die Mitarbeiter waren zum großen Teil an einem Standort konzentriert. Es gab auf dem Firmengelände ein Schulungszentrum, das sowohl für die Mitarbeiter als auch die Personalentwickler in fünf bis zehn Minuten Fußweg erreichbar war. Als Lernberater fungierten Personalentwickler, die sich im Kaskadentraining gegenseitig qualifiziert hatten. Somit stand ein ausreichend großer Pool an Lernberatern zur Verfügung, die sich flexibel die Betreuung der Lerngruppen aufteilen konnten. Die SLT-Trainings liefen einige Jahre erfolgreich und wurden dann aus dem Programm genommen. Die erste Koordinatorin des SLT-Programms hatte die Trainings mitentwickelt, ihre Nachfolgerin hatte die Entwicklung noch miterlebt und die Nach-Nachfolgerin sollte ein fremdes Programm übernehmen, in dem sie kaum eigene Akzente setzen konnte. Damit hatte die Innnovation ihren Promotor verloren.

SLT bei Auszubildenden

Das Pharmaunternehmen wollte das SLT „Erfolgreich Präsentieren" bei zwei Zielgruppen einsetzen: Auszubildende und zukünftige Managementassistentinnen. Beide Zielgruppen wurden von der zentralen Ausbildungsabteilung betreut, die jeder der beiden Gruppen andere Rahmenbedingungen setzte. Kaufmännsiche Auszubildende müssen in ihrer Abschlussprüfung unter anderem eine Fachpräsentation halten, die benotet wird. Die Ausbildungsabteilung bot den Auszubildenden des dritten Lehrjahres an, sich mit dem SLT-Training auf die Prüfung vorzubereiten. Die Teilnahme am SLT war freiwillig und die Lerneinheiten fanden außerhalb der Arbeitszeit statt. Die Auszubildenden mussten also einen Teil ihrer Freizeit für das SLT investierten. Das Unternehmen gab die Lernunterlagen, Räume und Medien sowie die Begleitung der Lerngruppen durch Ausbilder aus der Ausbildungsabteilung dazu. Etwa 80% der Auszubildenden nutzten das Angebot und blieben auch fast vollständig bis zum Schluss des SLT-Trainings dabei. Augenscheinlich war also der potentielle Nutzwert, sich mit dem Training auf die Prüfung vorbereiten zu können, ausreichend, um dauerhafte Lernmotivation zu erzielen. Dieser Aspekt ist meiner Meinung nach interessant, weil in der betrieblichen Weiterbildung in den letzten Jahrzehnten eine Überprüfung des Lernerfolges kaum eine Rolle gespielt hat. Die Regel war, das Lernkontrolle in der Erwachsenenbildung Selbstkontrolle bedeutete.

SLT bei zukünftigen Managementassistenten

Die Ausbildung zur Managementassistentin war ein internes Qualifizierungsprogramm für Sekretärinnen, die sich fachlich weiterentwickeln wollten. Das Programm dauerte etwa ein Jahr, bestand aus einer Reihe von Seminaren und musste in der eigenen Freizeit absolviert werden. Es gab eine firmeninterne Abschlussprüfung mit der Chance, sich danach intern auf entsprechend ausgeschriebene Positionen bewerben zu können. Mit dem SLT „Erfolgreich Präsentieren" sollten die Sekretärinnen darauf vorbereitet werden, Präsentationen für ihre Vorgesetzten zu erstellen und eigene kleine Präsentationen selbst halten zu können. Die ersten Lerngruppen hatten mit dem selbstgesteuerten Lernen im Team (SLT) deutlich mehr Schwierigkeiten als die Auszubildenden. Es kam zu Motivationseinbrüchen und es gab mehr Kritik an den Lernmaterialien. Eine genauere Recherche ergab, dass die Sekretärinnen sich meist seit mehreren Jahren, oft sogar seit der Schulzeit nicht mehr weiterqualifiziert hatten, Lernen über einen längeren Zeitraum also nicht mehr gewohnt waren. Das SLT seinerseits stellte an die Lernfähigkeiten der Teilnehmer deutlich höhere Anforderungen als Präsenzseminare. Für die Auszubildenden waren diese Anforderungen kein Problem, weil sie sich während der Ausbildung in einem kontinuierlichen Lernprozess mit unterschiedlichsten Lernformen befanden. Mit zwei Maßnahmen konnten die Probleme beseitigt werden. Die Qualifizierung zur Managementassistentin startete nun mit einem Seminar zum Lernen von Lernen und das SLT-Training wurde vom ersten in das letzte Drittel des Curriculums umpositioniert. Nach dieser Veränderung stiegen Akzeptanz und Lernerfolg des SLT-Trainings und es wird bis heute im Rahmen der Weiterbildung zur Managementassistentin eingesetzt.

SLT in einer Berufschule

Die Berufschule näherte sich dem Thema SLT auf Anregung des Pharmaunternehmens. Zunächst waren die meisten Lehrer zutiefst skeptisch gegenüber der Lernmethode. Die Einführung eines Wahlpflichtfaches Kommunikation und Präsentation, das während der gesamten dreijährigen Ausbildung in der Berufschule gelehrt werden sollte, änderte die Situation. Jetzt benötigten die Fachlehrer die handlungsorientierten Trainingskonzepte für ihren Unterricht, die das ensprechende SLT-Training bot. Der erste Lehrer hospitierte als Co-Lernberater bei einer Lerngruppe des Pharmaunternehmens und qualifizierte danach stufenweise seine Kollegen. Schrittweise wurde das Training in immer mehr Klassen eingesetzt und wird momentan von circa 10 Berufschulklassen pro Jahr genutzt. Die neue Lernform führte aber auch zu einer Reihe von Problemen, die die Berufschule mit unterschiedlichen Methoden zu lösen versuchte: Die dreistündige Struktur des Selbstlerntrainings ließ sich nur schwer in die Schulstundenstruktur einpassen. Auch war es schwierig, den durch die Aufteilung der Klassen in Selbstlerngruppen gestiegenen Raumbedarf zu decken. Deshalb wurde das Training nachmittags nach dem Unterricht durchgeführt. Die Schüler waren zwar motiviert, aber nach bis zu acht Stunden Unterricht fehlte ihnen teilweise die Konzentrationsfähigkeit. Alternativ hat die Berufschule probiert, das SLT-Training im Rahmen einer Studienreise außerhalb der Schule durchzuführen, wobei jedoch die Lernmotivation verloren ging. Ein weiteres Problem waren die Stoffmenge in dem Programm und der Sprachstil des Selbstlernprogramms, der stark am Kontext eines Unternehmens orientiert war. Die Schule hat deshalb das SLT-Training um einige Einheiten gekürzt und zum Teil eigene Leittexte entwickelt. Momentan wird das Programm wieder nachmittags eingesetzt und gleichzeitig arbeitet ein Lehrer der Schule an einer SLT-Version, die in Doppelstunden während der vormittäglichen Schulzeit durchführbar ist.

Betrachtet man die drei Beispiele, wird deutlich, dass trotz ähnlicher Strategieelemente jede Organisation bei der Einführung von selbstgesteuertem Lernen im Team (SLT) auf spezifische Probleme stossen wird und deshalb eine individuelle Einführungstrategie entwickeln muss.

7 Varianten

In diesem Kapitel sollen Weiterentwicklungen und Varianten des selbstgesteuerten Lernens im Team diskutiert werden. Zunächst werden die Kombinationsmöglichkeiten mit dem Konzept des situierten Lernens ausgelotet. Im zweiten Teil geht es um die Verbindung mit E-Learning und danach um SLT und Blended Learning. Als viertes wird der Einsatz im schulischen Kontext reflektiert. Mit dem Einsatz von SLT zur Vermittlung von Schlüsselqualifikationen schließt dieses Kapitel.

7.1 SLT in Kombination mit situiertem Lernen

Lernen in authentischen Anwendungssituationen

Beim situierten Lernen werden authentische Lernsituationen geschaffen, die in möglichst vielen Belangen der späteren Anwendungssituation des Wissens entsprechen. Das situierte Lernen soll explizit den Erwerb von Handlungswissen im Gegensatz zu deklarativem Wissen fördern. Besonders intensiv ist die Umsetzung des situierten Lernen in der Medizinerausbildung untersucht worden. Gräsel (1997, S.203) bespielsweise beschreibt die Umsetzung von problemorientiertem Lernen in der Medizinerausbildung am Beispiel der kanadischen McMaster-Universität: „Die dominierende Unterrichtsform im Studium an der McMaster-Universität ist die Bearbeitung von Fällen in Gruppen von 8-12 Personen, die von einem Tutor, in der Regel einem Arzt, betreut werden. In diesen Kleingruppen wird ein bestimmtes Inhaltsgebiet über einen Zeitraum von sechs Wochen anhand mehrerer Fälle bearbeitet; die Lernenden treffen sich dazu in der Regel zweimal pro Woche im Kurs und bearbeiten darüber hinaus selbstständig Literatur zu den behandelten Themen. Die Aufgabe der Tutoren besteht in erster Linie nicht in der Wissensvermittlung, sondern in der Unterstützung der Aktivitäten der Gruppe. Die Tutoren leiten die Diskussionen, koordinieren die Materialsuche und stehen bei Schwierigkeiten als Helfer zur Verfügung. Der Ablauf eines derartigen problemorientierten Kurses kann folgendermaßen zusammengefasst werden: Anhand einer detaillierten Beschreibung des Falls legen die Lernenden selbst die Ziele und Themen des Kurses fest. Entsprechend der Lernziele wird Material – etwa Literatur, Lehrmedien oder vergleichbare Fälle – von den einzelnen Lernenden gesucht und ausgewertet. Die Ergebnisse dieser Materialbearbeitung werden dann in der Gruppe ausgetauscht und aufeinander bezogen. In der letzten Phase des Kurses wird kontrolliert, ob die angestrebten Ziele erreicht wurden.“

Beim SLT sind die Lernprozesse vorstrukturierter als beim situierten Lernen

Im Vergleich zum SLT fällt auf, dass die Lernprozesse weniger vorstrukturiert sind und nur zum Teil in der Lerngruppe stattfinden. Die Fälle implizieren die Lernziele, die von den Teilnehmern selber festgelegt werden. Die Wissensuche und Aneignung erfolgt individuell und erst der Austausch findet in der Gruppe statt. Das für die Fallarbeit benötigte Wissen dürfte deutlich größer sein als in den bisher mit der Methode des SLT bearbeiteten Themengebieten. Die Wissensaneignung quasi aus dem Gruppenprozess auszulagern, könnte eine interessante Alternative bei wachsender Stoffmenge sein. In der Gruppe würde dann lediglich verabredet werden, wer was zu lernen hat. Diese Vorgehensweise setzt allerdings eine hohe Verbindlichkeit bei Absprachen in der Gruppe voraus. Wenn nur ein Teil der Gruppenmitglieder vorbereitet zum Gruppentermin erscheint, leidet der Austausch und die Fallbearbeitung. Meine Erfahrungen mit individuellen Vorbereitungsaufgaben für Präsenztrainings in der betrieblichen Weiterbildung stimmen mich eher pessimistisch.

Problemstellungen aus dem Arbeitsalltag stärken die Lernmotivation

Eine konkrete Problemstellung zu bearbeiten, die einem so in seinem Arbeitsalltag begegnen könnte, ist eine elegante Methode, die Lernmotivation zu stärken. Wenn man weiß, wofür man lernt, ist man eher motiviert, sich auch längerfirstig das notwendige Wissen anzueignen. Allerdings passt die Fallbearbeitung auch gut zum typischen ärztlichen Handeln: Kommt ein Patient mit einem Problem zum Arzt, macht er eine Anamnese, d.h., er sammelt beim Patienten Informationen. Danach verschafft er sich unter Umständen einschlägige Fachinformationen, stellt eine Diagnose und plant eine Behandlung. In der oben genannten Arbeitsform an der McMaster-Universität sind lediglich die Schritte eins und zwei zusammengefasst, weil die Patienten den Studenten nicht leibhaftig gegenüber stehen, sondern es lediglich eine schriftliche Fallschilderung gibt. Probiert man also, das situierte Lernen auf andere Themenfelder zu übetragen, muss man nach Fällen suchen. Das klingt zunächst schwerer, als es in der Praxis ist. Fast jede Sachbearbeitung lässt sich auch als Fallbearbeitung darstellen. Im Vertrieb beispielsweise sollte die Erkundung von möglichen Kundenproblemen, für die der Vertriebsmitarbeiter Lösungen anbieten kann, am Anfang des Vertriebsprozesses stehen. Selbst in der technischen Produktentwicklung sind die meisten Problemlösungen Varianten oder Weiterentwicklungen schon bestehender Ideen. Dort hieße die Schrittfolge der Fallbearbeitung dann: eine Anforderungsanalyse für das neue Produkt zu machen, sich Wissen über vorhandene Lösungen zu verschaffen und daraus ein neues Produkt zu konzipieren. Fallbasiertes Lernen ist also durchaus in vielen Arbeitsfeldern möglich.

Themenstellungen aus dem Arbeitsalltag als Fallbearbeitung

Sechs Gestaltungsprinzipien für situiertes Lernen

Bevor ich zur Beschreibung möglicher Kombinationen von situiertem Lernen mit SLT komme, möchte ich noch einmal die sechs Prinzipien für situiertes Lernen von Renkl, Gruber & Mandl (1996, S. 133f) beschreiben, weil sie einen hervorragender Leitfaden für die Entwicklung solcher Lernprogramme darstellen:

Problemorientiert

- Problemorientiertes Lernen
  Ausgangspunkt des situierten Lernens ist immer ein Problem oder ein Fall, für den es eine Lösung zu erarbeiten gilt. Die Problemstellung muss die Interessen und Bedürfnisse der Lernenden treffen, um diese intrinsisch zu motivieren. So löst der Fall bei den Lernenden das Bedürfnis des 'Lösen-Wollens' aus und bewegt sie, sich das dazu notwendige Wissen anzueignen. Für die Lernenden ist das Ziel des Lernprozesses nicht, etwas zu wissen, sondern Fälle bearbeiten zu können, d.h., Handlungskompetenz in ihrem Arbeitsfeld zu erwerben.

Realitätsnähe

- Realitätsnähe
  Die Lernsituation muss der Anwendungssituation möglichst ähnlich

sein. Zum einen kann der Lernende so in der Fallsituation sein Arbeitsfeld wiedererkennen und die Relevanz seines Lernprozesses für seine zukünftige Handlungsfähigkeit erkennen. Zum anderen ist Wissen meist situations- und kontextgebunden. Der Wissenstransfer von der Lernsituation auf das wirkliche Leben wird um so leichter gelingen, je authentischer die Lernsituation gestaltet ist.
Bei der Entwicklung von situierten Lernsettings kann die Herstellung eines authentischen Kontextes zum anspruchsvollen Unterfangen werden. Reicht es beispielsweise, die fallbezogenen Informationen aufzuschreiben? Ist die äußere Gestalt der Texte wichtig für die Informationen? Werden multimediale Elemente wie Bilder, Ton oder Video benötigt? Oder lässt sich ein authentischer Kontext gar nur im Rollenspiel vermitteln?

- Artikulation und Reflexion
  Sich mit anderen über das erworbene Wissen und die erarbeitete Problemlösung auszutauschen, ist ein wichtiger Prozess, um das Wissen zu festigen und zu generalisieren, d.h., von dem konkreten Fallbezug zu lösen. Es geht darum, Informationen nicht nur zu lesen oder zu schreiben, sondern sie anderen mitzuteilen. Wenn es gelingt, anderen einen Sachverhalt zu erklären, hat man ihn selber verstanden. Vortragen, vergleichen, hinterfragen und diskutieren sind wichtige Tätigkeiten für dauerhaftes Lernen.

Artikulation und Reflexion

- Multiple Perspektiven
  Ein Problem und das bei der Lösung erworbene Wissen aus unterschiedlichen Perspektiven zu betrachten, flexibilisiert das Wissen. Es wird leichter generalisierbar und lassen sich auf andere Situationen übertragen Außerdem können die Lernenden oft so weitere Aspekte entdecken und Verbindungen zu anderen Themengebieten identifizieren. Am leichtesten lässt sich ein Perspektivwechsel sicherlich im Rollenspiel realisieren. Der Lernende könnte beipsielsweise in einem Rollenspiel zum Thema Verkauf die Rolle des Verkäufers, des Käufers oder des Zuschauers einnehmen. Solch triadische Betrachtung sozialer Situationen gibt oft ganz neue Ideen für die Gesprächsgestaltung. Am intensivsten wäre die Lernerfahrung sicherlich, wenn jeder Lernende nacheinander jede Perspektive erlebt. Aber auch die Rollen aufzuteilen und sich anschließend intensiv in der Gruppe über die Erfahrungen auszutauschen, kann den Perspektivwechsel fördern.
  Multiple Perspektiven lassen sich aber auch schon in die Problemstellungsphase integrieren. In unserem SLT „Effiziente Besprechungen" leiten wir z.B. eine Übung zur Planung einer Projektsitzung mit einem Video ein, in dem nacheinander alle Projektbeteiligten auftreten und schildern, welche Interessen sie bei dem Projekt verfolgen und wie sie zu den übrigen Projektmitarbeitern stehen. Die Lerngruppe hat die Aufgabe, aus den Informationen eine Planung für die nächste Projektsitzung abzuleiten. Mit dieser Übung haben manche SLT-Teilnehmer ihre Schwierigkeiten, weil ein Perspektivwechsel und die Integration verschiedener Perspektiven eine anspruchsvolle soziale Fähigkeit ist, die nicht jeder in gleichem Ausmaß besitzt. Insofern stellt das situierte

Multiple Perspektiven

Lernen durchaus hohe Ansprüche an die soziale Kompetenz der Lernenden.

Lernen im sozialen Austausch

- Lernen im sozialen Austausch
  Lernen ist ein sozialer Prozess, bei dem es neben dem reinen Wissenserwerb auch um den Aufbau gemeinsamer Denkmuster, Expertenkniffe und ethischer Standards geht. Kooperatives Lernen kann eine gemeinsame Expertenkultur zu einem Thema schaffen. Eine Übereinstimmung darin, wie Situationen einzuschätzen sind und welche Handlungsmöglichkeiten sich daraus ableiten, kann eine Gruppenidentität schaffen. Der Austausch in der Gruppe macht individuelles Wissen allen zugänglich, zeigt Wissenslücken oder bietet die Chance falsches Wissen zu korrigieren, ohne dass eine wertende Instanz wie ein Lehrer anwesend sein muss.

Vergleicht man die oben geschilderten Grundsätze des situierten Lernens nach Renkl, Gruber & Mandl (1996) mit dem SLT, fällt auf, dass zwei der fünf Grundsätze, nämlich Artikulation und Reflexion sowie das Lernen im sozialen Austausch, in der Lernscheife des SLT bereits umgesetzt sind. Zu fragen bleibt, wie sich die übrigen drei Grundsätze in das SLT integrieren lassen? Die wichtigste Veränderung ist sicherlich die Arbeit an Fällen beziehungsweise Problemen. Dazu muss die Lernschleife um einen vierten Schritt erweitert werden:

Erweiterung der Lernschleife

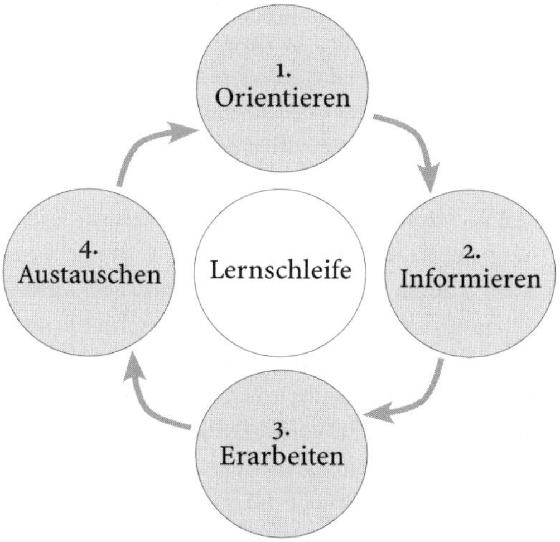

Abb. 7.1. Erweiterte Lernschleife

Im ersten Schritt, dem Orientieren, bekommen die Lernenden eine Problemstellung, einen Fall präsentiert, der aus dem Arbeitsgebiet der Teilnehmer stammt und eine Fragestellung enthält, zu deren Lösung sich die Lernenden Wissen aneignen müssen. Die Lerngruppe reflektiert den Fall und den daraus entstehenden Lernbedarf und entwickelt erste Lösungshypothesen. Im zweiten Schritt, dem Informieren, macht jeder sich individuell zum Thema kundig und eignet sich das notwendige Wissen an. Im dritten Schritt, dem Erarbeiten, entwickeln die Lernenden individuell oder in Kleingruppen eine Lösung für den Fall. Sie bringen die Lösung in eine austauschfähige Form, um es im nächsten Schritt im Plenum besprechbar zu machen. Je nach Thema und Fall kann das beispielsweise eine Präsentation, ein vorbereitetes Rollenspiel oder eine Moderation sein. Im letzten Schritt, dem Austauschen, stellen sich die Lernenden ihre Arbeitsergebnisse gegenseitig vor, überprüfen die Zielerreichung, geben sich gegenseitig Rückmeldung und reflektieren ihre Ergebnisse.

Die Grundsätze des problemorientierten Lernens und die Realitätsnähe lassen sich in diesem Setting gut umsetzen. Schwieriger ist es mit dem Prinzip, den Lernenden multiple Perspektiven auf die Lernsituation zu ermöglichen. Dies müsste je nach Fall und Problemstellung auf unterschiedliche Weise während der Schritte erfolgen, die gemeinsam in der Lerngruppe stattfinden. Soll das situierte Lernen selbstgesteuert erfolgen, ist es wichtig, drei Fragen zu klären:

Gestaltungfragen für selbstgesteuertes situiertes Lernen

1. Gibt es einen vordefinierten Lernweg, oder legen die Lernenden aufgrund des Falles fest, was sie lernen müssen und wie sie es sich aneignen?
2. Wie überprüfen sie ihre Lernergebnisse?
3. Finden alle Arbeitsschritte in der Gruppe statt, oder gibt es zwischen den Treffen individuelle Arbeitsphasen?

Vordefinierte Lerninhalte und -wege

zu 1. In den bisherigen SLT-Trainings waren Lernweg und -inhalte außer in den Einheiten mit dem Lernberater festgelegt, um die Planungsprozesse in den Lerngruppen zu minimieren. Die Evaluation der Programme (Berg, 2003) hat gezeigt, dass die Lernenden sich dadurch in ihrer Autonomie nicht beeinträchtigt fühlen. Sie erleben sich als selbstgesteuert, weil kein Trainer anwesend ist und sie die Lernintensität selber regeln können. Da die Vorstrukturierung das Lernen erleichtert und die wahrgenommene Selbststeuerung nicht reduziert, spricht also viel für vordefinierte Lerninhalte und Lernwege beim fallbasierten selbstgesteuerten Lernen.

Überprüfung des Lernerfolgs an Musterlösungen

zu 2. Da beim selbstgesteuerten Lernen der Trainer als Außenkriterium für den Lernerfolg fehlt, benötigen die Lerngruppen einen Maßstab für den Lernerfolg. Sie müssen überprüfen können, ob sie eine passende Lösung für den Fall gefunden haben. Am besten wird das mit einer Art Musterlösung gelingen. Allerdings sind unsere Erfahrungen mit Musterlösungen beim SLT durchaus gemischt. Einerseits gibt es bei verhaltensnahen Fragestellungen oft keine eindeutige Lösung. Wie ich beispielsweise eine vorgegebene Dramaturgie in einen Vortrag übertrage, ist auf vielerlei Wegen möglich. Darüber hinaus lösen vorgegebene Lösungen bei Lerngruppen schnell Widerstand aus, weil sie sich in ihrer Autonomie beeinträchtigt fühlen. Deswegen haben wir in den SLT-Trainings auch das Wort 'Musterlösung' und nicht 'Lösung' benutzt. Es impliziert, dass die vorgeschlagene Lösung eine von mehreren möglichen ist. Musterlösungen sind also zur Erfolgskontrolle notwendig. Sie müssen aber annehmbar gestaltet sein.

Wissensvermittlung innerhalb der Lerneinheiten mit Leittexten

zu 3. Die Wissensvermittlung durch Leittexte in den Lerneinheiten hat sich in den bisherigen SLT-Trainings sehr bewährt. Die Wissensaneignung und -anwendung liegen dicht beieinander und es gibt nicht das Problem, dass einige Teilnehmer sich zwischen den Lerneinheiten nicht auf die nächste Sitzung vorbereitet haben. Eine Grenze setzt sicherlich der zeitliche Aufwand für das Lesen der Leittexte. Der Ablauf der Lerneinheiten hat in den bisherigen SLT-Trainings am besten mit einer Lesedauer der Leittexte von etwa 15 Minuten funktioniert. Vermutlich liegt die maximale Lesedauer von Leittexten bei 30 Minuten. Wenn die Leittexte noch länger werden, kann die Gruppe kaum noch alle Schritte der Lernschleife in einer Lerneinheit durchlaufen, und die Interaktion in der Gruppe sinkt zu stark. Das bedeutet, dass dieses Lernsetting vermutlich nur bei Lerninhalten funktioniert, die in maximal 30 minütigen Leittexten beschreibbar sind.

Dreh- und Angelpunkt für das fallbasierte selbstgesteuerte Lernen ist die Qualität der Fälle, denn sie sollen die Motviation der Lernenden stärken und die Anwendbarkeit des Wissens fördern. Um diese Ziele erreichen zu können, müssen die Fälle

Qualitätskriterien für Fälle

- authentisch,
- hinreichend komplex,
- relevant sowie
- prototypisch und generalisierbar sein.

7

Authentischer Kontext

Nur wenn der Fall die wesentlichen Elemente seines ursprünglichen Kontextes transportiert, wird er von den Lernenden als authentisch angesehen werden. Sprache, äußere Erscheinung und Handeln der Protagonisten im Fall müssen sozusagen aus dem Leben gegriffen sein.

Hinreichend komplex

Die Fälle müssen eine so komplexe Fragestellung enthalten, dass sich die Lerngruppe über mehrere Stunden sinnvoll mit dem Fall beschäftigen kann. Es ist ein deutlicher Unterschied zwischen einem Praxisbeispiel, das meist in wenigen Minuten bearbeitet ist, und einem komplexen Fall!

Relevant für zukünftiges Handeln

Lernmotivation wird durch einen Fall nur dann entstehen, wenn eine Lerngruppe den Eindruck hat, dass die Beschäftigung mit dem Fall ihr zukünftiges Handeln in dem Arbeitsfeld, aus dem der Fall stammt, verbessern wird.

Ist prototypsich für das Arbeitsfeld, aber nicht zu spezifisch

Und ein Fall muss treffend die wichtigsten typischen Problemstellungen eines Arbeitsfeldes aufgreifen. Er muss prototypisch das Handeln in dem Arbeitsfeld beschreiben. Auf der anderen Seite darf er nicht so spezifisch sein, dass eine Generalisierung auf ähnliche Situationen unmöglich ist. Sonst müsste sich die Lerngruppe ja nacheinander mit einer Fülle von Fällen beschäftigen, um Feldkompetenz erwerben zu können.

Das Aufspüren geeigneter Fälle für ein Themengebiet hat durchaus etwas von guter Detektivarbeit. In unseren Projekten hat sich der folgende Produktionsablauf bewährt:

Produktionsablauf für das Erstellen von Fällen

1. Definition der Lernziele
   Ausgangspunkt für die Dokumentation geeigneter Fälle ist sicherlich die Festlegung des Wissens, das die Lerngruppe sich zu dem Thema aneignen soll. Meist verändern sich die Lernziele allerdings noch im weiteren Verlauf.
2. Interviews mit Schlüsselpersonen
   Im nächsten Schritt müssen mögliche Fälle identifiziert werden. Schlüsselpersonen verfügen über ein breites Fachwissen in dem fraglichen Themengebiet und haben möglichst eine Position, in der sie einen gu-

ten Überblick über das Themengebiet gewinnen können, weil sie z.B. Vorgestetzter in diesem Arbeitsgebiet sind. Es hat sich bewährt, mit zwei Fragen mögliche Fälle zu identifizieren: Was sind die wichtigsten Tätigkeiten in dem Themengebiet und in welchen Situationen wird das besonders deutlich? Mit der ersten Frage wird das Thema Lernziele noch einmal geöffnet. Mit der zweiten Frage wird einfach erhoben, an welchen Themen bzw. Problemstellungen sich die Lernziele gut verdeutlichen lassen. In den Interviews ist es wichtig, für jeden möglichen Fall einen Ansprechpartner festzulegen, der über das meiste Wissen zu dem Fall verfügt.

Fallgeber identifizieren, interviewen und als Qualitätskontrolle nutzen

3. Festlegen der Fälle
   Nach den Interviews steht fest, welche Fälle aus dem Arbeitsfeld beschrieben werden können. Die Auswahl der Fälle, die letztlich benutzt werden sollen, kann anhand der oben genannten vier Qualitätskriterien erfolgen.
4. Materialsammlung mit dem Fallgeber
   Um einen Fall möglichst authentisch gestalten zu können, ist es wichtig, mit dem Fallgeber sein Vorgehen in der konkreten Situation zu besprechen und Originaldokumente zu sichten.
5. Aufbereitung des Falls
   Auch bei der Lernmethode Fallbearbeitung ist der Schritt der didaktischen Reduktion wichtig. Wie wird das Material so aufbereitet, dass es alle relevanten Informationen in authentischer Form enthält aber gleichzeitig nicht eine zu große Komplexität erzeugt?
6. Abgleich mit dem Fallgeber
   Nach der Aufbereitung ist dies der Schritt der Qualitätssicherung. Da der Autor des Falls in der Regel nicht der Fallgeber sein wird, ist es wichtig, die Fallbeschreibung durch den Fallgeber noch einmal auf sachliche Richtigkeit zu prüfen.

Situiertes Lernen beim SLT verkleinert die potentielle Zielgruppe

Das Selbstlernen im Team um die Fallarbeit zu erweitern, bietet das Potential, die Lernmotivation zu steigern und den Praxistransfer zu erleichtern. Dennoch ist ein Aspekt vor dem Einsatz des fallbasierten SLT zu bedenken. Fälle einzusetzen schränkt meistens die Zielgruppe ein. Je spezifischer die Fälle auf ein Arbeitsfeld abgestimmt sind, desto kleiner ist die Anzahl der Personen, die in diesem Arbeitsfeld tätig sind. Andererseits ist die Erstellung von Selbstlerntrainings aufwendig und rechnet sich für Organisationen oft erst bei einer großen Teilnehmerzahl. Im Gegensatz dazu sind unsere beiden SLT Trainings „Erfolgreich Präsentieren“ und „Effiziente Besprechungen“ so generell gehalten, dass kaufmännische Auszubildende, Mitarbeiter in Weiterbildungsmaßnahmen und Studenten gleichermaßen von den Inhalten profitieren können. Es gilt also vor der Entwicklung eines Selbstlernprogramms also abzuwägen, was wichtiger ist: Alltagsnähe und Motivation durch Fälle oder breite Einsetzbarkeit.

7.2 SLT in Kombination mit E-Learning

SLT-Trainings benötigen eine Menge Lernmaterialien und umfassen oft auch multimediale Elemente. Da liegt es nahe, den Computer als Distributionsplattform oder Lernmittel in das SLT mit einzubeziehen. Wesentliches Kennzeichen des SLT ist ja das Lernen im Team. Es bleibt also zu fragen, ob kooperatives Lernen mit dem Computer möglich ist und wie dies realisiert werden kann. Reinmann-Rothmeier & Mandl (2002) beschäftigen sich mit der Analyse und Förderung kooperativen Lernens mit dem Computer. Sie gehen davon aus, dass kooperatives Lernen am Computer in netzbasierten Umgebungen stattfindet und listen Merkmale kooperativer Lernprozesse auf:

Merkmale kooperativer Lernprozesse mit dem Computer

- Kommunikationsprozesse
  Kooperatives Lernen setzt Kommunikation voraus, die entweder face-to-face oder in virtuellen Teams stattfinden kann. In virtuellen Gruppen kann die Kommunikation entweder sychron, z.B. in Videokonferenzen, oder asychron, z.B. per E-Mail, stattfinden (vgl. Issing, 1998, S.107). Die Frage der Synchronizität von Kommunkation ist nach Reinmann-Rothmeier & Mandl (2002, S46) weniger eine technische Frage als eine soziale Regel. „Der Sprecher setzt voraus, dass sein Zuhörer auf die Botschaft wartet und auf diese so schnell wie möglich reagiert; entscheidend ist dabei die Aufrechterhaltung des subjektiven Gefühls für Sychronizität der Auseinandersetzung – ein in hohem Maße interpretationsabhängier Aspekt." Ein weiterer wichtiger Aspekt ist, inwieweit das Setting auch nonverbale Kommunikation zulässt, die den Lernprozess ebenfalls beeinflussen kann. Sieht ein Lernender beispielsweise, wie ein Mitlerner sich intesiv mit einem Leittext beschäftigt, motiviert es ihn vielleicht zu einem ähnlichen Verhalten.
- Koordinationsprozesse
  Koperatives Lernen bedeutet, dass das Vorgehen aufeinander abegestimmt werden muss.
- Prozesse des Groundings
  Kennzeichen kooperativen Lernens ist der Austausch von Argumenten und Sichtweisen, um im Dialog gemeinsames, geteiltes Wissen zu schaffen. „Unter Grounding versteht man einen Prozess, bei dem Gruppenmitgleider eine gemeinsame Sprache und soziale Verständigungsbasis entwickeln sowie einen sozial geteilten Hindergrund mit dem Ziel (ko-) konstruieren, eine Aufgabe gemeinsam in der Gruppe bearbeiten zu können" (Reinmann-Rothmeier & Mandl, 2002, S46).
- Motivationale Prozesse
  Die Teilnehmer an kooperativen Lernprozessen müssen mit einer Lernabsicht in den Lernprozess kommen. Wenn der Lernkontext sorgfältig gestaltet wird, kann der Gruppenprozess die Lernmotivation stabilisieren oder verstärken
- Identitätsstiftende Prozesse
  Menschen haben den Wusch nach einer Identität in einem sozialen und kulturellen Kontext. Das veranlasst sie, sich die Aktivitäten und Rol-

len einer Kultur anzueignen, um damit zuechtzukommen. „Denn der Wunsch, zu verstehen und verstanden zu werden – mithin Bedeutung zu teilen und einen gemeinsamen Bedeutungshintergrund im Sinne des Groundings zu schaffen – ist einer der wichtigsten Beweggründe menschlichen Handelns." (ebenda) Auch Deci & Ryan (1993) postulieren ja drei Grundbedürfnisse nach sozialer Eingebundenheit, Kompetenzerleben und Autonomie.

Welche Rolle nun kann der Computer bei der Unterstützung kooperativen Lernens spielen? Fickert (1992, S. 61) listet mögliche Funktionen des Computers zur Unterstützung von Lernprozessen auf:

Mögliche Funktionen des Computers beim Unterstützen von Lernprozessen

- „Vermitteln: gezielte Auswahl von Stoffelementen
- Gestalten: Bestimmung der Lehrstrategie und der Form des Lehrdialogs
- Diagnostizieren: Feststellen des Wissens und Könnens
- Korrigieren: Eingehen auf Fehlverhalten
- Vorhersagen: Erfassen der Ziele und voraussichtlichen Aktionen des Benutzers
- Auswerten: Hilfe zur Beurteilung des Lernenden bzw. des Lernsystems selbst."

Computer als intelligenter Tutor

Ein Computer mit diesen Funktionen wird als intelligentes tutorielles System bezeichnet. Der Computer verfolgt das Verhalten des Lernenden, stellt fest was dieser schon weiß und passt den weiteren Lernweg individuell an. Seit etwa 20 Jahren gibt es Versuche, den Computer als Lernmittel einzusetzen. Das intelligente tutorielle System ist sicherlich das ambitionierteste Unterfangen für Lernen mit dem Computer und ist weitgehend gescheitert. Wenn ein Computer das Denken, Wissen und Lernen überwachen und steuern soll, müsste er Sprache verstehen können, weil diese sowohl Transportmittel als auch Ergebnis des Lernprozesses ist.

Computer als 'Pauk'-maschine

Eine 'dumme' Variante dieses Prinzips funktioniert durchaus in eng begrenzten Bereichen, wo Wissen klar operationalisierbar ist. In der theoretischen Führerscheinprüfung werden die Kenntnisse des Prüflings durch Multiple-Choice-Fragen überprüft. Es gibt einen festen Fragenkatalog von mehreren hundert Fragen, aus denen die Prüfungsfragen zusammengestellt werden. Der Prüfling kann sich auf die Prüfung vorbereiten, indem er übt, alle Fragen des Katalogs richtig zu beantworten. Der Computer kann dieses Lernen sehr gut unterstützen, indem er dem Lernenden zunächst in zufälliger Reihenfolge Fragen präsentiert, die Antworten auf Richtigkeit überprüft und das Ergebnis rückmeldet. Multiple-Choice-Fragen kann ein Computer überprüfen, ohne deren inhaltlichen Sinn verstehen zu müssen. Im weiteren Lernverlauf präsentiert der Computer nun die Fragen, die der Lernende falsch beantwortet hat, in zufälliger Reihenfolge öfter, so lange, bis der Führerscheinkandidat alle Fragen stabil richtig beantwortet.

Das meiste Wissen lässt sich aber nicht adäquat in Multiple-Choice-Fragen sondern nur in frei geschriebenem Text abbilden. Wie fasse ich beispielsweise die Argumentation eines Verkäufers für ein neus Produkt in Multiple-Choice-Fragen? Was für eine andere Lernqualität hat dagegen das

Ausprobieren der Argumentation in einem Rollenspiel in der Lerngruppe? In den letzten Jahren hat sich bei den meisten E-Learning-Projekten ein pragmatischer Ansatz durchgesetzt: Der Lernende steuert sein Lernen selber. Der Computer präsentiert ihm das Wissen in einer Hypertext-Umgebung und bietet ihm die Möglichkeit, sein Lernen anhand von Aufgaben überprüfen zu können.

Computer als Wissensdistributionsplattform

Zunehmend werden die Möglichkeiten durch die Vernetzung der Computer genutzt. Mit dem Internet steht eine Kommunikationsplattform zu Verfügung, mit der jeder, der über einen Netzzugang verfügt, im Prinzip mit jedem anderen im Netz befindlichen Teilnehmer Informationen und Dokumente austauschen und synchron oder asynchron kommunizieren kann. Wer sich allerdings noch einmal die Situation vor weniger alsl 10 Jahren vor Augen führt, kann ermessen, was Kommunikationsstandards wie TCP/IP, HTML und E-Mail, für die Möglichkeiten der Zusammenarbeit bewirkt haben. Es ist nicht nur möglich, mit anderen unabhängig vom Ort, Rechnersystem, Netzwerktopologie und Dokumentenformaten Informationen und Dokumente auszutauschen, sondern zunehmend führt der Computer auch die Kommunikationsformate Buch, Brief, Telefon und Videokonferenz auf einem Gerät zusammen. Hier ist also ein großes Potential für kooperatives computergestütztes Lernen face-to-face oder asynchron entstanden.

E-Learning hat sich noch nicht durchgesetzt

Trotzdem ist dem E-Learning noch kein rechter Durchbruch gelungen. Optimisten meinen, mit der Nutzung der Netzwerkfähigkeiten werde sich diese Situation ändern. Die Bildung virtueller Lerngruppen werde für ausreichende Lernmotivation sorgen, um dauerhaft am Computer zu lernen. Dabei gilt es zunächst, eine Reihe von spezifischen Schwierigkeiten virtueller netzbasierter Lerngruppen zu überwinden, die Reinmann-Rothmeier & Mandl (2002, S. 50f) in drei Gruppen zusammenfassen:

Probleme netzbasierter Lerngruppen

- Technisch bedingte Probleme
  Hardware wie mangelnde Bandbreite und Schnelligkeit können das Lernen genauso erschweren wie mangelhafte Software-Werkzeuge oder eine ungenügende Nutzerfreundlichkeit und Software-Ergonomie. Die heutigen Werkzeuge stellen oft noch hohe Anforderungen an das technische Verständnis der Nutzer. Und die Entwicklung geeigneter Werkzeuge zum kooperativen Arbeiten am Rechner stecken noch in den Kinderschuhen.
- Probleme in Folge defizitärer Wissensteilung
  In virtuellen Teams wird den anderen Gruppenteilnehmern oft zu wenig individuelles Wissen zugänglich gemacht. Forschungen (z.B. Fischer & Mandl, 1999) haben gezeigt, dass überwiegend schon der Gruppe bekanntes Wissen in Austauschprozessen diskutiert wird. Zwei Maßnahmen können nach ihrer Ansicht die Wissensteilung verbessern: die Verbesserung des Metawissens der Teilnehmer und eine heterogene Gruppenzusammensetzung mit klarer Rollenverteilung.
- Probleme in Folge fehlender sozialer Hinweisreize
  Netzbasierte Kommunikation kann nur wenig soziale Hinweisreize übermitteln. Die Gruppenteilnehmer erscheinen anonymer und die normative Kraft der Gruppe nimmt ab. VerbindlicheVerhaltens- und Kooperationsregeln zu etablieren, wird schwieriger. Etablieren erfah-

rene Nutzer kleine, dichte Netzwerke mit einem hohen Grad an Gegenseitigkeit und Zusammengehörigkeit, lassen sich diese Probleme aber verringern.

Methoden zur Förderung netzbasierten kooperativen Lernens

Zur Förderung netzbasierten kooperativen Lernens in virtuellen Gruppen schlagen Reinmann-Rothmeier & Mandl (2002) vor:
- die Lerninhalte nach den Prinzipien des situierten Lernens zu gestalten;
- Verfahren kooperativer Interaktion wie gemeinsamer Aufgabenbearbeitung, Vergabe von Expertenrollen, Leitfragen und Arbeitsskripte sowie fest eingebauter Interaktionsprozesse zu nutzen;
- Visualisierungs-Tools einzusetzen, mit denen Strukturen, Relationen und Prozesse sichtbar gemacht und damit der Erkenntnisprozess in der Gruppe gefördert wird;
- Netzwerk-Moderatoren und Tele-Tutoren einzuschalten, um die Kommunikations- und Koordinationsprozesse in den Lerngruppen zu fördern. Mit zunehmender Routine der Lerngruppe könnte sich die kontinuierliche Betreuung durch einen Netzwerk-Moderator zur punktuellen Beratung durch einen Tele-Tutor wandeln.

Vision einer „Learning Community" im Netz

Reinmann-Rothmeier & Mandl (2002) entwickeln die Vision einer (virtuellen) „Learning Community", in der das Wissen der Gemeinschaft vermehrt und damit auch die individuelle Wisssensentwicklung gefördert wird. Über einen längeren Zeitraum hinweg werden Projekte zur Wissenserschließung durchgeführt, wobei nicht von allen zur gleichen Zeit dasselbe gelernt wird. Eine Learning Community schafft innerhalb einer Organisation eine Lernkultur, die Identität stiftet und gemeinsames Lernen realisiert. Eine virtuelle Learning Community folgt danach denselben Prinzipien, findet aber nicht mehr face-to-face sondern netzbasiert statt.

Diese Vision gerät jedoch recht kühn, wenn man bedenkt, wie schwierig schon die Änderung einer Lernkultur von punktueller Weiterbildung hin zu kontinuierlicher, arbeitsbegleitender Qualifizierung ist. Zusätzlich wäre auch noch der Wechsel auf kooperatives selbstgesteuertes Lernen und die Einführung eines neuen Lernmediums mit hohen technischen Anforderungen an die Nutzer zu meistern. Zudem fällt auf, dass die Autoren zwar fordern, dass beim kooperativen netzbasierten Lernen das situierte Lernen genutzt werden soll, ihrerseits aber ein wichtiges Element des situierten Lernens, das Handlungslernen, vernachlässigen. Sie konzentrieren sich auf Methoden zur Motivation und zum Wissensaufbau in kooperativen Lernprozessen. Zum Handlungslernen gehört aber der soziale Kontext, in dem gehandelt werden soll. Dieser Kontext lässt sich in virtuellen Lernteams schwerlich realisieren. In der Regel benötigt effektives Handlungslernen das Ausprobieren der erdachten Lösung in der konkreten Situation und die Spiegelung durch die übrigen an der Situation Beteiligten. Lediglich bei Themengebieten, die überwiegend aus deklarativem Wissen bestehen, wäre der soziale Kontext nicht so wichtig.

Handlungslernen erfordert in der Regel einen direkten sozialen Kontext

Mit virtuellen Teams gehen aber noch eine Reihe von weiteren Vorteilen kooperativen Lernens verloren. Die Synchronizität des Handelns, das

Synchronizität des Handelns geht verloren

Erleben gemeinsamen Tuns, wird wesentlich über nonverbale Kommunikation vermittelt. Es macht einen Unterschied in der Erlebnisqualität, ob ich merke, wie mein Mitlerner sich neben mir in seinen Leittext vertieft, oder ob ich im Chatroom sehe, wer außer mir auch am Rechner sitzt und lernt. Die Bedeutung des gemeinsamen Lernens im Team für ihre Motivation und die Gruppenidentität haben die Teilnehmer an den SLT-Trainings in der Evaluation (Berg, 2003) immer wieder betont. Auch die Elaboration des Gelernten durch die Präsentation und Diskussion in der Lerngruppe ist ein anderer Prozess als der Austausch im Chatroom. Genauso verhält es sich mit dem gengenseitigen Feedback. Trotzdem kann kooperatives netzbasiertes Lernen dort Chancen bieten, wo es einer Organisation nicht möglich ist, ihre Mitglieder zum Lernprozess an einem Ort zusammenzuführen. So kann ein Mindestmaß der Möglichkeiten bezüglich Motviation und Wissensaustausch, die kooperatives Lernen bietet, genutzt werden.

Laptops als persönliches Informations- und Kooperationsmedium

Aber manchmal übersieht man bei der Suche nach dem großen Wurf die kleine Revolution. So beginnt der Computer für die meisten gerade erst, zum „Personal"-Computer zu werden. Immer mehr Mitarbeiter in Organisationen arbeiten an Laptops, die sie beispielsweise zu Besprechungen mitbringen. Die Papierstapel in Besprechungen beginnen zu schrumpfen, weil nur die wesentlichen Informationen ausgedruckt und der Rest auf dem Laptop mitgeführt oder bei Bedarf aus dem firmeninternen Intranet hinzugezogen werden. Die wichtigste Ausstattung von Konferenzräumen ist heute neben Beamern und ähnlichen Medien eine möglichst große Anzahl von Steckdosen und Netzwerkanschlüssen nahe am Konferenztisch. Es fehlen allerdings noch weitgehend geeignete Software-Werkzeuge zum kooperativen Arbeiten mit dem Computer.

Gemeinsames Erstellen von Materialien an mehreren Laptops

Der kooperative Texteditor SubEthaEdit (www.codingmonkeys.de) ist ein exzellentes Beispiel für die Möglichkeiten. Ein Teilnehmer öffnet ein Dokument auf seinem Rechner. Damit gibt er es in einem drahtlosen Netzwerk frei und lädt andere Teilnehmer ein, sich bei dem Dokument anzumelden und damit an der Erstellung des Textes zu beteiligen. Auf jedem Bildschirm erscheint eine immer aktuelle Textversion und eine Liste der gerade mitarbeitenden Teilnehmer. Jeder bekommt automatisch eine eigene Textfarbe, um kenntlich zu machen, wer was beigetragen hat. Außerdem werden automatisch frühere Versionen dokumentiert. Das Beeindruckendste an dem Programm ist die Einfachheit, mit der sich Teilnehmer anmelden und an der Texterstellung mitwirken können. Die Bedienung der Software erfordert wenig Aufmerksamkeit. Die gemeinsame Texterstellung steht im Mittelpunkt des Interesses. Leider gibt es momentan nur eine Version für Apple-Computer, weil diese Firma als einzige einen Netzwerkzstandard ohne Konfigurationsaufwand (ZeroKonfig TCP/IP) umgesetzt hat. Meine Vision für die Nutzung von E-Learning beim SLT fällt deshalb relativ bescheiden aus. E-Learning ist aus meiner Sicht dann produktiv beim SLT genutzt, wenn die Teilnehmer einer Lerngruppe sich zu Beginn einer Lerneinheit schnell und einfach mit ihren Laptops untereinander und mit dem Internet verbinden können, um

- medial reichhaltige Lernmaterialien distribuiert zu bekommen,
- gemeinsam Arbeitsergebnisse erstellen zu können, die ähnliche Ele-

mente wie Flipcharts oder Pinnwände enthalten,
- bei Problemen in der Lerngruppe direkt Kontakt mit dem Lernberater aufnehmen zu können, um Rat einzuholen.

Laptops als direkter Draht zum Lernberater

Bei der Beobachtung dieser Form netzbasierten kooperativen Lernens ergeben sich dann vielleicht konkrete Ideen, welche Werkzeuge es braucht, um diese Art des Lernens auch in virtuellen Teams umsetzen zu können.

7.3 SLT und Blended Learning

„Versuchen wir es doch mal mit Blended Learning", war ein Bericht über die aktuelle Situation im Bereich des E-Learnings aus dem Jahr 2002 überschrieben. Damit sollte die Ernüchterung der Anbieter und Anwender von E-Learning-Programmen nach mehrjährigem euphorischen Ausprobieren von E-Learning beschrieben werden. Die Akzeptanz und Lernmotivation der Lernenden war beim netzbasierten Lernen ähnlich problematisch wie beim Einzellernen am Computer mit Computer Based Training (CBT). Die Vernetzung hatte also nicht zu einer nennenswerten Veränderung des Lernerverhaltens geführt. Jetzt sollte die Kombination von E-Learning mit Präsenzlernen helfen, die gesteckten Lernziele zu erreichen. Eine solche Form des Lernens wird in den letzten Jahren als „Blended Learning" bezeichnet und erfreut sich momentan eines ebenso euphorischen Zuspruchs von Aus- und Weiterbildern wie der Begriff „E-Learning" einige Jahre zuvor. Der Begriff als solcher ist allerdings ziemlich unscharf, weil sich eine Vielzahl unterschiedlicher Lernformen darunter fassen lassen. Wörtlich übersetzt bedeutet er lediglich „vermischtes Lernen" und ist seit Jahrzehnten unter dem Begriff „ Methodenmix" in der Didaktik bekannt. Auch bei der Umsetzung von Blended-Learning-Trainingsprogrammen verschwimmen teilweise die Grenzen zu anderen Lernfomen.

Blended Learning als Versuch, die Vision des Lernens am Computer zu retten

Beispielsweise schildert Reinmann-Rothmeier (2003) in ihrem Buch „Didaktische Innovation durch Blended Learning" die Erfahrungen mit einer „semivirtuellen Vorlesung" an einer Hochschule. Um eine hohe Lernintensität auch bei einer großen Teilnehmergruppe von 135 Personen zu erzielen, erweiterte sie eine 14-tägige Präsenzvorlesung um Hypertext und Online-Arbeitsaufgaben. Zu jedem Thema der Vorlesung stellte sie Texte und Verweise als Hypertext auf einer CD-ROM zusammen, die jedem Studenten zu Beginn der Vorlesung ausgehändigt wurde. Zusätzlich wurde im Intranet eine Lernplattform eröffnet, auf der Aufgaben hinterlegt waren, die die Studenten nach jeder Vorlesung in Kleingruppen bearbeiten und die Lösung zur Beurteilung durch die Dozentin wieder in die Lernplattform stellen sollten. Die Merkmale dieser Art des Blended Learnings beschreibt Reinmann-Rothmeier (2003, S. 58) wie folgt:

Kombination aus Hypertext auf CD, online distribuierten Arbeitsaufgaben und Präsenzveranstaltung

- „Die Studierenden rezipieren die angebotenen … Inhalte nicht nur, sondern bauen aktiv und konstruktiv mentale Modelle zu den einzelnen Themenblöcken auf und/oder erweitern und verändern bereits

bestehende Modelle.
- Die Studierenden erarbeiten sich die Inhalte weitgehend eigenständig und selbstgesteuert und werden darin unterstützt, ihren Wissenserwerb auch selbstständig zu evaluieren.
- Die Studierenden praktizieren neben individuellem (selbstgesteuerten) Lernen auch soziales bzw. kooperatives Lernen, indem sie vorgegebene Aufgaben in Gruppen bearbeiten.
- Die Studierenden erkennen beim Wissenserwerb erste anwendungsbezogene Anker, indem sie Aufgaben bearbeiten, die Anwendungsmöglichkeiten des Gelernten aufzeigen."

Computer ist im Wesentlichen nicht Lernmittel, sondern Distributionsplattform

Bei der Beschreibung der Prinzipien werden die großen Ähnlichkeiten zu anderen Selbstlernmethoden, wie dem situierten Lernen und dem selbstgesteuerten Lernen im Team (SLT) deutlich. Der Computer bestimmt nicht die Lernform, sondern ist im Wesentlichen das Distributionsmittel für Texte, Aufgaben und Lernrückmeldung. Bezüglich der Hypertexte merkt Reinmann-Rothmeier sogar an, in zukünftigen Versionen der semivirtuellen Vorlesung auf bessere Druckmöglichkeiten zu achten, weil die meisten Studierenden zum Lernen Papier dem Computerbildschirm vorziehen würden (2003, S. 72). Damit würde der Computer endgültig vom Lernmedium zum Kommunikationskanal. Aber auch dieser Aspekt stellt einen wichtigen Fortschritt in den Gestaltungsmöglichkeiten für dezentrales Lernen dar, wie ich im vorigen Kapitel schon ausgeführt habe. Bleibt also zu fragen, was die zugrundeliegenden Ziele derartiger Blended-Learning-Settings sind, die derzeit mit so viel Energie in vielen Organisationen eingeführt werden. Es geht darum,

Zielsetzungen von Blended-Learning-Settings

- Lernen dezentral und arbeitsplatznah stattfinden zu lassen,
- möglichst wenig Trainerkapazität einzusetzen,
- den Teilnehmern mehr Eigenverantwortung zu geben und sie selbstgesteuert lernen zu lassen,
- viele Mitglieder einer Organisation in kurzer Zeit schulen zu können,
- die Lernenden für ihr Tätigkeitsfeld möglichst handlungsfähig zu machen und
- Weiterbildung preiswerter zu machen.

Blended Learning = E-Learning + Präsenzseminar ist zu kurz gedacht

Blended Learning in diesem Zusammenhang mit einer Kombination aus E-Learning und Präsenzlernen in Seminaren gleichzusetzen, engt die Möglichkeiten zur Gestaltung derartiger Lernumgebungen zu sehr ein. Es besteht sogar die Gefahr, Lernen zu verteuern, wenn die in der Erstellung meist sehr teure Lernform E-Learning mit der in der Umsetzung teuren Lernform des trainergestützten Präsenzlernen kombiniert wird. Das selbstgesteuerte Lernen im Team (SLT) könnte eine interessante Alternative zur Erreichung der oben genannten Ziele bieten, gerade wenn es mit dem situierten Lernen und den Distributions- und Interaktionsfähigkeiten des Computers kombiniert werden könnte.

7.4 SLT in der Schule

Lerndende, die sich die Lerninhalte motiviert selber aneignen, sich gegenseitig beim Lernen unterstützen und den Lernerfolg regelmäßig selber überprüfen, sind vermutlich der Wunschtraum eines jeden Lehrers. Das selbstgesteuerte Lernen im Team (SLT) ist eine Lernform, mit der das möglich ist, zumindest haben das meine Evaluationen an zwei Themen gezeigt. Aber lässt sich die Lernform auf schulisches Lernen übertragen? Zunächst einmal gibt es vier gravierende Unterschiede zwischen dem Lernsetting beim SLT und dem bei schulischem Lernen:

Unterschiede zwischen SLT und schulischem Lernen

1. Verhaltenslernen versus Aufbau deklarativen Wissens
   Der von Arnold & Schüßler (1998, S. 68ff) beschriebene Wechsel vom Qualifikations- zum Kompetenzlernen in der beruflichen Ausbildung findet nur langsam seinen Weg in den schulischen Bildungsbereich. Überwiegend ist schulisches Lernen noch durch den Aufbau von deklarativem Wissen geprägt, das in Prüfungen abgetestet werden kann. Das Kernelement des SLT hingegen ist die Lernschleife. Das Ergebnis des Lernens mit der Lernschleife ist kompetentes Handeln in einem Lernfeld. Der Lernende überprüft seine Handlungskompetenz im dritten Schritt der Lernschleife, indem er die Umsetzung des Gelernten den anderen Mitgliedern der Lerngruppe vorstellt und eine Rückmeldung erhält.

   Beim SLT wird Handlungswissen vermittelt

2. Lernberater versus Lehrer
   Die Lernberater handeln nach dem Prinzip der minimalen Intervention, d.h., sie starten die Lerngruppen und geben ein Modell für das selbstgesteuerte Lernen im Team. Im weiteren Verlauf begleiten sie die Lerngruppen punktuell und beobachten deren Lernprozess. Sie bieten der Gruppe Diskussions- und Veriefungsmöglichkeiten und helfen bei Lernproblemen oder Störungen bei der Zusammenarbeit. Sie intervenieren nur dort, wo es erforderlich und/oder gewünscht ist. Demgegenüber sind Lehrer meist die aktivsten Handelnden im Lernprozess. Sie vermitteln das Wissen und überprüfen den Lernerfolg.

   Der Lernberater begleitet und leitet nicht

   In einigen Weiterbildungen für Lehrer zum Thema SLT habe ich bei der Unterscheidung von Lehrern und Lernberatern zunächst völliges Unverständnis geerntet. Aus Sicht der anwesenden Lehrer setzten sie ähnliche Lehrmethoden ein und nahmen dort eine ähnliche Rolle wie die Lernberater ein. Sie meinten damit die Gruppenarbeit im Unterricht. Zwei Punkte unterscheiden aber das SLT von der Gruppenarbeit, die das Erleben des Lernprozesses wesentlich prägen: Die Laufzeit des Lernprozesses ist eine gänzlich andere. Sie beträgt beim SLT je nach Thema 15-30 Stunden und bei der Gruppenarbeit in der Regel weniger als eine Schulstunde von 45 Minuten. Und die Überprüfung der Ergebnisse einer Gruppenarbeit finden in der Regel im Klassenplenum unter Anleitung des Lehrers statt, während die Teilnehmer ihr Lernen gegenseitig überprüfen. Das trainer- bzw. lehrerlose Lernen und die gemeinsame Kompetenzerweiterung und -überprüfung waren in der Evaluation des SLT im wesentlichen die Ursache dafür, das die Teilneh-

   Gruppenarbeit in der Schule ist in der Regel nicht identisch mit der Lernschleife

mer ihr Lernen als selbstgesteuert wahrnahmen.

Die Gruppengröße und Zeitstruktur sind anders

3. Kleingruppe versus Klassenverband
   Das SLT findet in stabilen Kleingruppen mit 4-6 Mitgliedern statt, während eine Klasse zwischen 25 und 35 Schüler umfasst.
4. Dreistündige Lerneinheit versus 45minütige Schulstunde
   Das Durcharbeiten einer Lernschleife erfordert deutlich mehr Zeit als eine Schulstunde. Die Lernenden müssen sich mit einem Leittext oder einem Videofilm das Wissen aneignen, in einer Kleingruppen- oder Einzelarbeit das Wissen anwenden und dabei ein austauschfähiges Produkt, wie z.B. eine Präsentation oder eine Moderation, herstellen und sich schließlich gegenseitig das Erarbeitete vorstellen und sich den Lernerfolg rückmelden. Das erfordert eine kontinuierliche Lernzeit von zwischen eineinhalb und drei Stunden.

Anpassungsbedarf durch SLT

Die beschriebenen Unterschiede machen deutlich, das das selbstgesteuerte Lernen im Team nicht ohne weiteres in einen schulischen Kontext passt. Andererseits lohnen aus meiner Sicht die Potentiale des SLT den Aufwand für die Anpassung. Was also ist zu tun? Zunächst einmal muss es die räumlichen Möglichkeiten zur kontinuierlichen Kleingruppenarbeit geben. Aus einem Klassenverband würden dann etwa fünf Selbstlerngruppen, die räumlich und akkustisch so getrennt sind, dass sie in der Kleingruppe präsentieren und diskutieren können, ohne die anderen Gruppen zu stören.

Kleingruppenlabor statt Klassenraum

Das wird nicht in einem Klassenraum gelingen. Die Schule müsste also einen räumlichen Bereich für Kleingruppenarbeit schaffen – eine Art zentralem Kleingruppenlabor analog dem Sprachlabor aus den 70er Jahren. In diesen Bereich würde sich eine Klasse zum SLT zurückziehen.

Wesentlich einfacher zu bewerkstelligen ist sicherlich die Auflösung des 45-Minuten-Taktes des Lernens. Problematisch wird es allerdings, wenn die Lernform innerhalb eines Schulhalbjahres für ein SLT-Training geändert werden soll, weil die Einteilung der Lehrer in einer Klasse ja immer Auswirkungen auf den Stundenplan der übrigen Klassen hat.

Weil in der Regel nicht das gesamte Lernen in der Schule auf SLT umgestellt, sondern es nur für einzelne Themengebiete genutzt werden soll, bleiben die Rollenänderungen von Lehrern und Lernern ein kritischer Faktor. Beim SLT soll der Lerner vom passiven Rezipienten zum aktiven Gestalter seines eigenen Lernens werden. Und der Lehrer soll sich vom

SLT als Projekt und nicht in den Stundenplan integriert

Steuerer zum Begleiter des Lernprozesses wandeln. Das wird den meisten Beteiligten nur schwer gelingen, wenn sie beispielsweise von acht bis 11 Uhr selbstgesteuert und danach in herkömmlicher Unterrichtstruktur lernen. Ein Rollenwechsel braucht Zeit. Das spricht dafür, das SLT in Projektform beispielsweise eine Woche täglich ganztägig zu veranstalten, statt es in den wöchentlichen schulischen Ablauf zu integrieren. Wenn die Lerneinheiten auf 2,5 Stunden verkürzt würden, könnten je zwei Lerneinheiten an einem Schulvormittag stattfinden. Auch ein umfangreiches Selbstlernprogramm wie das „Erfolgreich Präsentieren“ mit neun Lerneinheiten wäre in einer Woche absolvierbar. Wenn jeweils die Hälfte der Selbstlerngruppen um eine Lerneinheit versetzt beginnt, wäre auch die Begleitung der Gruppen mit zwei Lehrern als Lernberatern möglich.

Ab welcher Altersstufe lässt sich nun das selbstgesteuerte Lernen im Team einsetzen? Die Lernform erfordert von den Lernenden einige spezifische Fähigkeiten. Die Lernenden müssen in der Lage sein,

- ein Thema bzw. Projekt über eine Woche hinweg kontinuierlich zu verfolgen,
- die Gruppenprozesse zu organisieren und zu ordnen und
- den Lernerfolg bei den Mitlernern zu beobachten und rückzumelden.

Getestet ist das SLT mit Auszubildenden und Berufschülern, die vom Alter her Schülern ab der 11. Klasse entsprechen. Ich vermute, dass das SLT durchaus schon ab Klassenstufe 8 nutzbar ist, wenn die Lernfähigkeiten einer Klasse entsprechend ausgeprägt sind. Vor einer großflächigen Einführung wären hier aber sicherlich Tests nötig.

SLT ab der achten Klasse nutzbar

Thematisch haben die bisher entwickelten SLT-Trainings überfachliche Fähigkeiten wie Präsentieren oder Moderieren behandelt. Aber für welche Themen ist die Lernmethode noch nutzbar? Als wichtigstes Entscheidungskriterium ist hier sicherlich die Frage zu sehen, ob der Lernstoff Handlungslernen zulässt. Beim SLT dauert der Prozess der Wissensaneignung maximal ein Drittel der Zeit für die gesamte Bearbeitung der Lernschleife. Typischerweise lassen sich die Leittexte in 10 bis 30 Minuten durcharbeiten. Der Lernstoff muss also in dieser Form modularisierbar sein. Für die dritte Phase der Lernschleife müssen die Lernenden ein austauschfähiges Produkt erstellen können, das dann von den Anderen beurteilt wird. In den Naturwissenschaften gibt es ein didaktisches Konzept, das sich aus meiner Sicht gut auf das SLT übertragen lässt. In Experimenten erproben Schülern entweder die Umsetzung gelernter Prinzipien bzw. Naturgesetze oder sie erkunden diese, um sie sich hinterher theoretisch anzueignen. Experimente bzw. deren Ergebnisse lassen sich gut als Austauschprodukte in Selbstlernprozessen nutzen. Sicherlich lassen sich aber neben naturwissenschaftlichen Themen auch Lernstoffe in anderen Schulfächern finden, die für das selbstgesteuerte Lernen im Team (SLT) geeignet sind. Das SLT könnte einen Beitrag zur Veränderung der Lernkultur an den Schulen hin zu mehr längerfristigem, eigenverantwortlichem Lernen leisten.

In den Naturwissenschaften lässt sich Handlungslernen leicht umsetzen

7.5 SLT zur Vermittlung von Schlüsselqualifikationen

Vor etwa 20 Jahren begann im Rahmen der Weiterentwicklung der beruflichen Ausbildung die Diskussion über sogenannte Schlüsselqualifikationen. Auslöser für die Diskussion war die Beobachtung, dass sich die Berufsfelder und die Tätigkeiten in den Berufsfeldern immer schneller zu wandeln begannen. Würde man Auszubildenden weiterhin lediglich das für ihren Beruf notwendige Fachwissen vermittelt, würden sie nach einigen Jahren nur noch über veraltetes Wissen verfügen. Deshalb wurden die Ausbildungsziele erweitert. Neben der fachlichen Qualifizierung sollten in der Ausbildung auch überfachliche Fähigkeiten vermitttelt werden. Sie wurden Schlüsselqualifikationen genannt, weil die Auszubildenden mit ihnen in der Lage sein sollten, sich Wissen selber zu erschließen und nutzbar zu machen. Im weiteren Verlauf wurde das Konzept um zusätzliche Schlüsselqualifikationen zur Erhöhung der Handlungskompetenz im Berufsfeld erweitert. Auslöser war die Feststellung, das viele Tätigkeiten nicht mehr im bloßen Abarbeiten von Vorgaben oder Verwaltungsvorschriften bestanden, sondern eigene Analyse und Planung erforderten und oft in Zusammenarbeit mit anderen erfolgten. Unter Schlüsselqualifikationen im Bereich der beruflichen Ausbildung werden momentan drei Fähigkeitsbereiche verstanden:

Schlüsselqualifikation als Fähigkeit zum selbstständigen Erschließen von Wissen und zur Erhöhung von sozialer Handlungskompetenz

- Die Fähigkeit, sich selbstständig neues Wissen zu erschließen und anzueignen,
- die Fähigkeit, das eigene Handeln auch in komplexen Situationen selber organisieren zu können und
- die Fähigkeit, mit anderen produktiv zusammenarbeiten zu können.

Beispiel: neue Ausbildungsordung für Industriekaufleute

In der im Jahr 2002 neu gestalteten Ausbildungsordnung für Industriekaufleute sind die Schlüsselqualifikationen beispielsweise im Bereich Information, Kommunikation, Arbeitsorganisation in fünf Bereichen zusammengefasst (vgl. BIBB, 2002):

- Informationsbeschaffung und -verarbeitung
  beispielsweise als die Fähgikeit, externe und interne Informationsquellen auszuwählen und zu nutzen; Daten und Informationen zu erfassen, zu ordnen, zu verwalten und auszuwerten.
- Informations- und Kommunikationssysteme
  beispielsweise Netze und Dienste zu nutzen; Betriebssystem, Standardsoftware und betriebsspezifische Software anzuwenden.
- Planung und Organisation
  beispielsweise Ziele, Reihenfolge und Zeitplan für Aufgaben festzulegen; Probleme zu analysieren, Lösungsalternativen zu entwickeln und zu bewerten; die eigene Arbeit systematisch und qualitätsorientiert zu planen, durchzuführen und zu kontrollieren.
- Teamarbeit, Kommunikation und Präsentation
  beispielsweise Aufgaben im Team zu planen und zu bearbeiten, Ergebnisse abzustimmen und auszuwerten; Moderationstechniken anzuwenden und an der Teamentwicklung mitzuwirken; Regeln unter-

schiedlicher Kommunikationsformen anzuwenden; Möglichkeiten der Konfliktlösung anzuwenden; Themen und Unterlagen situations- und adressatengerecht aufzubereiten und zu präsentieren.
- Anwendung einer Fremdsprache bei Fachaufgaben
  beispielsweise im Ausbildungsbetrieb übliche fremdsprachige Informationen auszuwerten; Auskünfte zu erteilen und einzuholen, auch in einer fremden Sprache.

Hier werden die Schlüsselqualifikationen also noch um die Fähigkeit zur Nutzung des Internets und des Computers sowie um Fremdsprachenkenntnisse ergänzt. Es stellt sich aber schnell die Frage, mit welchen Lehrmethoden die Fähigkeit zum selbstorganisierten Handeln und Zusammenarbeiten denn vermittelt werden können. In den neunziger Jahren hat das Bundesinstitut für berufliche Bildung (BIBB) in einer Reihe von Anwendungsprojekten die Entwicklung von Lehrmethoden und -kontexten zum Erwerb dieser überfachlichen Qualifikationen gefördert. Im Projekt „Lerninseln in der Produktion als Prototypen und Experimentiertfeld neuer Formen des Lernens und Arbeitens" (Bittmann, Erhard & Fischer 1992) wurden Auszubildende beispielsweise auf teilautonome Gruppenarbeit in der Automobilproduktion vorbereitet, indem sie während der Lehrzeit in produktionsnahen Lerninseln kooperatives Lernen und Arbeiten erlebten und erlernten. Im Projekt „Kontinuierliche und Kooperative Selbstqualifikation und Selbstorganisation (KOKOSS)" (vgl. Schneider & Sabel 1998) wurde ein Lernkonzept entwickelt, mit dem die Fähigkeit, sich in Teams zu organisieren, gemeinsam zu lernen und die Teamarbeit zu verbessern, vermittelt werden soll. Viele Firmen versuchen, Schlüsselqualifikationen im Rahmen von Projektarbeit zu vermitteln. Einige haben sogar Ausbildungsfirmen gegründet, um den Auszubildenden einen möglichst authentischen Handlungsrahmen zu bieten.

Wie lassen sich Schlüsselqualifikationen vermitteln

Lerninseln

Arbeit im Team

Projektarbeit

Aber nicht nur im Bereich der betrieblichen Ausbildung hat das Konzept der Schlüsselqualifikation eine erstaunliche Entwicklung genommen. In den letzten Jahren hält es auch verstärkt Einzug in die Bereiche der schulischen und universitären Ausbildung. Im schulischen Bereich werden unter Schlüsselqualifikationen im Wesentlichen die Fähigkeiten zum
- selbstständigen Erschließen und Aneignen von Wissen,
- gemeinsamen Arbeiten und
- zur kompetenten Nutzung von Informationstechnologie verstanden.

Auch im schulischen Bereich werden Schlüsselqualifikationen definiert

Die Schlüsselqualfikationen sollen den Schülern helfen, ihre Lernprozesse selbstständig und effzient zu strukturieren. Während bei den Schulen der „PISA-Schock" wesentlich die Überarbeitung der Lernkonzepte gefördert hat, spielt bei den Universitäten und den Fachhochschulen der zunehmende Wettbewerb untereinander eine Rolle. Insbesondere Fachhochschulen bemühen sich mit der Integration von Schlüsselqualifikationen in die Studienpläne um eine Profilbildung. Teilweise erweitern sie die Vermittlung von Schlüsselqualifikationen um eine Vorbereitung auf das Handeln im Berufsfeld. Inhalte und Vermittlungsmethoden von Schlüsselqualifikationen an Hochschulen befinden sich aber noch eher in der Definitionsphase.

Schlüsselqualifikationen im Studium

Deshalb sei hier der Versuch gewagt, ein Curriculum für Schlüsselqualifikationen an Hochschulen zu skizzieren und einen möglichen Beitrag des SLT bei deren Vermittlung zu erörtern. Gerade an Fachhochschulen mit ihrer stärker berufsbezogenen Ausrichtung könnten Schlüsselqualifikationen die Funktion eines klassischen Studium-Generale übernehmen, um die Hochschulabsolventen ganzheitlich auszubilden. In meiner Tätigkeit als Trainer und Berater ist mir immer wieder aufgefallen, wie wenig vorbereitet oft gerade Absolventen aus technischen Studiengängen auf die Erfordernisse eines Berufsfeldes gerüstet sind, in dem viele nur zu einem kleineren Anteil ihrer Tätigkeit originär technische Tätigkeiten ausführen. Vertriebsingenieure und Projektleiter müssen beispielsweise möglichst kompetent in der Gestaltung sozialer Situationen sein.

Vermittlung in einer neuen Art von Studium-Generale

Wie könnte nun ein solches Studium-Generale für Schlüsselqualifikationen aussehen, wenn man die Ideen und Konzepte aus dem Bereich der beruflichen Bildung überträgt? Aus meiner Sicht wäre es sinnvoll, im Grundstudium Schlüsselqualifikationen zu vermitteln, die auch für die Bewältigung des Studiums nutzbar sind, während im Hauptstudium primär für das Berufsfeld notwendige Fähigkeiten im Fokus stehen sollten. Aufgeteilt in je vier Themenblöcke ergäbe sich die folgende Gliederung:

Im Grundstudium Methoden zur besseren Bewältigung des Studiums

Grundstudium
- Lern- und Arbeitsstrategien
  Arbeitsorganisation, Selbstmanagement, Informationsverarbeitung, Verfassen von Texten, Prüfungsvorbereitung
- Argumentieren in Wort und Schrift
  Aufbau und Gliederung unterschiedlicher Textformen, Argumentationstechniken, Vorträge halten.
- Präsentieren
  Visualisierungstechniken, Medieneinsatz, Körpersprache, Interaktion mit den Zuhörern
- Arbeiten in und Leiten von Teams
  Verstehen von Gruppenprozessen, Arbeitsmethoden in Gruppen, Moderieren, Teamentwicklung

Im Hauptstudium berufsfeldbezogene Fähigkeiten vermitteln

Hauptstudium
- Gespräche und Verhandlungen führen
  Grundlagen der Kommunikation, Modelle für Gesprächssituationen, Verhandlungsstrategien, Konfliktklärung
- Führen und geführt werden
  Führungsaufgaben, Führungsstil, Lob und Kritik, Delegation, Motivation, Beurteilung und Entwicklung
- Sich und andere organisieren
  Zeitmanagement, Planungs-, Problemlösungs- und Entscheidungsmethoden, Projektmanagement
- Gestaltung von Prozessen und Organisationen
  Beschreibung und Optimierung von Prozessen, Gestaltungsmodelle für Organisationen, Veränderungsmanagement

Nicht berücksichtigt sind bei diesem Konzept Fremdsprachenkenntnisse und Computerwissen. Beides ist meist in den Studienplänen schon ausreichend eingearbeitet. Interessant kann das geschilderte Curriculum zum Erwerb von Schlüsselqualifikationen aber auch für Personalentwickler in Firmen sein, weil es ein guter Weiterbildungplan für neue Mitarbeiter sein kann, die an einer Hochschule ohne ein solches Studium-Generale studiert haben. Die Module aus dem Grundstudium könnten die neuen Mitarbeiter in den ersten zwei bis drei Jahren der Berufstätigkeit durchlaufen, wenn sie in der Regel noch keine Führungspostion inne haben. Wenn sie ihre erste Leitungsfunktion übernommen haben, stellen die Module aus dem Hauptstudium eine gute Qualifizierung dar.

SLT zur Vermittlung von Schlüsselqualifikationen nutzt die Lernmethode doppelt

Welche Rolle kann nun das selbstgesteuerte Lernen im Team (SLT) in diesem Curriculum spielen? Wenn es zur Vermittlung von Schlüsselqualifikationen eingesetzt wird, ergibt sich eine interessante Doppelnutzung von Inhalt und Lernmethode. Selbstgesteuert zu lernen und in Gruppen zusammenarbeiten zu können sind zwei Schlüsselqualifikationen, die ihrerseits Bestandteil der Lernmethode SLT sind. So werden beim SLT-Training „Erfolgreich Präsentieren" gleichzeitig Präsentations-, Selbstlern- und Teamarbeitskompetenzen vermittelt. Besonders hoch ist nach meinen Erfahrungen das Lernpotential, wenn Inhalt und Methode deckungsgleich sind. Das wäre bei einem SLT zu den Themen Lernen oder Teamarbeit der Fall. Gleichzeitig verursacht eine Doppelung von Lerninhalt und -methode oft ziemliche Turbulenzen im Lernprozess. Derartige SLT-Trainings bedürften also der intensiven Begleitung durch Lernberater.

Themen wie Führung oder Prozessmanagement lassen sich schlecht per SLT vermitteln

Um ein Themengebiet mit SLT vermitteln zu können, muss das Wissen so modularisierbar sein, dass es in 10-30-minütigen Leittexten aufnehmbar ist und die Lernenden müssen das Wissen in austauschfähige Produkte umsetzen können, die in der Lerngruppe gemeinsam begutachtet werden können und bei denen der Lernerfolg messbat ist. Bei den Themen Führung sowie Gestaltung von Prozessen und Organisationen könnte das problematisch werden. Manches Führungsthema, wie z.B. Führungsstil, lässt sich kaum in ein austauschfähiges Produkt umsetzen. Prozess- und Organisationsgestaltung wird schnell komplex und kann den Zeitrahmen sprengen. Bei den übrigen Themen kann das selbstgesteuerte Lernen im Team aber die Methode der Wahl sein, weil sie wie oben beschrieben in zweifacher Weise den Erwerb von Schlüsselkompetenzen fördert.

8 Mögliche Probleme und Chancen

Das selbstgesteuerte Lernen im Team (SLT) kann einen wesentlichen Beitrag zur Veränderung der Lernkultur einer Organisation leisten. Die Einführung von SLT kann aber auch eine Reihe von Problemen hervorrufen. Das Abschlusskapitel widmet sich deshalb diesen Fragen. Zunächst werden die Probleme beim Aufbau einer dezentralen Lernstruktur, Fragen bezüglich der Gruppenzusammensetzung und Gruppendynamik, der dauerhaften Lernmotivation sowie des Findens selbstlerngeeigneter Trainingsinhalte erörtert. Im zweiten Teil geht es darum, mögliche Themenfelder und Zielgruppen für SLT zu identifizieren, mögliche Einsparungen durch SLT zu kalkulieren, die Chancen durch eine Zertifizierung zu beleuchten und SLT als möglichen Einstieg in eine neue Lernkultur zu betrachten.

8.1 Mögliche Probleme

Aufbau dezentraler Lernstrukturen

Bei dezentralen Lernstrukturen ist der Aufbau eines Lernberaternetzes die größte Herausforderung

Das SLT bietet die Chance, Lernen dezentral und arbeitsplatznah stattfinden zu lassen. Eine solche Lernstruktur wirft die Fragen auf, wer die Rolle der Lernberater übernimmt und wie ein klarer Lernrahmen geschaffen werden kann, um Lernen und Arbeiten voneinander abzugrenzen? Wie bereits dargestellt sind Personalentwicklungen oder Weiterbildungsabteilungen in größeren Organisationen meist zentral strukturiert und können deshalb nur schwer dezentrales Lernen personell unterstützen. Verfügt die Organisation neben einer zentralen Weiterbildung auch über eine bereichsbezogene Personalentwicklung, so kann diese die Lernberater stellen. Auch im Ausbildungsbereich gibt es meist eine dezentrale Struktur von Ausbildern, die die Rolle übernehmen könnten. In den übrigen Organisationen muss die Rolle neu geschaffen werden. Wird eine Lernberaterstruktur nur temporär für ein SLT-Projekt benötigt, könnten entweder die jeweiligen Vorgesetzten als Coach bzw. Lernberater agieren oder interessierte Mitarbeiter als Multiplikatoren qualifiziert werden. Sowohl Vorgesetzte wie auch Multiplikatoren müssten sowohl bezüglich der Inhalte als auch didaktisch für die Begleitung von Selbstlerngruppen geschult werden. Beide Personengruppen geraten mit der Übernahme der Funktion des Lernberaters in einen Rollenkonflikt: Der Vorgesetzte, der Aufgaben anweist und die Leistung überprüft, soll als Lernberater Modell sein, beobachten und unterstützen. Der Kollege wird als Multiplikator zum Fach- und Lernexperten, der die Kollegen beim Lernen beobachtet und korrigiert. Um diesen Rollenwechsel zu stabilisieren, sollte während des SLT-Programms eine Supervisionsstruktur für Lernberater aufgebaut werden.

Soll dezentrales Lernen dauerhaft aufgebaut werden, kann die Rolle des Lernberaters neben der Begleitung von Selbstlerngruppen um weitere Aufgaben erweitert werden. Die Organisation könnte bereichsbezogen Lern-

Der Lernberater als dezentraler 'nebenamtlicher' Personalentwickler

berater ernennen, die neben ihrer normalen Tätigkeit für die Vorgesetzten und Mitarbeiter des Bereichs Ansprechpartner für die Beratung, Planung, Organisation und Begleitung von Lernprozessen wie Seminaren, Förderprogrammen, Sprachtrainings oder Selbstlernprogrammen sind, also eine Art 'nebenamtlicher' Personalentwickler. Gerade in großen Organisationen hilft eine solche Struktur bei der Verankerung einer Philosophie der kontinuierlichen Weiterbildung. Die Organisation, bei der dies nach meiner Beobachtung am besten funktioniert hat, hat diese Rolle den stellvertretenden Hauptabteilungs- bzw. Abteilungsleitern gegeben. Damit wurde das Thema Weiterbildung hierarchisch gut verankert und gleichzeitig die Stellvertreterrolle mit einem eigenen Aufgabengebiet aufgewertet.

Ein klarer Lernrahmen ist wichtig

Findet das Lernen arbeitsplatznah statt, wird die Frage eines klaren Lernrahmens wichtig. Wenn ein Mitarbeiter ein Präsenzseminar besucht, verlässt er den Arbeitsplatz für mehrere Tage und sucht eine zentrale Tagungsstätte auf. Damit ist für alle klar erkennbar, dass er lernt. Trifft er sich dagegen beispielsweise mit Kollegen für drei Stunden im abteilungseigenen Besprechungsraum, um eine Selbstlerneinheit zu absolvieren, ist für die Kollegen und den Vorgesetzten oft nicht klar ersichtlich, ob es um eine Arbeitsbesprechung oder Lernen geht; wann der Mitarbeiter lernt und wann er am Arbeitsplatz ist. Hier ist es wichtig, für ein transparentes System zur Dokumentation von Lernzeiten zu sorgen und Lernen möglichst auch räumlich, z.B. durch die Einrichtung von Lerninseln, deutlich zu machen. Vergleichsweise leicht haben es in diesem Zusammenhang Organisationen wie das Versandunternehmen aus dem Einführungsbeispiel, wo die meisten Mitarbeiter an einem Standort konzentriert sind und innerhalb weniger Minuten ein auf dem Firmengelände befindliches Weiterbildungszentrum erreichen können.

Gruppenzusammensetzung und -dynamik

SLT erfordert eine offene, vertrauensvolle und intensive Gruppenarbeit

Eine offene, vertrauensvolle und intensive Arbeit in der Gruppe ist beim SLT eine wesentliche Voraussetzung für erfolgreiches Lernen. Das Konzept des SLT beinhaltet einige Elemente, die die Gruppenbildung fördern:

- Der vorstrukturierte Lernweg reduziert die meist zeitraubenden und turbulent verlaufenden Abstimmungsprozesse in den Lerngruppen.
- Eine Gruppengröße von vier bis sechs Personen lässt zwar einerseits in den Lerneinheiten Gruppendynamik enstehen, selbst wenn ein oder zwei Mitglieder der Lerngruppe nicht anwesend sind. Andererseits bleiben die Gruppenprozesse aber überschaubar und es bilden sich in der Regel keine Untergruppen. Interaktion findet noch zwischen allen Gruppenmitgliedern in ähnlicher Intensität statt.
- Das gemeinsame Bewältigen von Aufgaben mit Herausforderungscharakter schafft Gemeinsamkeit.
- Die durch die Feedbackbögen strukturierte gegenseitige Rückmeldung fördert eine Atmosphäre der Unterstützung.
- Der Lernberater kann negativer Gruppendynamik rechtzeitig entgegenwirken, weil er die Gruppen regelmäßig beim gemeinsamen Lernen erlebt.

Im Vorwege lässt sich über die Gruppenzusammensetzung Einfluss auf die Zusammenarbeit in der Gruppe nehmen. Zwei Fragen sind hier von besonderer Bedeutung: Hilft oder stört es, wenn die Lerngruppenteilnehmer sich bereits kennen und wie homogen sollte die Lerngruppe zusammengesetzt sein? Bezüglich der ersten Frage lassen die bisherigen Erfahrungen den Schluss zu, dass beides geht und es einen signifikanten Einfluss auf den Lernverlauf gibt. Etwas differenzierter muss man die Situation betrachten, wenn die Teilnehmer der Lerngruppe sich nicht nur kennen, sondern auch in einer Abteilung zusammenarbeiten. Damit haben sie schon eine gemeinsame Gruppengeschichte, die sich auf den Lernprozess auswirken wird. Eine der wenigen Lerngruppen, die während eines Selbstlernprogramms regelrecht auseinandergebrochen ist, bestand aus den Nachwuchskräften einer größeren Abteilung, die untereinander verdeckt um eine demnächst frei werdende Stelle als Gruppenleiter konkurrierten. Verständlicherweise hatten die Lernenden wenig Interesse daran, in den Plenumssituationen sich der Rückmeldung der anderen auszusetzen oder den anderen durch ihre Rückmeldung dabei zu helfen, kompetenter zu werden. Zunächst verödeten also die Plenumsanteile der Lerneinheiten und in den späteren Lerneinheiten sank dann die Anwesenheit, so dass der Lernberater dann vorschlug, die Gruppe vorzeitig aufzulösen und in anderer Zusammensetzung neu zu starten.

Die Lerngruppenmitglieder können aber müssen nicht miteinander bekannt sein

Konkurrenz behindert das Lernen in der Gruppe

Andererseits kann das gemeinsame Durcharbeiten eines SLT-Trainings für eine Abteilung auch interessante Impulse für die Zusammenarbeit nach dem SLT-Training geben, wenn dies explizit als von allen anerkannt wird. Beispielsweise könnte eine Abteilung das Ziel haben, die Qualität ihrer Besprechungen gemeinsam zu verbessern. Dazu könnte sie zunächst gemeinsam ein entsprechendes SLT-Training durcharbeiten und danach schrittweise das Gelernte in Abteilungsbesprechungen umsetzen. Hier hätte das gemeinsame Lernen zur Folge, dass alle mit dem gleichen Wissensstand in einen Veränderungsprozess gingen.

SLT als Chance für Organisationsentwicklung einer Abteilung

Bezüglich der Frage, wie homogen eine erfolgreiche Lerngruppe zusammengesetzt sein muss, lohnt ein Rückblick auf Ergebnisse der Evaluation der bisherigen Selbstlerntrainings (vgl. Kapitel 5). Außer dem Alter konnten dort keine weiteren Einflüsse individueller Vorbedingungen auf den Lernverlauf und Lernerfolg nachgewiesen werden. Obwohl sich die Lernenden in Selbstlernbereitschaft, Anmeldeverhalten, Weiterbildungserfahrung, inhaltlicher Vorerfahrungen, präferiertem Lernweg und prognostizierter Anwendungshäufigkeit deutlich voneinander unterschieden, hatte dies keine Auswirkungen auf ihren Lernerfolg. Auch werden die SLT-Trainings ja momentan in sehr unterschiedlichen Settings eingesetzt. Während beispielsweise Lerngruppen mit kaufmännischen Auszubildenden in der Regel recht homogen sind, können Selbstlerngruppen, zu denen sich Mitarbeiter in einem allgemeinen Bildungsprogramm angemeldet haben, sehr heterogen sein. In ihrem Lernfolg unterscheiden sich beide Arten von Gruppen aber nicht. Nach meiner Beobachtung erleben die meisten Lerngruppen eine gewisse Heterogenität sogar als Bereicherung. Am meisten lernt man eben im Austausch mit Andersdenkenden und nicht mit Personen die ähnlich denken, fühlen und handeln. Allerdings gibt es nach meiner Ansicht

Heterogenität kann sich bereichernd auswirken

eine maximale Grenze der Heterogenität, die in den Anforderungen des selbstgesteuerten Lernens im Team (SLT) an die Lernenden begründet ist (vgl. Kapitel 4):

In Selbstorganisations- und Selbstreflexionsfähigkeit sollten sich die Gruppenmitglieder nicht zu stark unterscheiden

- Die Teilnehmer sollten es gewohnt sein, regelmäßig längere Texte zu lesen, zu erstellen und anderen mitzuteilen.
- Das SLT erfordert ein Mindestmaß an Selbstorganisationsfähigkeit von den Lernenden. Mitarbeitern, die ihre tägliche Arbeit zumindestens teilweise selber organisieren, werden deshalb schneller mit der Lernform vertraut sein.
- Das SLT erfordert die Fähigkeit, das eigene Lernen reflektieren und überprüfen zu können. Deshalb sollten die Teilnehmer Lernen gewohnt sein. Gerade für Mitarbeiter, die nach ihrer Erstausbildung lange keine Fortbildungen besucht haben, kann das eine hohe Hürde darstellen.

Prozessreflexion mit dem Lernberater fördert eine produktive Gruppenatmosphäre

Bestehen hier zu große Diffenzen innerhalb einer Lerngruppe, kann dies dazu führen, dass ein erfolgreiches Lernen in der Gruppe nicht möglich ist. Als Standardintervention des Lernberaters, um eine produktive Gruppenatmosphäre zu sichern, hat sich eine gemeinsame Prozessreflexion bewährt. Der Lernberater kommt in den Lerneinheiten, in denen er anwesend ist, nach 90 Minuten hinzu und beobachtet zunächst ruhig die Arbeit der Lerngruppe. Der Ablauf der jeweiligen Lerneinheit ist für 105 bis 120 der 180 Minuten vorgeplant. Nachdem die Gruppe die Übungen abgeschlossen hat, kann der Lernberater mit einer Plenumsrunde beginnen, in der jeder Teilnehmer nacheinander die folgenden zwei Fragen beantwortet: Wie zufrieden bin ich mit meinem Lernerfolg in dieser und den letzten Lerneinheiten? Und wie zufrieden bin ich mit der Arbeit in der Gruppe? Es sollte während der Bilanzrunde möglichst nicht diskutiert werden, sondern es soll ein Gesamtüberblick über den Stand der Gruppe entstehen. Der Lernberater ergänzt die Bilanz um seine Außensicht, ohne diese als die 'richtige' darzustellen. Gibt es Unzufriedenheit oder Bewertungsunterschiede werden diese diskutiert und ggf. Regeln für die weitere Arbeit in der Lerngruppe beschlossen.

Dauerhafte Lernmotivation

Das direkte Anwenden des Gelernten mit der Möglichkeit den Lernfolg zu überprüfen sowie die Arbeit in der Gruppe hätte am meisten motviert. Das gaben die Teilnehmer der Selbstlerngruppen in der Evaluation an. Der Lernrahmen, den das SLT aufspannt, scheint die drei von Deci & Ryan (1993) beschriebenen Grundbedürfnisse gut zu treffen und intrininsische Motivation zu erzeugen. In den meisten Fällen ist dieses Setting ausreichend, um individuelle Motivationslöcher auszugleichen. Es kann aber sein, dass einer ganzen Lerngruppe die Motvation verloren geht. Typische Symptome nachlassender Selbstlernmotivation sind bespielsweise:

Typische Symptome nachlassender Lernmotivation

- Die Gruppe bearbeitet die Übungen nur oberflächlich und liegt deshalb immer vor dem Zeitplan für die Lerneinheiten.

- Sie gestaltet die Rückmeldesituationen eher formalistisch. Die Gruppenmitglieder sind nicht wirklich am Lernfortschritt von sich und den anderen interessiert.
- Einzelne Gruppenmitglieder versäumen Treffen, ohne sich abzumelden.
- Die Gruppe kann keine neuen Termine finden.
- Die Lerngruppe richtet ihren Widerstand auf das Lernprogramm. In den Treffen mit dem Lernberater beurteilen sie die Lerninhalte überkritisch, nichts entspricht ihren Erwartungen.

Interventionsmöglichkeiten des Lernberaters

Der Lernberater hat eine Reihe von Möglichkeiten, um die Lernmotivation wieder zu fördern:

Lernerfolge vergegenwärtigen

- Er kann die Lernerfolge den einzelnen Gruppenteilnehmern noch einmal vor Augen führen. Lernende halten einen erreichten Kompetenzstand schnell für selbstverständlich und verlieren die Erinnerung daran, wie sie vor dem Lernprozess agiert haben. Manche Lerngruppen filmen die Übungen in den Selbstlerneinheiten, um die individuellen Lernfortschritte zu dokumentieren, ohne die Aufnahmen direkt in der Einheit auszuwerten. In einem derarrigen Motivationsloch ist das Betrachten der Videos aus den letzten Lerneinheiten natürlich sehr hilfreich.

Individuelle Lernziele ins Gedächtnis rufen

- Der Lernberater kann aber auch zurück zu den individuellen Lernzielen gehen, mit denen die Lernenden gestartet sind. Gemeinsam überprüfen die Gruppenmitglieder dann, welche Ziele in welchem Maß schon erreicht sind. Danach sichten sie die Inhalte der kommenden Lerneinheiten und überprüfen, inwieweit sie ihre Ziele in diesen Einheiten verwirklichen können.

Feedbackrunden verbessern

- Den Rückemelderunden nach den Übungen kommt eine Schlüsselfunktion für das Lernen zu. Der Lernberater kann die Selbstaufmerksamkeit der Lernenden verstärken, indem er die Feedbacks intensiver gestaltet. Er kann die Lernenden ermuntern, das Verhalten in den Austauschphasen genauer zu beobachten und rückzumelden. Auch kann er selber in den Rückmeldeprozess einsteigen, um einerseits eine Außensicht zu geben und andererseits Modell für intensives Rückmelden sein.

SLT verkürzen

- Der Lernberater kann bei längeren Selbstlerntrainings aber auch mit der Gruppe übereinkommen, das Selbstlernprogramm zu verkürzen. In das SLT „Erfolgreich Präsentieren" haben wir deshalb eine Kurzfassung eingebaut, in der die Teilnehmer direkt von der sechsten in die abschließende neunte Lerneinheit springen können. Dazu müssen die SLT-Trainings allerdings nach dem Prinzip vom Grundlegenden zum Speziellen strukturiert sein.

Selbstlerngeeignete Trainingsinhalte

Von möglichen Selbstlernthemen soll im nächsten Abschnitt die Rede sein. Unabhängig vom Thema aber müssen die Lerninhalte so aufbereitet werden, dass sie von Gruppen eigenständig bearbeitet werden können. Für Texte ist das eine übliche und vergleichsweise einfach zu überprüfende

Anforderung, wenn sie für eine bestimmte Zielgruppe verständlich und nachvollziehbar geschrieben sind. Beim SLT muss das aber auch für die Übungen und Rückmeldekriterien gelten. Die Übungen müssen

Anforderungen an SLT-Übungen

- herausfordernd aber schaffbar sein,
- hohen Nutzwert für den Arbeitsalltag bieten,
- eindeutig und
- von unterschiedlichen Lernertypen umsetzbar sein.

In Präsenzseminaren leitet ein Trainer die Übung und die Reflexionsphase an. Versteht eine Gruppe eine Aufgabe falsch oder verläuft die Reflexion des Lernerfolges nicht zielgerichtet, kann der Trainer sofort korrigierend eingreifen. Wenn während eines SLT-Trainings bei einer Übung solche Probleme auftreten, ist die Gruppe auf sich gestellt. Eine nicht funktionierende Übung oder eine mit unbefriedigenden Ergebnissen vernichtet schnell und nachhaltig Lernmotiviation. Die Entwicklung von Selbstlerninhalten muss also mit besonderer Sorgfalt erfolgen. Was dem Autor eines SLT-Trainings eindeutig und motivierend erscheint, muss auf die späteren Teilnehmer nicht die gleiche Wirkung haben. In Abschnitt 6.1 wurde bereits ein vierstufiger Entwicklungsprozess für SLT-Trainings vorgestellt, der in Abbildung 8.1 noch einmal zu sehen ist.

Auf eine sorgfältige Entwicklung von SLT-Trainings achten

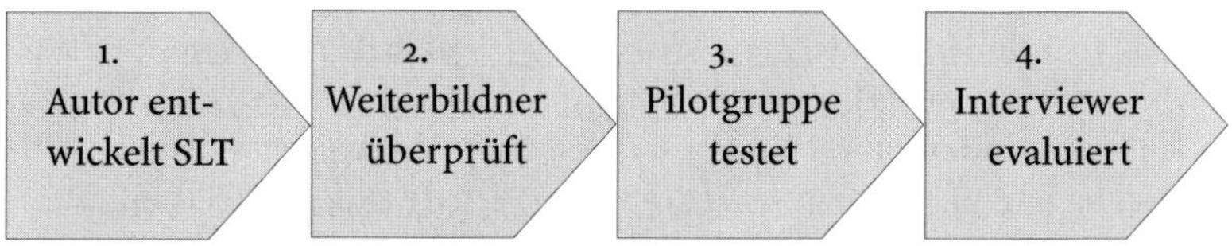

Abbildung 8.1. SLT Produktionsablauf

In dem Prozess durchläuft ein SLT-Training drei Revisionsstufen: Ein Autor entwickelt das SLT-Training. Ein Weiterbildner oder Personalentwickler, der mit der Zielgruppe gut vertraut ist, überprüft das Training und macht Änderungsvorschläge. Danach wird das SLT-Training von einer Pilotgruppe getestet, die nach jeder Lerneinheit intensiv befragt wird. Das kann wiederum zu Änderungen am SLT-Training führen.

Wenn ich meine Erfahrungen als Trainer bei der Entwicklung von Präsenzseminaren betrachte, so ist die Entwicklung von guten Übungen ein längerer evolutionärer Prozess der Suche und Verfeinerung. Zunächst gilt es, für ein Thema die passende Übung zu finden und dann die Übung so zu gestalten, dass sie wirklich trägt. Oft ist das ein Prozess des mehrfachen Ausprobierens, Verwerfens und Optimierens, der sich über vier, fünf Seminare hinzieht. Wird also mit einem SLT-Training thematisches Neuland betreten, kann es sinnvoll sein, die Inhalte zunächst in einer Reihe von Präsenzseminaren zu erproben und erst danach mit dem in Abbildung 8.1 dargestellten Entwicklungsprozess zu beginnen.

8.2 Mögliche Chancen

Themenfelder und Zielgruppen

Mit dem selbstgesteuerten Lernen im Team (SLT) besteht für Organisationen die Chance, in eine Veränderung der Lernkultur einzusteigen: Lernen als eigenverantwortlicher Prozess der Mitarbeiter. Für welche Themenfelder eignet sicht nun diese Lernform? In Kapitel 4 wurden bereits die folgenden Kriterien für mögliche Selbstlerntrainings formuliert:

Anforderungskriterien für SLT-Trainings

- Die Inhalte müssen in Leittexten oder Videosequenzen von 10 - 20 min Dauer beschreibbar sein.
- Das zu erwerbende Wissen sollte auch einen Verhaltensanteil beinhalten, um die Rückmeldung aus der Lerngruppe effektiv nutzen zu können.
- Das Themengebiet eines SLT-Training sollte so umfangreich sein, dass es mindestens 5 Lerneinheiten umfasst, weil die Lerngruppen erst ab der dritten Einheit ihre volle Wirkung entfalten.
- Die Übungen sollten nicht zu komplexe Gruppensituationen erfordern, um die Lerngruppen nicht zu überfordern.

Hoher Erstellungsaufwand erfordert große Zielgruppen oder mittelfristig stabile Lerninhalte

Da der Erstellungsaufwand eines SLT-Trainings beträchtlich ist, sollte entweder die zu schulende Zielgruppe groß sein oder die Inhalte eines SLT-Training über mehrere Jahre unverändert bleiben können. Nur so rechnet sich ein SLT-Training im Vergleich zu anderen Trainingsformen. Attraktive Themen sind sicherlich die in Abschnitt 7.5 genannten Schlüsselqualifikationen, weil sie für die meisten Mitarbeiter relevant sind, sich die Methoden nicht so schnell ändern und sie einen großen Handlungsanteil beinhalten. Angelehnt an die Liste der Schlüsselqualifikationen im Abschnitt 7.5 wären mögliche Themen für SLT:

SLT zur Vermittlung von Schlüsselqualifikationen

- Präsentation und Rhetorik
- Besprechungsleitung
- Kommunikation und Gesprächsführung
- Problemlösungsmethoden

Die Themen Präsentation und Besprechungen haben wir ja bereits in SLT-Trainings erfolgreich umgesetzt. Für thematisch zu komplex halte ich Themen wie Projekt-, Prozess- und Changemanagement. Die Themen Führung und Konflikt würden meiner Ansicht nach die Lernenden von den Gruppenprozessen her überfordern.

Aber auch Fachwissen lässt sich oft gut in Selbstlerntrainings umsetzen, sofern das Wissen ausreichend modularisierbar ist und sich passende Anwendungssituationen gestalten lassen, die ein in den Lerngruppen austauschfähiges Produkt hervorbringen. Im Jahr 2003 haben wir beispielsweise in einer Machbarkeitsstudie für eine gesetzliche Krankenkasse untersucht, inwieweit die Fachweiterbildung für Sachbearbeiter durch selbstgesteuertes Lernen erfolgen kann. Wir haben festgestellt, dass die Sachbearbeitung dort überwiegend Fallbearbeitung in den Themen Mit-

SLT als Training für Sachbearbeiter

gliedschaft, Beitragszahlungen und Versicherungsleistungen ist. Fälle lauten dann beispielsweise: Herr Meier ist selbstständig und will Mitglied der Krankenkasse werden. Kann er das und wie hoch sind seine Beiträge? Die 'normalen' Fälle werden von Sachbearbeitern dezentral vor Ort bearbeitet, während komplizierte Fälle meist zentral von Spezialisten bearbeitet werden. Diese zweistufige Bearbeitung ermöglicht es, das typischerweise von einem Sachbearbeiter in einem Fachgebiet benötigte Fachwissen so weit einzugrenzen, das es für Selbstlerntrainings modularisierbar war. Das Spezialistenwissen war allerdings so weitgefächert und zum Teil so wenig dokumentiert, dass sich Selbstlernen nicht als Lernform eignete. Das Beispiel der Krankenkasse lässt sich vermutlich auf viele andere Arten der Sachbearbeitung in anderen Branchen übertragen.

Vertriebsschulungen mit SLT

Auch Vertriebsschulungen lassen sich in SLT umsetzen, wenn es z.B. gilt, neue Produkte mit einer passenden Verkaufsargumentation den Kunden nahe zu bringen. Im entsprechenden SLT-Training könnten die Teilnehmer die Produktcharakteristika und die Verkaufsargumentaion kennenlernen und in Rollenspielen versuchen umzusetzen. Allerdings müsste vorher geprüft werden, ob die Steuerungsinstrumente des Außendienstes wie Provisionszahlungen, Verkäuferhitlisten usw. die Vertriebler nicht zu stark in Konkurrenz untereinander setzen, so dass eine gegenseitige Unterstützung der Qualifizierung in den Lerngruppen auch funktionieren kann.

Neben den Themengebieten ist sicherlich auch die Frage von Interesse, für welche Zielgruppen SLT besonders gut geeignet ist? In Kapitel 4 wurden Anforderungen an Teilnehmer von SLT-Trainings beschrieben:

- Die Lernenden sollten es gewohnt sein, längere Texte zu lesen, weil die Inhalte der Selbstlerntrainings überwieggend in Textform vermittelt werden.
- Sie sollten die Fähigkeit zur Selbstorganisation mitbringen.
- Sie sollten möglichst lernerfahren sein, um die Reflexion des eigenen Lernens kompetent bewältigen zu können.

Das trifft sicherlich auf viele Zielgruppen zu. Besonders leicht lässt sich das SLT als Lernmethode bei Zielgruppen einführen, die sich in einer längerfristigen Aus-oder Weiterbildung befinden. Neben Auszubildenden sind das beispielsweise Trainees oder junge Führungskräfte. Diese Zielgruppen können sich meist leicht in die Lernmethode hineinfinden. Außerdem ist die Einführung bei diesen Zielgruppen besonders interessant, weil eine längere Weiterbildung schnell zu einer passiven Konsumentenhaltung verführt. Das Lernen mit SLT fördert dagegen das eigenverantwortliche Lernen.

SLT ist besonders interessant für Firmen mit einer stark dezentralen Organisation

Besondere Chancen bietet SLT meiner Meinung nach für Firmen mit einer stark dezentralen Organisation wie Handel, Banken und Vertriebsorganisationen, die ihre Mitarbeiter regelmäßig fachlich weiterbilden müssen. So könnte beispielsweise eine Reisebürokette ihre Mitarbeiter im Rahmen einer kontinuierlichen Qualifizierung weiterbilden, indem sie pro Reisebüro einen Lernberater benennt, der sich zu jedem Thema zunächst in der Zentrale unter Anleitung mit einem SLT selber qualifiziert und danach in seinem Reisebüro die Selbstlerngruppen zu dem Thema begleitet. Damit wird der Aufwand für die Qualfizierung deutlich geringer, als wenn die

Mitarbeiter zentral oder dezentral in Präsenzseminaren geschult würden. Dreh- und Angelpunkt einer funktionierenden dezentralen Weiterbildung bleibt allerdings der Aufbau dezentraler Lernstrukturen, wie sie im Abschnitt 8.1 beschrieben wurden.

Mögliche Einsparungen durch SLT

Ist das selbstgesteuerte Lernen im Team (SLT) kostengünstiger als herkömmliche Präsenzseminare? Das hängt sicherlich vom Thema und der jeweiligen Organisation sowie den Rahmenbedingungen ab. Eine Modellrechnung für das SLT-Training „Erfolgreich Präsentieren" soll hier einen Orientierungsrahmen geben. Das SLT-Training umfasst 27 Stunden Lernzeit, was einem Präsenzseminar von vier bis fünf Tagen Dauer entspricht. Die Entwicklung eines Selbstlernprogramms beansprucht nach unserer Erfahrung etwa 30 Stunden Entwicklungszeit pro Stunde Lernzeit. Die Kosten für einen internen SLT-Autor, Trainer und Lernberater haben wir mit 100 ,- pro Stunde und die Kosten für einen externen Trainer mit 1.400 ,- pro Tag veranschlagt:

Beispielrechnung für ein SLT-Training mit neun Lerneinheiten

- Erstellungskosten für das SLT 27 *30*100 = 81.000
  (Lernstunden * Entwicklungsstunden * Arbeitskosten)
- Kosten pro Teilnehmer für Lernbegleitung 10 * 100 / 6 = 167
  (Stunden Lernbegleitung * Arbeitskosten / Gruppenmitglieder)
- Kosten für 4 Tage internes Präsenztraining pro TN 27 * 100 /12 = 225
  (Lernstunden * Arbeitskosten / Anzahl Seminarteilnehmer)
- Kosten für internes Training mit Trainer pro TN 4 * 1400 /12 = 467
  (Trainingstage * Honorarsatz externer Trainer / Anzahl Teilnehmer)
- Kosten für externes Training mit Trainer pro TN
  (4 * 1400 / 12) + (4 * 150) = 1067
  (Trainingstage * Honorarsatz / Teilnehmer) + (Tage * Hotelkosten)

Nicht berücksichtigt sind die Reisekosten und Kosten für interne Räume, weil die sehr stark von Organisation zu Organisation variieren. Genauso ist der Vergleich zwischen einem internen und einem externen Trainer verzerrt, weil mit dem Tagessatz beim externen Trainer auch die Vor- und Nachbereitung abgegolten sind und nur die abgenommenen Tage bezahlt werden müssen. Dem internen Trainer hingegen wird seine Anwesenheit in der Firma bezahlt. Aber allen Einschränkungen zum Trotz lassen sich einige wichtige Schlussfolgerungen ableiten:

SLT ist günstiger als zentrale Seminare und Seminare mit externen Trainern

- Durch die erforderliche Lernbegleitung ist ein SLT ohne Berücksichtigung der Erstellungskosten nur etwa 25% günstiger als ein internes Präsenztraining. Sobald ein externer Trainer ins Spiel kommt oder das Präsenzseminar gar extern stattfindet, sind die Differenzen deutlich größer.
- Legt man die Erstellungskosten auf die Teilnehmer um, lässt sich die Teilnehmerzahl errechnen, ab der ein SLT-Training kostengünstiger als eine andere Trainingsform ist:

> 1397 im Vergleich zum internen Training mit internem Trainer,
> 270 im Vergleich zum internen Training mit externem Trainer und
> 90 im Vergleich zum externem Training mit externem Trainer.

Ziel für die Einführung von SLT kann auch eine Veränderung der Lernkultur sein

Es bleibt also festzuhalten, dass ein SLT-Training kaum günstiger zu gestalten ist als ein internes Training mit internem Trainer. Sollen derartige Seminare durch SLT-Trainings ersetzt werden, muss das Ziel nicht eine Kosteneinsparung sondern eine Veränderung der Lernkultur sein. Deutlich kostengünstiger lässt sich ein SLT-Training zu einzelnen Schlüsselqualifikationen einführen. Da die Trainingsinhalte nicht organisationsspezifisch sind, können mehrere Firmen Selbstlernprogramme gemeinsam erstellen und so Kosten sparen. Besonders attraktiv ist SLT als Lernform für stark dezentrale Organisationen, die eine kontinuierliche dezentrale Weiterbildung aufbauen wollen. Hier kann das selbstgesteuerte Lernen im Team (SLT) auf kostengünstige Weise einen professionellen und stabilen Lernrahmen etablieren helfen.

Zertifizierung

Mitarbeiter und Gewerkschaften fordern verstärkt die Zertifizierung von Weiterbildung

Ein Bildungslebenslauf gibt keine verlässlichen Informationen über den Leistungsstand eines Bewerbers

Bezüglich der Spielregeln zwischen Unternehmen und Mitarbeitern, unter denen betriebliche Weiterbildung stattfindet, gibt es in den letzten Jahren erstaunliche Entwicklungen. Bisher galt das Prinzip der Selbstkontrolle des Lernerfolges als wichtiges Gestaltungsmerkmal von betrieblicher Weiterbildung. Lernkontrolle wurde als Form betrieblicher Leistungskontrolle angesehen und deshalb gerade von Gewerkschaften abgelehnt. Lernen sollte ohne Leistungsdruck stattfinden können. In dem Masse allerdings, in dem eine lebenslange Beschäftigung von Mitarbeitern in einem Unternehmen vom Regel- zum Einzelfall wird, steigt das Bedürfnis der Mitarbeiter, in einer Firma erworbene Qualifikationen bei Bewerbungen auch dokumentieren zu können. Viele Firmen halten deshalb besuchte Weiterbildungsveranstaltungen in der Personalakte fest und stellen diese auf Nachfrage der Mitarbeiter als Bildungslebenslauf zusammen. Dieser stellt allerdings eine deutlich weniger verlässliche Informationsquelle als beispielsweise ein Ausbildungsabschluss dar. Für Berufsausbildungen gibt es Ausbildungspläne, in denen die zu vermittelnden Kenntnisse aufgelistet sind. Auch schließt die Berufsausbildung mit einer Reihe von Prüfungen ab. Ein Zeugnis über eine Berufsausbildung gibt deshalb verbindliche Informationen über Fähigkeiten und Leistungen eines Mitarbeiters unabhängig von der Firma, in der er diese Kenntnisse erworben hat. Betriebliche Weiterbildungsmaßnahmen sind dagegen meist thematisch kleinteiliger, haben keine an Standards orientierten Lernziele und in der Regel keine unabhängige Leistungsüberprüfung. Für eine einstellende Firma bieten sie deshalb keine verlässliche Information über den Leistungsstand eines Bewerbers. Aus diesem Grund fordern die Gewerkschaften verstärkt die Zertifizierung betrieblicher Weiterbildung. Gerade bei selbstgesteuertem Lernen liegt eine Überprüfung und Dokumentation des Lernerfolges genauso im Interesse des Unternehmens, weil sich damit drei Ziele erreichen lassen:

- Bei Präsenzseminaren kann der Trainer nach dem Seminar Auskunft über den Lernerfolg geben. Ob bei selbstgesteuerten Lernen die Teilnehmer das gelernt haben, was sie lernen sollten, kann nur eine abschließende Lernkontrolle und Zertifizierung klären.
- Nach meiner Erfahrung löst eine Abschlusskontrolle oft eine Art „Hard-to-get"-Phänomen aus. Was schwerer zu erreichen ist, wird als wertiger erachtet. Die Attraktivität eines Selbstlerntrainings steigt und die Lernenden nehmen es wichtiger.
- Dauerhafte Lernmotivation zu erzeugen ist ja eine der Schlüsselfaktoren für Selbstlernprogramme. Eine Prüfung erfolgreich bestehen zu wollen, kann neben dem inhaltlichen Interesse, dem Lernen in der Gruppe und dem Kompetenzerleben ein weiterer wichtiger Motivationsfaktor sein.

Zertifizierung beim selbstgesteuerten Lernen liegt im Interesse von Unternehmen und Mitarbeitern

Eine abschließende Lernkontrolle kann also eine Reihe positiver Auswirkungen haben. Auf der anderen Seite steigt in den letzten Jahren die Akzeptanz von Lernkontrollen auf Seiten der Mitarbeiter, wenn damit eine – möglichst überbetriebliche – Zertifizierung von Kompetenz verbunden ist. Es ist also attraktiv für Organisationen, Selbstlernprozesse mit der Zertifizierung von Kenntnissen zu verbinden. Im Bereich des Sprachenlernens und der IT ist es ja durchaus schon üblich, derartige Zertifikate zu vergeben. Mittelfristig wäre es sicherlich für alle an der Weiterbildung Beteiligten von Interesse, ein firmenunabhängiges Zertifizierungssystem für neu erworbene Fertigkeiten und Kenntnisse analog der Erstausbildung, Meister- oder Technikerausbildung zu schaffen, das dann beispielsweise den Erwerb der in Kapitel 7.5 beschriebenen Schlüsselqualifikationen testieren würde.

In Teilbereichen von Weiterbildung ist Zertifizierung heute schon üblich

Einstieg in eine neue Lernkultur

Die Herausforderungen der Wissensgesellschaft, des demographischen Wandels und der zunehmenden internationalen Konkurrenz verändern momentan die Lernkultur. Die Idee, dass eine berufliche oder universitäre Ausbildung für ein ganzes Berufsleben befähigt, ist nicht mehr haltbar. Immer wieder müssen Mitarbeiter ihr Wissen verbreitern, aktualisieren und sich in neue Wissensgebiete einarbeiten. In diesem abschließenden Abschnitt möchte ich deshalb eine Prognose über Veränderungen in der betrieblichen Lernkultur wagen:

Die Lernkultur verändert sich

- Weil die zu vermittelnde Wissensmenge so stark wächst, dass sie mit herkömmlichen Lehrmethoden kaum mehr zu vermitteln ist, wird sich der Anteil selbstgesteuerten Lernens erhöhen.

Anteil selbstgesteuerten Lernens wächst

- Wenn berufliches Lernen zunimmt, steigen für alle Beteiligten die damit verbundenen ökonomischen, zeitlichen und emotionalen Kosten. Lernen muss deshalb immer stärkeren Nutzwert haben, um den Aufwand zu rechtfertigen. Lernprozesse müssen handlungsorientierter gestaltet werden. Anwendbarkeit ist oberstes Kriterium für Lerninhalte. So wird die schnelle Umsetzung in berufliches Handeln gefördert.

Berufliches Lernen muss einen höheren Nutzwert haben

- Mit dem Einsatz von Blended Learning hat – wie in der Einleitung beschrieben – die Wiederentdeckung von Lernen als sozialem Prozess

Lernen als sozialer Prozess wird wiederentdeckt

begonnen. Bei der Entwicklung neuer Lernformen in der betrieblichen Weiterbildung wird es deshalb um die kluge Kombination von Selbstlern- und Interaktionsprozessen in Lerngruppen gehen.

Lernen findet verstärkt dezentral statt

- Wenn Organisationen immer dezentraler werden, muss auch das Lernen verstärkt dezentral stattfinden, weil der Organisationsaufwand und die damit verbundenen Kosten sonst zu hoch werden.

Lernerfolg wird häufiger zertifiziert

- Das berufliche Lernen wird verbindlicher durch Zertifizierungsprozesse, weil alle Beteiligten daran ein Intersse haben. Den Arbeitgebern liegt daran, dass Lernprozesse auch verlässlich zum gewünschten Lernerfolg führen. Die Mitarbeiter wollen ihren Kenntnisserwerb so dokumentiert bekommen, dass er auch außerhalb der eigenen Firma anerkannt wird.

Es entstehen neue Modelle für längerfristige berufliche Weiterbildung

- In der betrieblichen Weiterbildung wird es bei größeren Schulungsmaßnahmen zu einer neuen Aufteilung der Verpflichtungen zwischen den Mitarbeitern, den Firmen und der Gesellschaft kommen. Vorstellbar ist ein Modell analog der betrieblichen Erstausbildung, bei der die Auszubildenden einen Gehaltsverzicht während der Ausbildung, die jeweilige Firma Ausbilderkapazität und die Gesellschaft Ausbildungskapazität an der Berufschule in den Ausbildungsprozess einbringen.

Eine sich ändernde Lernkultur wird also unter anderem Innovation in den Lernmethoden erfordern. Das vorliegende Buch möchte mit der Beschreibung des selbstgesteuerten Lernen im Team (SLT) hierzu Ideen und Anregungen geben. Lassen wir uns überraschen, welche Neuerungen und vielleicht auch Wiederentdeckungen diese Lernkultur für uns bereithält, und gestalten wir sie mit!

Literatur

Antoni, Conny H. (1996). Qualitätszirkel als Medium der betrieblichen Personal- und Organisationsentwicklung. In H. Geissler, Arbeit, Lernen und Organisation (S. 191-214). Weinheim: Deutscher Studien Verlag

Antoni, Conny H. (Hrsg.) (1994). Gruppenarbeit im Unternehmen: Konzepte, Erfahrungen, Perspektiven. Weinheim: Beltz

Antons, Klaus (1992). Praxis der Gruppendynamik. Übungen und Texte. Göttingen: Hogrefe

Arnold, Rolf (Hrsg.) (1996). Lebendiges Lernen. Baltmannsweiler: Schneider-Verlag

Arnold, Rolf und Schüßler, Ingeborg (1998). Wandel der Lernkulturen: Ideen und Bausteine für ein lebendiges Leben. Darmstadt: Wiss. Buchgesellschaft

Bandura, Albert (1986). Social foundations of thought and action: a social cognitive theory. Englewood Cliffs, NY: Prentice-Hall

Berg, Christoph (2003). Selbstgesteuertes Lernen im Team – Eine Feldstudie über die Umsetzbarkeit einer Idee, Hamburg: Universität, Diss., Online Ressource

Beitinger, Gabriele; Mandl, Heinz & Puchert, Claudia (1994). Konzeption und Evaluation des Medienbausteins „Impulse zum Weiterlernen". Unterrichtswissenschaft, 1994, 22 (1), 56-74

Bittmann, Andreas; Erhard, Heinz; Fischer, Hans-Peter & Novak, Herrmann (1992). Lerninseln in der Produktion als Prototypen und Experimentierfeld neuer Formen des Lernens und Arbeitens. In P. Dehnborstel, H. Holz & H. Novak (Hrsg.), Lernen für die Zukunft durch verstärktes Lernen am Arbeitsplatz – Dezentrale Aus- und Weiterbildungskonzepte in der Praxis (S. 39-64). Berlin: Bundesinstitut für Berufsbildung

Blumberg, Phyllis; Michael, Joel A. (1992). Development of self-directed learning behaviors in a partially teacher-directed problem-based learning curriculum. Teaching & Learning in Medicine, Vol 4(1). S. 3-8

Bockelbrink, Karl-Heinz, Jungnickel, Hans & Koch, Johannes (1987). Leittexte in der betrieblichen Berufsausbildung, Stahl AG. In Bundesinstitut für Berufsbildung Info-mMarkt

Brown, A.L. & Palincar, A.S. (1989) Guided cooperative learning, and individual knowledge akquisition. In L. B. Resnick (Ed.), Knowing, learning and instruction (pp. 393 - 451). Hillsdale,NJ: Erlbaum

Bundesinstitut für Berufsbildung (2002). Neugeordneter Ausbildungsplan für Industriekaufmann/-frau. Berlin: Online-Ressource

Cohen, E.G. (1994). Restructuring the classroom. Review of educational research, 64 (1), S. 1-35

Cohen, Jacob (1969). Statistical Power Analysis for Behavioral Sciences. New York

Collins, A.; Brown, J. S. & Newman, S. E. (1989). Cognitive apprenticeship. Teaching the crafts of reading, writing and mathematics. In L. B. Resnick, Knowing, learning and instruktion. Essays in honor of Robert Glaser (S. 453-492). Hillsdale: Erlbaum

Corno, Lyn (1989). Self-regulated Learning: A volitional Analysis. In B. J. Zimmerman & D. H. Schunk (Hrsg.), Self-regulated learning and academic achievement: theory, research, and practice (S. 111-141). New York: Springer

Creß, Ulrike & Friedrich, Helmut Felix (2000). Selbst gesteuertes Lernen Erwachsener – Eine Lernertypologie auf der Basis von Lernstrategien, Lernmotivation und Selbstkonzept. Zeitschrift für Pädagogische Psychologie 14 (4), S. 194-205

Deci, Edward L.; Ryan, Richard M. (1993). Die Selbstbestimmungstheorie der Motivation und ihre Bedeutung für die Pädagogik. Zeitschrift für Pädagogik, 39 (2), S. 223-238

Dehnborstel, Peter(1992). Ziele und Inhalte dezentraler Berufsbildungskonzepte. In P. Dehnborstel, H. Holz & H. Novak (Hrsg.), Lernen für die Zukunft durch verstärktes Lernen am Arbeitsplatz – Dezentrale Aus- und Weiterbildungskonzepte in der Praxis (S. 9-24). Berlin: Bundesinstitut für Berufsbildung

Dehnborstel, Peter; Holz, Heinz & Novak, Herrmann (Hrsg.) (1992). Lernen für die Zukunft durch verstärktes Lernen am Arbeitsplatz – Dezentrale Aus- und Weiterbildungskonzepte in der Praxis. Berlin: Bundesinstitut für Berufsbildung

Deitering, Franz G., Kurtz Hans Jürgen & Geilhardt, Thomas (1991). Selbstgesteuertes Lernen. Zeitschrift für Personalforschung (3), S 239-258

Deitering, Franz G.(1995). Selbstgesteuertes Lernen. Göttingen: Verlag für Angewandte Psychologie

Derichs-Kunstmann, Karin; Faulstich, Peter; Wittpoth, Jürgen & Tippelt, Rudolf (Hrsg.) (1998). Selbstorganisiertes Lernen als Problem der Erwachsenenbildung. Frankfurt am Main: Deutsches Institut für Erwachsenenbildung

Dörner, Dietrich (1989). Die Logik des Misslingens. Reinbek: Rowohlt

Dohmen, Günther (Hrsg.) (1997). Selbstgesteuertes lebenslanges Lernen?. Bonn: Gustav-Stresemann-Institut e.V. (GSI)

Dorau, Detlef(1996). Lernteams: Lernen in der Organisation. Personalführung 29 (5), S. 368-377

Faulstich, Peter (2002). Vom selbstorganisierten zum selbstbestimmten Lernen. In P. Faulstich, D. Gnahs, S. Seidel & M. Bayer (Hrsg.), Praxishandbuch selbstbestimmtes Lernen - Konzepte, perspektiven und Instrumente für die berufliche Aus- und Weiterbildung (S.61-98). Weinheim: Juventa

Fickert, Thomas (1992). Multimediales Lernen. Wiesbaden: Deutscher Universitäts-Verlag

Finger, Anke & Schweppenhäußer, Anne (1996). Leittextmethode und Minimale Leittexte. In S. Greif & H.-J. Kurtz (Hrsg.), Handbuch selbstorganisiertes Lernen (S. 99-107). Göttingen: Verlag für Angewandte Psychologie

Fischer, Frank; Mandl, Heinz (1999). Die Konstruktion geteilten Wissens beim kooperativen Lernen (Forschungsbericht Nr. 116). München: Ludwig-Maximilians-Universität

Friedrich, Helmut F.; Mandl, Heinz (1997). Analyse und Förderung selbstgesteuerten Lernens. In F. E. Weinert & H. Mandl, Psychologie der Erwachsenenbildung, Enzyklopädie der Psychologie, Themenbereich D, Praxisgebiete, Serie I, Pädagogische Psychologie, Band 4 (S. 237-293). Göttingen: Hogrefe

Friedrich, Helmut F.; Mandl, Heinz (1992). Lern- und Denkstrategien – Analyse und Intervention. In F. E. & H. Mandl, Psychologie der Erwachsenenbildung, Enzyklopädie der Psychologie, Themenbereich D, Praxisgebiete, Serie I, Pädagogische Psychologie, Band 4 (S. 237-293). Göttingen: Hogrefe

Geissler, Harald (Hrsg.) (1996). Arbeit, Lernen und Organisation. Weinheim: Deutscher Studien Verlag

Gräsel, Cornelia (1997). Wir können auch anders: Problemorientiertes Lernen an der Hochschule. In H. Gruber & A. Renkl (Hrsg.), Wege zum Können. Determinanten des Kompetenzerwerbs (S. 201-216). Göttingen: Huber

Greif, Siegfried (1993). Selbstorganisiertes Lernen - Evolutionäres Design von Lernumgebungen. In A. Gebert & W. Hacker, Arbeits- und Organisationspsychologie 1991 in Dresden. 1. Deutscher Psychologentag (S. 436-445). Bonn: Deutscher Psychologen Verlag

Greif, Siegfried; Finger, Anke & Jerusel, Stephan (1993). Praxis des selbstorganisierten Lernens: Arbeitsmaterialien für die Interessenvertretung. Köln: Bund-Verlag

Greif, Siegfried und Kurtz, Hans-Jürgen (Hrsg.) (1998). Handbuch selbstorganisiertes Lernen. Göttingen: Verlag für Angewandte Psychologie

Guglielmino, L-M. (1977). Development of the Self-Directed Learning Readiness Scale. Doctoral dissertation. University of Georgia. In Dissertation Abstract Inernational 38, 6467-A

Guldimann, Titus (1996). Eigenständiger Lernen durch metakognitive Bewusstheit und Erweiterung des kognitiven und metakognitiven Strategierepertoires. Bern: Haupt

Hacker, Winfried (1998). Arbeitspsychologie - psychische Regulation von Arbeitstätigkeiten. Berlin: Huber

Heckhausen, Heinz (1968). Förderung der Lernmotivation und der intellektuellen Tüchtigkeiten. In H. Roth (Hrsg.), Begabung und Lernen (S. 193-228). Stuttgart.

Heckhausen, Heinz (1989). Motivation und Handeln. Berlin: Springer

Heidack, Clemens (Hrsg) (1994). Lernen der Zukunft: kooperative Selbstqualifikation - die effektivste Form der Aus- und Weiterbildung im Betrieb. München: Lexika-Verlag

Herz, Gerhard & Bauer, Hans G. (1996). Die Vollständige Arbeitshandlung als berufspädagogische Zielkategorie. In H. Geissler (Hrsg.): Arbeit, Lernen und Organisation (S. 39-57). Weinheim: Deutscher Studien Verlag

Issing, Ludwig J.(1998). Online studieren? - Konzepte und Realisierungen auf dem Weg zu einer virtuellen Universität. In R. Schwarzer (Hrsg.): MultiMedia und TeleLearning. Lernen im Cyberspace (S. 103-119). Frankfurt a. M.: Campus

Jerusel, Stephan und Greif, Siegfried (1996). Lernquellenpool. In S. Greif & H.-J. Kurtz (Hrsg.): Handbuch selbstorganisiertes Lernen (S. 115-123). Göttingen: Verlag für Angewandte Psychologie

Konrad, Klaus (1996). Selbstgesteuertes Lernen an der Hochschule: Untersuchung von situativen und personalen Korrelaten. Zeitschrift für Pädagogische Psychologie 10 (1), S. 39-47

Krapp, Andreas (1993). Die Psychologie der Lernmotivation. Zeitschrift für Pädagogik, 39 (2), S. 187-206

Kuhl, Julius (1985). Volitional mediators of cognition-behavior consistency. In J. Kuhl & J. Beckmann (eds.), Action control: From cognition to behavior. Berlin: Springer

Kurtz, Hans-Jürgen (1998). Lernberater. In S. Greif & H.-J. Kurtz (Hrsg.): Handbuch selbstorganisiertes Lernen (S. 109-113). Göttingen: Verlag für Angewandte Psychologie

Ladensack, Klaus & Glotz, Peter (1996). Selbstlernprozesse zur Erhöhung der Kompetenz von Führungskräften: Forschungsstudie unter besonderer Berücksichtigung der Situation von Führungskräften in den neuen Bundesländern. Berlin: Trafo-Verlag Weist

Langer, Inghard; Schulz von Thun, Friedemann; Tausch, Reinhard (2002). Sich verständlich ausdrücken. München: Reinhardt

Leontev, Aleksej Nikolaevic (1977). Tätigkeit, Bwusstsein, Persönlichkeit. Stuttgart: Klett

Marr, Mary Beth (1997). Cooperative Learning: A Brief Review. Reading and Writing Quarterly: Overcoming Learning Difficulties, 13, S. 7-20

Meichenbaum, Donald (1979). Cognitive-behavior modifikation: an integrative approach. New York: Plenum Press

Metzger, Christoph (1996). WLI-Hochschule. Lern- und Arbeitsstrategien. Aarau: Sauerländer

Metzger, Christoph (1997). Self-directed learning in continuing education - A report from Switzerland. In G. A. Straka (Hrsg.): European views of self-directed learning: Historical, conceptional, empirical, practical, vocational (S. 6-25). Münster: Waxmann

Metzger, Christoph (1998). Wie lerne ich? WLI-Schule. Eine Anleitung zum erfolgreichen Lernen für Mittelschulen und Berufschulen. Aarau: Sauerländer

Murray, Herny A .(1938). Explorations in personality. New York: Oxford Press

Neber, Heinz (Hrsg.) (1978). Selbstgesteuertes Lernen: psychologische und pädagogische Aspekte eine handlungsorientierten Lernens. Weinheim: Beltz

Nenniger, Peter; Straka, Gerald A.; Spevacek, Gert & Wosnitza, Marold (1995). Motiviertes selbstgesteuertes Lernen – Grundlegung einer interaktionistischen Modellvorstellung. In R. Arbinger & R. S. Jaeger, Zukunftsperspektiven empirisch-pädagogischer Forschung (S. 249-268). Landau: Verlag Empirische Pädagogik

Nenninger, Peter (1996). Motiviertes selbstgesteuertes Lernen als Grundqualifikation akademischer und beruflicher Bildung. In J. Lompscher & H. Mandl (Hrsg.), Lehr- und Lernprobleme im Studium (S. 23-38). Göttingen: Huber

Nicolls, J.G. (1988). Competence, accomplishment and motivation: A perspective on development and education. Cambridge: Harvard University Press

Pfeiffer, J. William (1994). Reference Guide to Handbooks and Annuals. San Diego: Pfeiffer & Company

Piaget, Jean (1975). Biologische Anpassung und Psychologie der Intelligenz. Stuttgart: Klett

Prenzel, Manfred (1993). Autonomie und Motivation im Lernen Erwachsener. Zeitschrift für Pädagogik, 39, S. 239-253

Prenzel, Manfred (1996). Bedingungen für selbstbestimmt motiviertes und interessiertes Lernen im Studium. In J. Lompscher & H. Mandl (Hrsg.), Lehr- und Lernprobleme im Studium (S. 11-22). Göttingen: Huber

Reinmann-Rothmeier, Gabi (2003). Didaktische Innovation durch Blended Learning. Göttingen: Huber

Reinmann-Rothmeier, Gabi & Mandl, Heinz (2002). Analyse und Förderung kooperativen Lernes in netzbasierten Umgebungen. Zeitschrift für Entwicklungspsychologie und Pädagogische Psychologie, 34 (1), 44 - 57

Reinmann-Rothmeier, Gabi & Mandl, Heinz (1997). Lehren im Erwachsenenalter. Auffassungen vom Lehren und Lernen, Prinzipien und Methoden. In F. E. Weinert & H. Mandl (Hrsg.). Psychologie der Erwachsenenbildung. Enzyklopädie der Psychologie, Themenbereich D, Praxisgebiete, Serie I, Pädagogische Psychologie, Band 4 (S. 355-403). Göttingen: Hogrefe

Renkl, Alexander; Gruber, Hans & Mandl, Heinz (1996). Kooperatives problemorientiertes Lernen in der Hochschule. In J. Lompscher & H. Mandl (Hrsg.), Lehr- und Lernprobleme im Studium - Bedingungen und Veränderungsmöglichkeiten (S. 131-147). Bern: Huber

Rheinberg, Falko (1989). Zweck und Tätigkeit: motivationspsychologische Analysen zur Handlungsveranlassung. Göttingen: Hogrefe

Sadler, John Z. & Mohl, Paul C. (1996). Self-directed learning in a psychopathology course. Academic Psychiatry, 20 (2), S. 101-110

Schneider, Peter und Sabel, Martin (Hrsg.). Bundesinstitut für Berufsbildung, Der Generalsekretär (1996). Ergebnisse und Abschlussbericht der wissenschaftlichen Begleitung zum Modellversuch „Kontinuierliche und kooperative Selbstqualifikation und Selbstorganisation". Bielefeld: Bertelsmann

Schneider, Peter und Sabel, Martin (Hrsg.). Bundesinstitut für Berufsbildung (1998). Handbuch „KoKoSS" - kontinuierliche und kooperative Selbstqualifikation und Selbstorganisation. Bielefeld: Bertelsmann

Schreiber, Beate (1998). Selbstreguliertes Lernen: Entwicklung und Evaluation von Trainingsansätzen für Berufstätige. Münster: Waxmann

Schwarzer, Ralf (Hrsg.) (1998). MultiMedia und TeleLearning. Lernen im Cyberspace. Frankfurt am Main: Campus

Shatzer, John H. (1998). Instructional methods. Academic Medicine, 73 (9), S. 38- 45

Shingo, Shigeo (1992). Das Erfolgsgeheimnis der Toyota-Produktion. Landsberg/Lech: Verlag Moderne Industrie

Siebert, Horst (2001). Selbstgesteuertes Lernen und Lernberatung. Neuwied: Luchterhand

Simons, P. Robert Jan (1992). Lernen, selbständig zu lernen – ein Rahmenmodell. In H. Mandl & H. F. Friedrich (Hrsg.), Lern- und Denkstrategien. Analyse und Intervention (S. 251-264). Göttingen: Hogrefe

Skell, Wolfgang (1996). Handlungsregulationstheorie und berufsbezogenes Lernen. In H. Geissler (Hrsg.), Arbeit, Lernen und Organisation (S. 23-38). Weinheim: Deutscher Studien Verlag

Stern, David und Huber, Günter L. (Hrsg.) (1997). Active learning for students and teachers: reports from eight countries / OECD Paris. Frankfurt am Main: Lang

Straka, G.A.; Stöckl, M. & Kleinmann, M (1992). Selbstorganisiertes Lernen für den Arbeitsplatz (SoLfA). Wirtschafts- und Berufserziehung 44, S. 302-307

Straka, Gerald; Nenninger, Peter; Spevacek, Gert & Wosnitza, Marold (1996). Motiviertes selbstgesteuertes Lernen in der kaufmännischen Erstausbildung - Entwicklung und Validierung eines Zwei-Schalen-Modells. In K. Beck & H. Heid, Lehr-Lern-Prozesse in der kaufmännischen Erstausbildung. Wissenserwerb, Motivierungsgeschehen und Handlungskompetenzen (S. 150-162). Stuttgart: Steiner

Straka, Gerald A. (Hrsg). LOS, Learning Organized Self-Directed Researchgroup (1997). European views of self-directed learning: historical, conceptional, empirical, practical, vocational. Münster: Waxmann

Straka, Gerald A: & Macke, Gerd (2002). Lern-lehr-theoretische Didaktik. Münster. Waxmann

Weinstein, Claire E.; Mayer, Robert E. (1986). The teaching of learning strategies. In M.C. Wittrock (Ed.), Handbook of research on teaching (3rd ed., pp. 315-327). New York: Macmillan

Weinstein, Claire E. ; Palmer David R.; Schulte Ann C. (1987). LASSI, Learning and study strategies inventory. Clearwater: H&H Publishing

Will, Jörg (1993). Entwicklung eines Instrumentes zur Erfassung individueller Dispositionen für selbstgesteuertes Lernen unter besonderer Berücksichtigung der Kategorien Alter und Erwerbstätigkeit: das Selbstlern-Profil. Dissertation Universität Bremen

Womack, James P.; Jones, Daniel T. & Roos, Daniel (1992). Die zweite Revolution in der Autoindustrie. Frankfurt am Main: Campus

Wygotski, Lew Semjonowitsch (1974). Denken und Sprechen. Frankfurt am Main: Fischer

Zimmerman, Barry J. Schunk, Dale H. (Hrsg.) (1989). Self-regulated learning and academic achievement: theory, research, and practice. New York: Springer

Kennzeichen von Lernen als sozialem Prozess

- Synchronizität des Handelns, d.h. das Gleiche zu denken, fühlen und zu tun wie die Menschen um einen herum, schafft Gemeinschaft und ist gleichzeitig Motivationquelle. Es den anderen gleichtun zu wollen, heißt in diesem Fall, mit ihnen gemeinsam zu lernen.

- Das Gelernte anderen darzustellen, hilft das Wissen zu überprüfen und zu festigen. Erst wenn man anderen erklären kann, was man weiß, hat man es auch wirklich verstanden.

- Das Gelernte mit anderen zu diskutieren, gibt die Möglichkeit, die eigenen Gedanken an den Argumenten der anderen zu erproben, neue Ideen kennenzulernen und Leerstellen im eigenen Wissen zu erkennen. Erklären und Diskutieren ist gedankliches Probehandeln.

- Um die Anwendung des Gelerntes in alltagsnahem Kontext erproben zu können, braucht es meist auch andere Handelnde. Berufliches Handeln beinhaltet in der Regel Interaktion mit anderen.

- Von anderen Rückmeldung über den eigenen Kompetenzgewinn zu erhalten, verstärkt die Selbstaufmerksamkeit, einer wichtigen Triebfeder für Lernen, und ermöglicht Differenzerfahrungen, d.h., die Auseinandersetzung mit anderen Betrachtungsweisen und Handlungskonzepten.

Gestaltungsprinzipien für selbstgesteuertes Lernen

- Selbstgesteuertes Lernen sollte als Handlungslernen mit dem Ergebnis eines austausch- und damit diskussionsfähigen Produktes gestaltet sein.

- Der Lernende steuert seine Handlungen selber. Der Lehrende ist Moderator, Informations- und Hilfegeber im Hintergrund.

- Wichtigstes Lernobjekt ist der Handlungsprozess zur Erstellung des Lernergebnisses und nicht das Lernergebnis selber.

- Der Lernprozess sollte an Alltagssituationen, in denen das Gelernte später genutzt werden kann, orientiert sein und ihnen möglichst ähnlich sein.

- Den Denk- und Reflexionsprozessen während des Handlungsprozesses kommt die entscheidende Bedeutung für die Qualität des Lernprozesses und -ergebnisses zu. Um sie zu verbessern, können Lernstrategietrainings, Leit- und Reflexionsfragen, Regeln, Selbstinstruktionsprogramme oder lautes Denken eingesetzt werden.

- Reflexive Selbstaufmerksamkeit, d.h. seinen Lernfortschritt und sein Lernergebnis in Relation zu den gesetzten Zielen von Zeit zu Zeit zu überprüfen, scheint eine wichtige Fähigkeit beim selbstgesteuerten Lernen zu sein. Bei der Gestaltung einer Selbstlernumgebung sollten derartige Reflexionsprozesse eingeplant werden.

- Kooperativ selbstgesteuert zu lernen, fördert durch Austausch die Reflexion, ermöglicht durch die verschiedenen Perspektiven der Gruppenmitglieder auf den Lernprozess Differenzerfahrungen und verbessert die Lernkontrolle. Bei kooperativem Selbstlernen muss die Gestaltung der Lernumgebung besonders sorgfältig erfolgen, damit das Lernen nicht an Effizienz verliert.

Elemente des selbstgesteuerten Lernens im Team (SLT)

1. Die Lernenden arbeiten in einer festen vier bis sechs Mitglieder großen Gruppe zusammen, die über alle Lerneinheitenhinweg bestehen bleibt.

2. Sie eignen sich das Wissen in einer dreistufigen Lernschleife an: Sie orientieren sich in einem Thema, indem sie sich Wissen aneignen, erleben und vertiefen das Wissen in Einzel- oder Gruppenübungen und tauschen danach ihre Ergebnisse in der Gesamtgruppe aus und geben sich Feedback.

3. Der Lernstoff liegt als praxisrelevantes Handlungswissen vor. Die Leittexte sind als ‚Verhaltenskochrezepte' ausgeführt, an die sich unmittelbar eine Übung anschließt, in der das Wissen in Verhalten überführt werden kann.

4. Ein Lernberater führt sie in das Selbstlernen ein, steht in zwei Einheiten für Fragen und Vertiefungen zur Verfügung und schließt mit den Lernenden in der Abschlusseinheit das Selbstlernprogramm ab. Er soll für inhaltliche Klarheit und Tiefe sorgen sowie die Gruppendynamik stabilisieren.

5. Der Ablauf der Einheiten ist im Wesentlichen vorstrukturiert. Inhalte, Arbeitsform und zeitlicher Ablauf sind vorgegeben. Bearbeitungstiefe, Übungs- und Feedbackintensität liegen allerdings in der Hand der Lerngruppe.

6. Die Lerngruppe legt für jede Einheit im Rotationsverfahren einen Organisator fest, der als Taktgeber für den vordefinierten Ablauf fungiert und den Zeitbedarf für die Koordination in der Gruppe minimieren soll.

Spielregeln für eine Selbstlerngruppe

- Wir treffen uns innerhalb von 3 Monaten zu neun Lerneinheiten von je drei Stunden Dauer. Wir legen die Termine selber fest und stimmen die Raumplanung mit dem Ansprechpartner für Organisationsfragen ab.

- Wir nehmen an jeder Sitzung teil, weil die Inhalte aufeinander aufbauen.

- Wir beginnen und beenden die Lerneinheiten pünktlich.

- Jeweils einer von uns ist als Organisator für eine Lerneinheit verantwortlich. Er bereitet die Einheit vor und achtet auf den Ablauf.

- Wir lernen, indem wir uns Wissen aneignen, gemeinsam üben und uns über die gemachten Erfahrungen austauschen.

- Wir achten darauf, unsere Praxiserfahrungen mit in das Training zu integrieren. Deshalb tauschen wir uns z.B. zu Beginn der Lerneinheiten darüber aus, wie wir das Gelernte im Arbeitsalltag ausprobiert haben.

- Wir geben uns gegenseitig Rückmeldung, um unsere Fähigkeiten zu verbessern. Die Rückmeldung ist offen und konkret, aber nicht verletzend.

- Wir sind gemeinsam für Qualität und Intensität unseres Lernens verantwortlich. Wir überprüfen diese am Ende jeder Lerneinheit.

- Ein Lernberater nimmt in regelmäßigen Abständen an unseren Lerneinheiten teil. Wir klären mit ihm Fragen, die sich während der Einheiten ergeben haben und vertiefen Themen, die uns besonders interessieren.

Beschreibung der Lernunterlagen für die SLT-Teilnehmer

Die Unterlagen zum Selbstlernen bestehen aus zwei Teilen: dem Arbeitsordner und dem Leittextordner. Der Leittextordner ist, der Einfachheit halber, hinten in den Arbeitsordner eingeheftet. Sie kann man ihn herausnehmen.

Leittextordner

Der Leittextordner enthält zu den ersten acht Lerneinheiten jeweils einen Leittext. Was Sie mit den Leittexten machen sollen, wird im Arbeitsordner beschrieben. Der Leittextordner ist wie ein Handbuch zum Thema „Präsentation" aufgebaut. Wahrscheinlich werden Sie ihn später, nach dem Training, öfter zur Hand nehmen, wenn Sie etwas nachschlagen wollen.

Arbeitsordner

Im Arbeitsordner ist der Ablauf der neun Lerneinheiten beschrieben. Er ist zum schnellen Auffinden der jeweiligen Lerneinheit mit einem Register versehen. Im Arbeitsordner finden Sie:

Organisationsblätter

2 Organisationsblätter pro Einheit mit folgendem Aufbau:

- ein Zitat zur Einstimmung,
- den Ablauf der Einheit mit Phasen, Zeiten, Inhalt, Ziel und Material,
- mögliche Stolpersteine, die bei der Durchführung der Einheit auftreten können; es folgen Vorschläge zur Vermeidung bzw. Beseitigung,
- Arbeitsblätter und Rückmeldebögen, die für die Einheit benötigt werden,
- weitere Informationen für die, die sich mit dem Thema weiterführend beschäftigen wollen,
- eine Aufgabenliste für die Vorbereitung, die der Organisator übernimmt.

Arbeitsblätter

Ein Arbeitsblatt beschreibt auf ein oder mehreren Seiten eine Aufgabe, die Sie allein oder gemeinsam bearbeiten sollen. Die Arbeitsanweisung finden Sie immer zu Beginn des Blattes, dann folgen weitere Informationen.

Rückmeldebögen

Nach Übungen geben Sie sich gegenseitig Rückmeldung. Die Rückmeldebögen sind dafür die Grundlage. Die Bögen beinhalten Skalen zum Ankreuzen und Antwortfelder. Am besten heften Sie die Bögen, die Sie nach einer Übung erhalten, im Arbeitsordner ab.

Instruktionen für Lernberater

- Das Selbstlernprogramm setzt auf die Eigenmotivation der Teilnehmer zu dem Thema „Präsentation“. Achten Sie deshalb darauf, dass die Anmeldung zum Training freiwillig erfolgt. Wenn Sie sich der Eigenmotivation eines Teilnehmers versichern wollen, fragen Sie in einem Vorgespräch nach dem Weg in das Training, und bieten Sie ggf. ein konventionelles Training als Alternative an.

- Das Training ist textbasiert und erfordert eine disziplinierte Selbstorganisation der Teilnehmer. Bieten Sie das Seminar deshalb am besten Mitarbeitern an, die ihre Arbeit zum Teil selber organisieren müssen, wie z.B. kaufmännische oder technische Mitarbeiter, und die öfter einmal mit größeren Textmengen zu tun haben.

- Vermeiden Sie, wenn möglich, mehrere Mitarbeiter einer Abteilung in einer Lerngruppe zu platzieren. Dadurch könnte die Bereitschaft der Teilnehmer sinken, sich in den Lerneinheiten zum Teil auch persönliches Feedback zu geben.
  Wenn eine Abteilung ausdrücklich wünscht, gemeinsam zu lernen, spricht nichts dagegen. Ihnen als Lernberater sollte dann allerdings bewusst sein, dass in der Lerngruppe Teamprozesse und Teamentwicklung eine größere Rolle als üblich spielen werden.

- Es kann sein, dass einer Lerngruppe auf dem Weg „die Luft ausgeht“. Machen Sie einen Wiederbelebungsversuch, indem Sie gemeinsam noch einmal die Lernerfolge der bisherigen Sitzungen auflisten, das Programm der folgenden Sitzungen sichten und die Interessenlage prüfen. Wenn die Lerngruppe weiter kein Interesse zeigt, beenden Sie gemeinsam die Lerngruppe.
  Typische Symptome nachlassender Motivation sind zum Beispiel, dass Teilnehmer ohne Abmeldung Treffen versäumen, dass Treffen abgesagt und keine neuen Termine gefunden bzw. gemacht werden oder dass die Teilnehmer die Lerninhalte überkritisch beurteilen. („Nichts entspricht unseren Erwartungen.“)

- Sie als Lernberater übernehmen in der ersten Einheit die Rolle des Organisators. So helfen Sie der Gruppe, schnell in das Thema einzusteigen, und gleichzeitig dienen Sie als Modell für die folgenden Organisatoren. Schaffen Sie eine freundliche, spannungsfreie Atmosphäre, um ein gutes Lernklima zu ermöglichen.
  Achten Sie auf die Zeiteinhaltung. Der Zeitplan ist sehr eng gesetzt und anspruchsvoll. Dies soll eine abwechslungsreiche Behandlung der Themen sichern. Nach unserer Erfahrung stellen Einzelvorbereitungen und Feedbackrunden, die größten Zeitklippen dar. Bei den Einzelvorbereitungen sollten Sie die Teilnehmer ermuntern, auch mit unperfekten Lösungen zu leben. Bei den Feedbackrunden kommt es darauf an, dass die Teilnehmer keine allgemeine Rückmeldung geben – auch wenn es sie noch so reizt – sondern sich auf die im Rückmeldebogen angesprochenen Aspekte beschränken.

Auswahlkriterien für SLT-Themen

- Die Inhalte müssen in Leittexten oder Videosequenzen von 10 - 20 min Dauer beschreibbar sein.

- Das zu erwerbende Wissen sollte auch einen Verhaltensanteil beinhalten, um die Rückmeldung aus der Lerngruppe effektiv nutzen zu können.

- Die Themen sollten einen Minimalaufwand von 5 Lerneinheiten haben, was einer Lernzeit von etwa 15 Stunden entspricht, um die Vorteile des Lernens in einer Gruppe nutzen zu können

- Das Lernthema darf nicht zu komplexe Gruppensituationen schaffen, die die Selbstregelungsfähigkeiten der Gruppe überfordern würde. Rollenwechsel in der Austauschphase, die Bearbeitung konfliktäre Themen oder ein hohes Maß an erforderlicher Selbstoffenbarung können beispielsweise kritisch sein.

- Die Übungen müssen für die Lernenden herausfordernd aber schaffbar sein. Sie müssen missverständnisfrei und fehlertolerant beschreibbar sein.

- Die Lerninhalte müssen einen hohen Nutzwert für den Arbeitsalltag besitzen und relevante Handlungskompetenz vermitteln.

- SLT kann Schlüsselqualifikationen wie Präsentation und Rhetorik, Besprechungsleitung, Kommunikation und Gesprächsführung sowie Problemlösungstechniken besonders effektiv vermitteln.

- Fachwissen lässt sich besonders gut vermitteln, wenn es als situiertes Lernen fallbasiert aufgebaut werden kann.

- Interessant ist der Einsatz von SLT dort, wo einer großen Zielgruppe in einer dezentralen Organisation ein Themenkomplex vermittelt werden soll.

Gestaltungsprinzipien für situiertes Lernen nach Renkl, Gruber & Mandl (1996)

Problemorientiertes Lernen

Ausgangspunkt des situierten Lernens ist immer ein Problem oder ein Fall, für den es eine Lösung zu erarbeiten gilt. Die Problemstellung muss die Interessen und Bedürfnisse der Lernenden treffen, um diese intrinsisch zu motivieren. So löst der Fall bei den Lernenden das Bedürfnis des 'Lösen-Wollens' aus und bewegt sie, sich das dazu notwendige Wissen anzueignen.

Realitätsnähe

Die Lernsituation muss der Anwendungssituation möglichst ähnlich sein. Zum einen kann der Lernende so in der Fallsituation sein Arbeitsfeld wiedererkennen und die Relevanz seines Lernprozesses für seine zukünftige Handlungsfähigkeit erkennen. Zum anderen ist Wissen meist situations- und kontextgebunden. Der Wissenstransfer von der Lernsituation auf das wirkliche Leben wird um so leichter gelingen, je authentischer die Lernsituation gestaltet ist.

Artikulation und Reflexion

Sich mit anderen über das erworbene Wissen und die erarbeitete Problemlösung auszutauschen, ist ein wichtiger Prozess, um das Wissen zu festigen und zu generalisieren, d.h., von dem konkreten Fallbezug zu lösen. Es geht darum, Informationen nicht nur zu lesen oder zu schreiben, sondern sie anderen mitzuteilen. Wenn es gelingt, anderen einen Sachverhalt zu erklären, hat man ihn selber verstanden. Vortragen, vergleichen, hinterfragen und diskutieren sind wichtige Tätigkeiten für dauerhaftes Lernen.

Multiple Perspektiven

Ein Problem und das bei der Lösung erworbene Wissen aus unterschiedlichen Perspektiven zu betrachten, flexibilisiert das Wissen. Es wird leichter generalisierbar und lassen sich auf andere Situationen übertragen Außerdem können die Lernenden oft so weitere Aspekte entdecken und Verbindungen zu anderen Themengebieten identifizieren.

Lernen im sozialen Austausch

Lernen ist ein sozialer Prozess, bei dem es neben dem reinen Wissenserwerb auch um den Aufbau gemeinsamer Denkmuster, Expertenkniffe und ethischer Standards geht. Kooperatives Lernen kann eine gemeinsame Expertenkultur zu einem Thema schaffen. Eine Übereinstimmung darin, wie Situationen einzuschätzen sind und welche Handlungsmöglichkeiten sich daraus ableiten, kann eine Gruppenidentität schaffen. Der Austausch in der Gruppe macht individuelles Wissen allen zugänglich, zeigt Wissenslücken oder bietet die Chance falsches Wissen zu korrigieren, ohne dass eine wertende Instanz wie ein Lehrer anwesend sein muss.

Präsentation

Rückmeldung

Rückmeldung zur Lerneinheit:

Datum:

Name:

Inhalt/Ablauf

Das heutige Thema … hat mich angesprochen und interessiert

sehr ①–②–③–④–⑤–⑥–⑦ nicht

Was ich heute gelernt habe, halte ich für

gut anwendbar ①–②–③–④–⑤–⑥–⑦ nicht anwendbar

Die Arbeitsmaterialien waren für mich bei der Vermittlung der Inhalte

verständlich ①–②–③–④–⑤–⑥–⑦ unverständlich

Den Ablauf dieser Einheit fand ich

abwechslungsreich ①–②–③–④–⑤–⑥–⑦ eintönig, langatmig

Teilnehmer

Mit meiner eigenen Beteiligung bin ich rückblickend

zufrieden ①–②–③–④–⑤–⑥–⑦ nicht zufrieden

Ich war heute von meinem Leistungsniveau her eher

angemessen gefordert ①–②–③–④–⑤–⑥–⑦ unter- bzw. überfordert

Ich fand, die heutige Einheit

hat Spaß gemacht ①–②–③–④–⑤–⑥–⑦ war langweilig

Gruppe

Der Umgang der Teilnehmer untereinander war

freundlich, offen ①–②–③–④–⑤–⑥–⑦ distanziert, kühl

Wir haben heute in der Gruppe

gut zusammengearbeitet ①–②–③–④–⑤–⑥–⑦ jeder für sich gearbeitet

Die Gruppenatmosphäre empfand ich als

fördernd ①–②–③–④–⑤–⑥–⑦ beeinträchtigend

Rahmen

Die Organisation hat heute

gut geklappt ①–②–③–④–⑤–⑥–⑦ war problematisch

Die Teilnahme an der heutigen Einheit war für mich

leicht zu organisieren ①–②–③–④–⑤–⑥–⑦ schwer zu organisieren

Gesamteindruck

Insgesamt gefiel mir die heutige Sitzung

sehr gut ①–②–③–④–⑤–⑥–⑦ überhaupt nicht

Mir hat heute besonders gefallen…	Ich würde verändern…

Stichwortverzeichnis

A

B

C

D

E

F

G

H

I

K

L

T

U

V

W

Z

Druck: Krips bv, Meppel
Verarbeitung: Stürtz, Würzburg